Helmut Kohl – Anatomie eines Erfolgs

Jürgen Busche

Helmut Kohl

Anatomie eines Erfolgs

Berlin Verlag

© 1998 Berlin Verlag, Berlin
Alle Rechte vorbehalten
Umschlaggestaltung:
Nina Rothfos und Patrick Gabler, Hamburg
Gesetzt aus der Stempel Garamond
durch psb – presse service berlin
Druck & Bindung: Franz Spiegel Buch GmbH, Ulm
Printed in Germany 1998
ISBN 3-8270-0282-6

Gedruckt auf chlor- und säurefreiem Papier

1 2 3 4 5   02 01 00 99 98

Inhalt

Denn aus Gemeinem ist der Mensch gemacht
Und die Gewohnheit nennt er seine Amme
Schiller, *Wallenstein*

1. Kohl bei Jünger

»Ich mußte selbst ans Telefon«, so hält es Ernst Jünger in seinem Tagebuch fest, »und hörte aus Bonn, daß mir der Bundeskanzler am Morgen des 29. März hier in Wilflingen gratulieren wird. Ich weiß es zu würdigen.«

Zum 90. Geburtstag des Autors der *Stahlgewitter*, der *Marmorklippen*, der *Strahlungen*: Händeschütteln mit dem legendären Pour le Mérite-Träger des Ersten Weltkriegs und fernhin Mitverschworenen Generalfeldmarschall Rommels in der Opposition gegen Hitler, mit dem berühmtesten Zeitzeugen deutscher Geschichte im zwanzigsten Jahrhundert! Und Helmut Kohl ist der Bundeskanzler, der sich das ausgedacht hat. Er weiß wie nur bei wenigen anderen Anlässen sonst, daß er es genießen wird, diese Rolle zu spielen. Er wird alles, was sie hergibt, auskosten. Und er wird dabei in jeder Sekunde wissen, daß dies kein Traum ist, sondern Wirklichkeit.

Denn dies sind die Augenblicke seiner Kanzlerschaft, in denen alles paßt: die politische Geste, mit der er die Linken ärgern wird, die aber nur gedämpft Einwände wird machen können, denn der sozialistische Präsident Frankreichs, François Mitterrand, ist ein bekennender Verehrer Jüngers. Die staatsmännische Geste, mit der er ein altes Vorurteil widerlegt – hier ehrt die Macht den Geist, und Helmut Kohl ist es, der das für alle Welt sichtbar und glaubhaft vollzieht. Das innere Behagen – er, der leidenschaftliche Leser von Werken, in denen von historischer Größe und großem Schicksal die Rede ist, begegnet einem der Größten, von dem er immer wieder gelesen hat, bei Gelegenheit dieses Geburtstags von gleich zu gleich: Deutschlands Kanzler und Deutschlands Dichter. Das äußere Behagen – man ist auf dem Dorf, alles ist übersichtlich, Frechlinge sind nicht zu erwarten, Störer schon gar nicht, vielmehr wird man ihn vermutlich mögen, auf jeden Fall verehrungsvoll respektieren, ein Schloß ist auch da und ein Schloßherr: Stauffenberg, wieder Geschichte, alles ist vertraut, alles wird gut werden.

Ernst Jünger scheint sich in der Erwartung des hohen Besuches auf nichts Rechtes konzentrieren zu können. Er geistert durch die Räume der alten Oberförsterei gegenüber dem Stauffenbergschen Schloß, als befände er sich in einem ärgerlichen Traum. Dies wird nicht seine erste Begegnung mit Kohl sein. Im vergangenen Jahr war er bei einer anderen symbolischen Geste dabei, wie sie der Kanzler liebt: in Verdun schritt er zwischen Kohl und Mitterrand ins würdige Bild. Immerhin erfuhr er bei dieser Gelegenheit, daß ein Mitarbeiter des französischen Staatspräsidenten eines seiner Bücher übersetzt.

Am selben Abend schon hatte er, wieder daheim, seinen Auftritt im Fernsehen bestaunen können. Auch heute werden Journalisten dabei sein, wenn er mit Kohl, so wie man es sich in Bonn ausgedacht hat, ein Gespräch führt, eine Stunde lang. Zwei handverlesene Redakteure werden mit am Tisch sitzen. Wie eine private Runde in seinem Wohnzimmer. Einer der beiden Journalisten ist schon im Haus und bemüht sich allzu erkennbar, nicht überall hinzugucken, weil ihm das unangenehm ist. Für ein Gespräch fehlt die Ruhe, Rückzugsmöglichkeiten gibt es nicht. Alles ist Warten.

Da kommt aber erst noch das Musikkorps der Bundeswehr aus Ulm. Jetzt sollen ihm zum Geburtstag seine Lieblingsmärsche gespielt werden. Der olivfarbene Bus hält einige hundert Meter die Straße hinunter auf einem kleinen Platz. In Grüppchen zu zweien und zu dreien schlendern die Soldaten, ihre Instrumente locker im Griff, herbei, als befänden sie sich auf einem Schulausflug. Ein paar Generäle vom Stab sind auch dabei. Kerzengerade empfängt sie der Jubilar vor seinem Haus.

Vom ersten Stock der Oberförsterei aus beobachten Jüngers Verleger Michael Klett und der Journalist die Szene, beide Reserveleutnants aus der Mitte der sechziger Jahre. Sie verständigen sich etwas wortarm, weil erstaunt darüber, daß sich, was das Militärische angeht, in der Zeit zwischen ihrer Truppenzugehörigkeit und der Gegenwart, die so lang nicht ist, mehr und auffallenderes beim Barras geändert hat, als in den ereignisreichen fünfzig Jahren, die zwischen den Dienstvorstellungen des Leutnants Jünger von ehedem und ihren eigenen liegen. Die Geschichte der Bundesrepublik von Adenauer zu Kohl hat ihre Wirkung getan und kann hier in Augenschein genommen werden.

Wenig später trifft Bundeskanzler Kohl in Wilflingen ein. Er landet als Passagier eines Hubschraubers des Bundesgrenzschutzes auf einem Bolzplatz inmitten wohlgepflegter Felder. Der Blick geht auf die Hinteransichten der Höfe und Schafferhäuser. Das Dorf am Südrand der Schwäbischen Alb, seit Jünger hier lebt und seine Tagebücher *Siebzig verweht* publiziert, ein klangvoller Name auf den Karten der Weltliteratur, hat sich auch auf den Besuch vorbereitet. Blasmusik, aber zackiger als die der Bundeswehr, die Fahne des Kriegervereins, Drei-Mann-

Abordnung mit Schärpe und Zylinder, Bauern und Ackerbürger, das junge Volk vom Kindergarten bis zu den oberen Schulklassen bilden einen Zug durch diesen eher unpräsentablen Teil Wilflingens. Aber die sonst für landwirtschaftliche Fahrzeuge hergerichtete Straße ist jetzt mit schwarzrotgoldenen und schwarzgoldenen (für die württembergischen Farben) Wimpelbändern geschmückt. Das Schloß der Stauffenbergs glänzt mit Fahnen und Fensterläden in blauweiß. Es ist ein heller, jubelfrischer Tag. Kohl marschiert inmitten von dem allen. Er strahlt vor Freude und vermag doch unbeirrbar eine Miene würdiger Gefaßtheit zu bewahren.

Unterdessen sinniert im ersten Stockwerk des schönen zweigeschossigen Hauses der ehemaligen Oberförsterei der von seiner erwartungsfrohen Familie umgebene Hausherr darüber, wie man einen Bundeskanzler empfängt: »Dem Heuss bin ich damals über die Außentreppe hinunter entgegengekommen.« Nicht anders macht es Ernst Jünger dieses Mal, und zwischen herandrängenden Kindern und scheu ein Ordnungsstiften vortäuschenden Erwachsenen begrüßen sich der Gast aus der Bundeshauptstadt und der weißhaarige Anarch mit der Herzlichkeit von Leuten, die das Leben in großen Gruppen und Haufen auf sehr einfache Weise früh kennengelernt haben. Wie oft bei dergleichen Auftritten vermag Kohl seine persönliche Umgebung, Referenten und Sicherheitsbeamte, bis zur Unsichtbarkeit zu distanzieren. Er wirkt fast immer wie allein gekommen.

Oben in dem Raum, in dem man sich zum Gespräch niederzulassen gedenkt, ist man dann aber keineswegs allein. Zu viert sitzen sie an einem Tisch: der Dichter, der Kanzler und die zwei Journalisten, erfahren im Anekdotischen, was die Person Kohls, als auch im Literarischen, was das Werk Jüngers angeht. Um den Tisch herum jedoch ist ein Gedrängel: die Familie des Geburtstagskindes, der Hausherr von dem Schloß gegenüber, der Landrat, Begleitung aus Bonn. Von der Wand her grüßt der uralte Schelling von einer frühen Fotografie.

Wie immer auf dem Land gelten die ersten Worte dem, was Sorgen macht auf dem Land. In den Wäldern, auch in seinen Wäldern sei es ganz schlimm, sagt Franz Schenk von Stauffenberg zum Thema Waldsterben. »Ach«, sagt der Dichter, der auch als Waldgänger einen Namen hat, »ich spazier da zwischen den hohen Bäumen umher, deren Vorgänger ich schon auf meinen Wegen dort gekannt habe.« Aber des Grafen düstere Gedanken gelten nicht nur dem sauren Regen, sondern heute mehr noch gefräßigen Käfern. So kommen Männer ins Gespräch, es bleibt nicht unerwähnt, daß es der passionierte und gelehrte Käfersammler Jünger ist, der gelegentlich auf seinen Waldgängen Käferfallen wieder leerräumt, um seltene Viecher frei zu lassen.

Kohl findet eine Frage für den Schritt ins Freie des Gesprächs: »Wann haben Sie begonnen, sich für Käfer zu interessieren?« – »Mit neun Jahren hat mir mein Großvater das erste Käferbuch geschenkt. Jetzt sammelt schon mein Enkel, genauso alt wie ich damals.« Die Stimme ist noch so hannoversch hell und schleppend, wie sie oft beschrieben wurde. Kohl ist auf dem richtigen Weg. Der Enkel tritt vor, sagt guten Tag. Er wohnt in Berlin, in Charlottenburg, und seine schulischen Leistungen verdienen schon eine Erwähnung. Kohl ermahnt den Jungen komplizenhaft, diesen Tag nicht ungenutzt verstreichen und sich vom Großvater ein seltenes Exemplar aus

dessen Sammlung schenken zu lassen. Der Dichter über-
läßt sich einer Betrachtung, die er halb stolz, halb bedenklich vorträgt. »Neulich hat er einen Käfer gefunden,
präpariert und mir gezeigt. Er hat sich dabei vorsichtig
erkundigt und die Befürchtung geäußert: ›Ob der Opa
ihn mir wohl auch wiedergibt?‹« Bei Anarchen kann
man da so wenig sicher sein wie bei Anarchisten, könnte
jetzt eingeworfen werden, aber niemand wirft etwas ein.
So fährt Jünger fort: »Moralisch ist das ja vielleicht nicht
so gut, aber die Habgier des Sammlers ist schon da und
gehört doch dazu.«

Aufschreiben kann man solche Worte sehr schön, aber
für das Gespräch mit Kohl erweisen sie sich nicht als
weiterführend. Auch zur Literatur will nichts so recht in
Gang kommen. Ein Hinweis auf den argentinischen
Schriftsteller Borges, der kürzlich hier zu Besuch war,
ein frisches Foto erinnert daran, versickert. Dann ist von
den Kriegen die Rede, in denen Jünger Offizier war. Der
Zeitzeuge spricht von Menschen, die er kannte. Kohl berichtet, wie er als neunjähriger Junge mit der Realität des
Krieges in Berührung kam und was davon sich ihm ein-
brannte: Als 1939 Bauernfamilien von der Westgrenze
weit hinter die mutmaßliche Front verlegt wurden und
sie mit ihren von Kühen gezogenen Karren über die
Rheinbrücke kamen, da sah er sie zusammen mit seiner
Mutter und seinem – später gefallenen – Bruder, und er
sah, wie die Frauen weinten.

Und noch eine andere Geschichte aus seiner Kindheit
erzählt Kohl in dieser Runde: Wie ein Besucher seines
Vaters auf Heimaturlaub ins Haus kam und von dem un-
geheuerlichen Geschehen im besiegten und besetzten
Polen erzählte. Die Buben waren aus dem Zimmer ge-

schickt worden, saßen aber draußen im Flur und hörten durch die geschlossene Tür jedes Wort. »Wehe uns«, sagte der Freund des Vaters, »wenn wir dafür einmal büßen müssen.« Kohl sagt nichts davon, daß sein Vater im Ersten Weltkrieg wegen Tapferkeit zum Offizier befördert worden war. Doch das erzählt er doch noch, wie er später im Krieg als Mitglied eines Feuerlöschtrupps Leichen aus den Trümmern bergen mußte, aus Häusern, die von Fliegerbomben zerstört worden waren. Das durchfahre ihn heute noch jedesmal, wenn er dort vorbeikomme.

Die Stille, die nach solchen Worten sich über den dicht gefüllten Raum legte, versammelt die doch sehr unterschiedlichen Menschen für kurze Zeit zu gleichgestimmten Zuhörern, die jene Sekunde, in der sie dessen gewahr werden und es spüren, gern verlängern möchten. Jünger blickt starr vor sich hin.

Doch Kohl weiß auch anderes aus seinem Leben zu berichten, und er tut es gern. Wie er als ganz junger Fraktionsvorsitzender im rheinland-pfälzischen Landtag einmal fürchterlich bei seinen Kollegen aneckte und er es zunächst gar nicht merkte und es doch nur gut gemeint hatte. Da hatte er angeregt und durchgesetzt, daß die Landtagsabgeordneten ihre Diäten nicht mehr an der Landeskasse in bar abholen mußten, sondern auf ihr Konto überwiesen bekamen. Ein Fortschritt, ein Ende des unwürdigen Anstehens bei einem Schalterbeamten, der einem die Scheine mürrisch hinblättert? So wurde das nicht empfunden. Im Gegenteil, Kohl bezog Prügel. Nicht wenige Abgeordnete, Bauern und Grundbesitzer aus entfernteren ländlichen Gebieten hatten ihren Lieben zu Hause erzählt, dem Landtag gehöre man ehrenamtlich an. Sie hatten in Mainz gelebt wie die Fürsten. Damit war es nun aus, und es gab etwas zu erklären.

Wie stets, wenn man auf Besuch ist, wird es am muntersten, wenn mit dem Aufbrechen begonnen wird. Kohl möchte gleich anderen, die einen Schriftsteller treffen, eine Widmung haben. *Eine gefährliche Begegnung* ist gerade erschienen. Mit der gestochen klaren Handschrift, die man sich erwarb, als Schönschreiben noch Schulfach war, schreibt Jünger seinem Leser ins Exemplar: »Zur Erinnerung an eine ungefährliche Begegnung.«

Da lacht der Kanzler, und weil man einmal so schön dabei ist, bittet Kohl den Autor auch gleich noch, für seinen Freund Mitterrand eine Widmung in die soeben eingetroffene französische Übersetzung der letzten Tagebuchaufzeichnungen zu schreiben: »Dem Franzosen und Europäer« schlägt der Pfälzer hilfreich vor. Schon in zwei Stunden will er das Geschenk Mitterrand in Brüssel übergeben, wohin er von hier aus eilt. Man verabschiedet sich, man tritt vor die Tür in den hellen Sonnenschein. Das Dorf holt den Kanzler auch wieder ab. Wieder setzt sich der bunte Zug in Bewegung. Doch nun enteilt die Blasmusik vorne weg, denn wer unentwegt Hände schütteln muß – jetzt ist Gelegenheit dafür, nachdem der Dichter geehrt wurde –, der kann unmöglich den Gleichschritt halten. An der Kirche vorbei, geht es zum Bolzplatz zurück. Dort nimmt das Durcheinander irgendwie Aufstellung. Die Nationalhymne ertönt. Kohl verhält sich nicht anders als bei einem Staatsbesuch. Die Dorfbewohner sind zufrieden. Der Kanzlerbesuch ist zu Ende. Na also, er galt auch uns.

Das als Band 3 von *Siebzig verweht* publizierte Tagebuch verzeichnet diesen Besuch nicht. Es enthält über-

haupt keine Aufzeichnung von diesem Tag. Aber unter
dem Datum des 2. April gibt es den Text der Rede, die
Jünger anläßlich eines Geburtstagsempfangs für ihn im
Neuen Schloß in Stuttgart gehalten hatte. Darin heißt es:
»Der Vater hielt nichts von einem besseren Jenseits, aber
er meinte, daß man in seinen Kindern fortlebe. Daher
liebte er bestimmte Datierungen. Er zeigte also auf den
Kometen« – Jünger erzählt hier aus dem Jahr 1910,
und der Komet war der Halleysche, den der Apotheker
Dr. Ernst Jünger seinen Kindern zeigte – »und sagte: ›Er
wird erst 1986 wiederkehren, von euch allen wird Wolfgang ihn vielleicht noch einmal sehen.‹ Das entsprach
der Wahrscheinlichkeit, denn Wolfgang war der Jüngste
von uns. Aber er war der erste von meinen vier Ge-
schwistern, der sterben sollte, und die drei anderen folg-
ten ihm. Ich als der Älteste bin nun der einzige, der das
Gestirn noch einmal sehen könnte – indessen halte ich es
mit Lichtenbergs Maxime: ›Man soll seine Hoffnungen
wie seine Schienbeine nicht zu weit vorstrecken.‹«

Ein Jahr später, am 7. April, brach Ernst Jünger nach
Kuala Lumpur auf und sah dort wenige Tage später den
Halleyschen Kometen zum zweiten Mal.

Wieder vier Jahre später notiert Jünger unter dem
2. Januar 1990 bei Gelegenheit der stürmischen Entwicklungen in Deutschland nach dem Fall der Mauer an
der innerdeutschen Grenze in sein Tagebuch: »Noch
bleibt der Widerstand zu bedenken, mit dem nicht nur
rundum von der Welt, sondern auch innerhalb der beiden Landesteile zu rechnen ist. Daß trotzdem der große
Schritt gelungen scheint, ist fast ein Wunder, es ist vor
allem dem Kanzler zu verdanken, in dessen Charakter
sich Energie und Gelassenheit vereint.«

2. Die Kanzler der Republik

Helmut Kohl ist der erste Bundeskanzler, der mit seiner Biographie ganz der Bundesrepublik Deutschland angehört.

Das gilt schon für die wichtigsten Jahre seiner Schulzeit, sofern man die Jahre der Vorgeschichte der Bundesrepublik nach 1945 in einigen Teilen Deutschlands bereits durch den Geist bestimmt sieht, der die lange Phase ihrer Gründung prägte und über vierzig Jahre einer der entscheidenden Faktoren ihrer Geschichte wurde: ein selbstbewußter, liberaler, sozialverantwortlicher Katholizismus, eine pragmatische Orientierung am akademisch gebildeten Bürgertum, ein ungezwungenes Zugehörigkeitsgefühl zu den Ländern Westeuropas, ein kräftiges und kräftigendes Gefühl für die eigene landsmannschaftliche Herkunft, verbunden mit der politischen Überzeugung, dieses Gefühl müsse für den Aufbau des föderal organisierten Staates bedeutsam sein.

Man hatte nicht das ganze Deutschland, aber in dem Deutschland, das man hatte, sollte das Bundesland, in dem man lebte, die Bedeutung eines Ganzen erhalten. Dieses Gefühl konnte sich gerade dort, wo Helmut Kohl in das politische Leben seiner Umgebung hineinwuchs, wie selbstverständlich entwickeln, weil es ja nicht zuerst das Deutsche Reich war, von dem man sich, nachdem es machtpolitisch untergegangen war, als einem patriotisch verpflichtenden Vorstellungsrahmen emanzipierte. Das war vielmehr das von den Alliierten in Potsdam aufgelöste Land Preußen, das in den 150 Jahren, in denen es von Aachen bis Trier die deutsche Westgrenze zu bewachen hatte, in den dort von ihm verwalteten Ländern allzumeist eine veritable Fremdherrschaft ausgeübt hatte, die besonders von den Katholiken, und das war der zahlenmäßig und gesellschaftlich dominierende Teil der Bevölkerung, nicht nur bisweilen als unangenehm empfunden wurde.

Damit war es nun vorbei, und es begann etwas Neues. Das Erwachen des politischen Interesses bei Helmut Kohl beginnt auf natürliche Weise mit der Wahrnehmung dieser neuen politischen Möglichkeiten und historischen Horizonte.

Der erste Kanzler der Bundesrepublik Deutschland, Konrad Adenauer, war persönlich durch die Gesellschaft des zweiten deutschen Kaiserreichs, politisch durch die wilhelminische Epoche und die Weimarer Republik geprägt worden. Er wuchs auf in Köln, das historisch, kulturell und wirtschaftlich zu den großen Zentren Westeuropas gerechnet werden konnte, von Berlin aus betrachtet jedoch wenig mehr war als eine der größeren Verwaltungseinheiten in der Rheinprovinz, in der es zuletzt im Kulturkampf mit den Katholiken erheblichen Ärger gegeben hatte. Adenauers Vater wurde auf dem Schlachtfeld von Königgrätz wegen Tapferkeit zum Offizier ernannt und war hernach Beamter geworden. Hier liegt eine Parallele zu Kohl. Die politische Welt indes, in die sich der junge Adenauer hineinbewegte, sah völlig anders aus als die seines fünften Nachfolgers.

Als Katholik konnte Adenauer unter den Hohenzollern nur hoffen, in der Kommunalpolitik seinen Weg zu machen, und zwar beginnend in der Verwaltung. Das Jurastudium, das für Kohl später nur mehr eine Möglichkeit unter anderen war – und das er dann doch nicht als Hauptfach wählte –, war für Adenauer unausweichlich. Eine weitere Einengung der Wahlmöglichkeiten mag für Adenauer noch verdrießlicher gewesen sein: wenn er in der Kommunalpolitik im Rheinland reüssieren wollte, mußte er sich dem Zentrum, der Partei der Katholiken im Reich, anschließen. Von seiner Herkunft und von seinen Mitteln her war ihm der Weg zu den Sozialdemokraten und den Liberalen verschlossen, von den Konservativen gar nicht zu reden. Sicherlich deutet viel – wenn auch nicht alles – in Adenauers Karriere darauf hin, daß er beim Zentrum gut aufgehoben war, aber für einen *homo politicus* seines Formats muß die fehlende Wahlmöglichkeit schmerzhaft gewesen sein. Adenauers tiefsitzende Abneigung gegen den Klerikalismus, die er später gern bekundete, gibt eine Ahnung davon.

Zu einem Politiker von nationaler Bedeutung wurde der im Oktober 1917 einstimmig zum Oberbürgermeister von Köln gewählte Adenauer erst in der Weimarer Republik, in der er es schon 1921 zum Präsident des Preußischen Staatsrats brachte. In diesen Jahren lernte er vor allem die Unzuverlässigkeit der Berliner Politik kennen, was die Geschicke der westlichen Landesteile betraf. Auch bildete sich in ihm die Überzeugung heraus, daß eine politische Verständigung zwischen den Staaten Westeuropas, auf die sich eine gemeinsame Zukunft aufbauen ließe, ohne die tätige Mitwirkung der Vereinigten Staaten von Amerika kaum möglich sein werde.

Als Adenauer 1949 Bundeskanzler wurde, stand für ihn unerschütterlich fest, was er wollte. Vor allem aber stand für ihn fest, wie er es erreichen wollte, nämlich mit einer Politik der geschaffenen Tatsachen gegenüber seinen deutschen Partnern und Mitstreitern. Er mißtraute den Deutschen und machte da ungern eine Ausnahme. Darum wollte er so viel wie möglich von dem, was er für das Richtige hielt, durchsetzen, solange er Zeit dafür hatte und dort, wo er es konnte, also in der Bundesrepublik, so, wie sie sich aus den drei westlichen Besatzungszonen gebildet hatte. All sein Planen und Schaffen war darauf gerichtet, lange vorher Gedachtes zur Befestigung des neuen Staates einzubringen – für die Bürger, aber nicht notwendigerweise durch die Bürger. Die Demokratie war ein Ziel der Politik, weil es im Kreis der westlichen Länder gar nicht anders gegangen wäre, aber sie mußte nicht Mittel der Politik sein. Das – und was das für den Staat in seinen Grundlagen bedeuten konnte – mußte warten, bis die wesentlichen Entscheidungen für die Verankerung Deutschlands in der westlichen Staatengemeinschaft so gut wie irreversibel gemacht worden waren. Und bis er selber glaubte, daß dies erreicht sei. So trat er erst 1963, im biblischen Alter von 87 Jahren, zurück, unfreiwillig, tief besorgt und mit Groll gegen seinen Nachfolger im Herzen.

Die nächsten beiden CDU-Kanzler Ludwig Erhard und Kurt Georg Kiesinger trennten vom Geburtsdatum her nur sieben Jahre, aber es waren entscheidende Jahre. Erhard, im Februar 1897 in Fürth geboren, kam im Ersten Weltkrieg noch als Soldat an die Front und wurde schwer verwundet. Wegen der Behinderung, die er davon zurückbehielt, konnte er nicht den mittelständischen Betrieb seines Vaters übernehmen. Er studierte Wirtschaftswissenschaften, wurde 1925 bei Franz Oppenheimer in Frankfurt promoviert und bekam von diesem Nationalökonomen, den Erhard seinen wichtigsten akademischen Lehrer nannte, einige entwicklungsfähige Vorstellungen von dem eingeimpft, was damals liberaler Sozialismus hieß.

Erhard, ein Bürgerlicher ohne Minderwertigkeitskomplexe gegenüber nationalen Tönen, hielt sich von den Nationalsozialisten fern und betrieb wirtschaftswissenschaftliche Forschung. Nach dem Krieg holten ihn die Amerikaner in die Wirtschaftsverwaltung. Eher zufällig wurde er Unionspolitiker. Als Adenauers Wirtschaftsminister war sein gewaltiges Ansehen das eines Fachmanns. Erhards Wahl zum Bundeskanzler, zuletzt von ihm selbst sehnlich begehrt, erwies sich bald als das Mißverständnis, das Adenauer befürchtet hatte. Daß die Deutschen ihn dennoch 1965 bei der Bundestagswahl zwei Jahre nach seinem Amtsantritt mit einem vorzüglichen Ergebnis für die Union – 47,6 Prozent – im Amt bestätigten, zeigte vielleicht nur, daß Adenauer mit seiner Ansicht von der politischen Intelligenz der Deutschen nicht ganz unrecht gehabt haben mochte. Die Studentenbewegung und den mit ihr verbundenen gesellschaftspolitischen Lernprozeß hatte die Bundesrepublik noch vor sich. 1966 wurde Erhard von seiner eigenen Partei gestürzt, Auslöser war die Tatsache, daß die FDP wegen eines Bagatellkonflikts die Koalition mit der CDU/CSU verlassen hatte.

Kurt Georg Kiesinger, im April 1904 im schwäbischen Ebingen geboren, wurde Kanzler einer Großen Koalition aus Unionsparteien und SPD. Er war zu jung, um im Ersten Weltkrieg noch Soldat zu werden, und verbrachte den Zweiten dienstverpflichtet in der Rundfunkpolitischen Abteilung des Auswärtigen Amtes. Eher unwillig und materiellen Rücksichten gehorchend, hatte er ein Jurastudium absolviert, war dafür nach Berlin gegangen und stieß hier zum Kreis um den katholischen Sozialreformer Carl Sonnenschein. Auch traf er einige führende Zentrumspolitiker wie Heinrich Brüning und Wilhelm Marx. Seinen Beitritt zur NSDAP erkannte er bald als Verirrung. Dem »Nationalsozialistischen Rechtswahrerbund« gehörte er, obwohl als Rechtsanwalt auch mit schwierigen Fällen befaßt, nicht an. Nach dem Krieg wurde er, zurück in Süddeutschland, für die württembergische CDU gewonnen.

Er setzte zu einer bestechenden Karriere an, die ihn in den Bundestag nach Bonn und in die kleine Riege der besten Debattenredner des Parlaments führte. Als er 1957 das ihm in Aussicht gestellte Justizressort nicht bekam, weil Adenauer es der CSU überlassen mußte, bot man ihm an, Botschafter in Washington zu werden. Kiesinger schlug das aus und ging ein Jahr später als Ministerpräsident nach Stuttgart.

Die Große Koalition, die er als Kanzler führte, entsprach eher den Plänen anderer, soweit sie nicht von den meisten lediglich als Notlösung akzeptiert wurde. In der CDU hatte es seit Beginn der Bundesrepublik immer starke Kräfte gegeben, die um der aus dem alten Zentrum übernommenen sozialpolitischen Projekte willen ein Zusammengehen mit den Sozialdemokraten anstrebten, was Adenauer mit Eifer zu verhindern bemüht war. Heinrich Lübke, ein zäher Streiter für diese Bestrebungen, war Bundespräsident, als die Große Koalition endlich zu realisieren war. Auf der Seite der SPD war es vor allem Herbert Wehner, der über eine Regierungsbeteiligung der Sozialdemokraten in Bonn, wie sie auf dem Wege einer Großen Koalition zu erreichen war, die Partei dem Ziel näher bringen wollte, einmal aus eigener Kraft mehrheits- und regierungsfähig zu sein. Eine dritte Gruppe von Abgeordneten aus beiden Lagern wollte schließlich nur einige Reformen unter Dach und Fach bringen, die – wie die Notstandsgesetze – bloß mit großen Mehrheiten, verfassungsändernden gar, die parlamentarischen Hürden nehmen konnten.

Noch weniger als das Fragile in der Konstruktion dieser Zusammenarbeit verstand Kiesinger die Art des Unmuts, die sich darüber in Teilen der Öffentlichkeit, in den Universitätsstädten zumal und unter den Gebildeten zusammenbraute. Er begriff überhaupt nicht, daß die Studentenbewegung, die sich schließlich auch an der Verabschiedung der Notstandsgesetze und an dem Protest gegen den Vietnamkrieg entzündete, die daran beteiligten jungen Leute als Teil der westlichen Welt – was sie nach Adenauers Willen hatten werden sollen – erwies. Sowohl die politischen Anlässe als auch die öffentlichkeitswirksamen Kampfmethoden, erst recht das die Bewegung begleitende Lebensgefühl waren Manifestationen eines Epochenwechsels, wie er in diesen Jahren in Berkeley und Westberlin, in Paris und in Prag, in Leyden und in Bologna dieselben Phänomene zeitigte. Der CDU-Kanzler, aufgewachsen, erzogen und mit ersten politischen Erfahrungen konfrontiert in einem Deutschland, das diesem nur noch wenig glich, wurde überrascht von einem historischen Modernitätsschub, wie ihn die Bundesrepublik nur aufgrund der entschlossenen Politik der CDU-Kanzler vor ihm hatte erreichen können. Und mit ihm wurden viele überrascht. Bei der Bundestagswahl 1969 erreichte Kiesingers Union immerhin noch mehr als 46 Prozent der Stimmen.

Doch mit denen stand die Partei Konrad Adenauers jetzt im Abseits. Trotz einer nur schwachen Mehrheit im Parlament schlossen SPD und FDP nun eine Koalition. Diese konnte unter Bundeskanzler Willy Brandt einige auffällige Pläne verwirklichen, außenpolitisch war dabei die Etablierung einer neuen Ostpolitik am wichtigsten. Als wegen des Fortfalls der Mehrheit der sozialliberalen Koalition während der Legislaturperiode 1972 ein neuer Bundestag gewählt werden mußte, gelang es Brandt, die SPD als stärkste Partei in den Bundestag zu bringen. Es war das erste und einzige Mal, daß die Sozialdemokraten diesen Erfolg für sich verbuchen konnten, der ihnen das Amt des Bundestagspräsidenten einbrachte.

Willy Brandt war politisch zunächst durch die Arbeiterbewegung Anfang der dreißiger Jahre geprägt worden. Während seines Exils in Norwegen hatte er Gelegenheit, Beispiele eines fraglosen Zusammengehörens von persönlicher Unabhängigkeit und staatsbürgerlichem Verantwortungsbewußtsein kennenzulernen, wie es in den skandinavischen Ländern oft anzutreffen ist. Als Regierender Bürgermeister von Westberlin mußte er ebenso eng mit den Alliierten zusammenarbeiten, die nach dem Willen der meisten Deutschen ihre Verantwortung für die geteilte Stadt wahrnehmen sollten, solange die sowjetische Politik und die DDR die Existenz der freien Sektoren bedrohten, als auch mit der Bonner Regierung, denn die wirtschaftliche Überlebensfähigkeit der politisch nicht restlos zur Bundesrepublik gehörenden Stadt hing von der westlichen Unterstützung ab. Berlin lebte von vergangenem Glanz und gegenwärtiger Bedrohung.

Willy Brandt scheiterte an einer Agentenaffäre. Dem Staatssicherheitsdienst der DDR war es gelungen, einen Agenten in seiner Nähe im Bundeskanzleramt zu plazieren. Er hätte nicht zurücktreten müssen. Aber entscheidende Kräfte in der SPD, vor allem Herbert Wehner, taten – wohl nach reiflicher Überlegung – zu wenig, um ihn im Amt zu halten.

Helmut Schmidt, Bundeskanzler von 1974 bis 1982, war im Zweiten Weltkrieg Offizier gewesen. Anders als Erhard und Kiesinger, aber auch anders als Brandt, lernte er eine Welt öffentlichen freien Diskutierens und öffentlicher Anerkennung der Bedeutung solchen Diskutierens erst als erwachsener Mensch und nach deprimierenden Erfahrungen, die Natur des Menschen betreffend, kennen. Natürlich hatte es in der Zeit auch erhebende Erfahrungen gegeben, aber von ihnen ließ sich wenig für das lernen, was der Herausbildung demokratischer Verhältnisse zugrunde zu legen war. Am Ende herrschten Desillusionierung und Skepsis vor. Aufbauen ließ sich nur auf handfestes Können, leistungsbeglaubigte Zuverlässigkeit und Zuständigkeitsverhältnissen, für die man diskussionsbelebende Verfahren nicht brauchte, wenn man sie auch nicht gerade abschaffen mußte. Aber Diskussionen und Reden waren dazu da, daß man in ihnen glänzen konnte, nicht dazu, daß man an ihrem Ende sich mit etwas konfrontiert sah, was man vorher nicht gewußt und nicht in Rechnung gestellt hatte.

Helmut Schmidt akzeptierte es, den Kanzler mit Bravour spielen zu müssen, um der Spitzenmanager des Großbetriebs Bundesrepublik sein zu dürfen. Unternehmer und Firmenchefs, die angefangen hatten, das Land wieder aufzubauen, als die Politiker in schlecht beheizten Hinterzimmern und Tagungshäusern noch um Programme stritten, erkannte er eher als seinesgleichen an, als jene beruflich schwer zu taxierenden Leute, die ihm als Abgeordnete im Parlament gegenübersaßen oder in seinem Kabinett die Ministerressorts verwalteten.

Schmidts Glück für einige Zeit war es, daß seine Prägung nicht zufällig war. Die meisten Deutschen seiner Generation dachten und urteilten wie er. In der Zeit seiner Kanzlerschaft geschah es dann aber auch, daß die SPD den Generationenbruch – trotz friedlicher, ja, leidlich guter Jahre – nicht ohne schwere Blessuren überstand. Wenigstens zum Teil sind Entstehen und Erfolg der Partei der Grünen auch als Abspaltung eines Teils der SPD von der Partei Helmut Schmidts zu verstehen. Das Ende der Regierungszeit dieses Bundeskanzlers kam, als die FDP es für opportun hielt, das Regierungsbündnis zu verlassen. Dann aber wurde rasch deutlich, daß Schmidt für seine Politik in der SPD bei weitem keine Mehrheit hatte.

Über seine Bedeutung als Kanzler der Bundesrepublik kann man streiten. In der Geschichte seiner Partei bildet die Zeit seiner Kanzlerschaft – im Vergleich zu der Zeit, in der Willy Brandt Parteivorsitzender war – eine Episode, und zwar eine unglückliche.

Bedenkt man, daß auch Konrad Adenauer nach dem Unglück des Mauerbaus durch die kommunistischen Machthaber in Ostberlin und der daraufhin erfolgten Abstrafung bei der Bundestagswahl 1961 schließlich nach dem Desaster der *Spiegel*-Affäre mehr von seiner eigenen Partei und seinem Koalitionspartner, der FDP, zum Amtsverzicht in der Mitte der Legislaturperiode genötigt worden war, als daß er selbst im Hinblick auf sein hohes Alter diesen Schritt für angezeigt gehalten hätte, so kann man resümieren, daß bisher nur ein Kanzler der Bundesrepublik Deutschland abgewählt wurde. Vier Kanzler wurden mehr oder weniger nachdrücklich und gegen ihren Willen von den eigenen Leuten aus der Regierungsverantwortung entfernt.

In allen Fällen waren dabei Mechanismen im Spiel gewesen, die für ein demokratisch regiertes Land nichts Ungewöhnliches sind. Dennoch hinterließen die Regierungswechsel bei den demissionierten Regierungschefs Unverständnis, Verbitterung, Argwohn und Groll. Helmut Schmidt ging so weit, ungeachtet der Kräfteverhältnisse in seiner Partei, das gegen ihn im Bundestag eingebrachte und erfolgreiche Mißtrauensvotum als einen Akt des Verrats zu denunzieren, der von den Freien Demokraten um Außenminister Hans Dietrich Genscher gegen ihn ins Werk gesetzt worden sei, und löste damit eine Haßwelle aus, die viele Gemüter in Deutschland bewegte.

Die fünf Kanzler der Bundesrepublik vor Kohl hatten schon Geschichte erlebt und erlitten, bevor der Zweite Weltkrieg zu Ende ging. Sie hatten privat oder beruflich Erfahrungen gemacht, mit denen sie in einem anderen gesellschaftlichen oder geographischen Rahmen standen als spätere Generationen. Sie blickten auf die Bundesrepublik Deutschland als nur eine politische Möglichkeit neben anderen, lediglich nicht realisierten oder zur Zeit nicht realisierbaren. Dabei geht es nicht darum, ob diese Kanzler etwas anderes wollten. Etwas anderes wollten sie wohl eher nicht. Aber ihnen war hautnah gegenwärtig, daß etwas anderes hätte sein können. Und es war ihnen empfindlich bewußt, wie leicht etwas schiefgehen könnte mit dem ihnen anvertrauten Gemeinwesen. Wenn mitunter davon die Rede war, daß die Bundesrepublik ein Provisorium sei – ernsthaft könne es mit Deutschland erst nach der Wiedervereinigung weitergehen –, daß die Bundesrepublik ein Experiment sei – Westbindung, soziale Marktwirtschaft, »Demokratie wagen« –, dann hatte das für sie auch den Beiklang: ein Provisorium kommt an sein Ende, ein Experiment kann scheitern. Das sollte es nicht. Das durfte es nicht – nach dem entschiedensten Willen jedes dieser Kanzler. Und doch gab es ein Stück von politischem Lebensernst in ihnen, mit dem sie der Bundesrepublik fremd, die politischen Verhältnisse im Land ihnen äußerlich blieben.

Das gibt es bei Helmut Kohl nicht. Man kann sagen: nicht zu seinem Vorteil, zumindest nicht immer. Kohls Erfolge sind zum Beispiel untrennbar verbunden mit der Veranstaltung des Parteienstaats. Kohls politische Souveränität hängt wesentlich damit zusammen, daß er sich – auch innerlich – nicht abhängig fühlt von angeblichem Sachverstand, und sei es der wirtschaftliche oder wirtschaftspolitische Sachverstand. Kohl verkörpert mit seinem pfälzischen Dialekt die Provinzialität der Bundesrepublik und mit all der mangelnden Eitelkeit in seinem Auftreten ihre Biederkeit. Er beglaubigt mit der Schlichtheit seiner Gedanken und der Ungeformtheit seiner Sprache ihre Harmlosigkeit. So wenig es bei seinen politischen Unternehmungen Ziele gibt oder gab, die im verborgenen liegen, sosehr ist die Politik der Bundesrepublik erkennbar darauf abgestellt, daß sie ihre Erfolge nur dann für verbuchungswert hält, wenn möglichst viele Partner daran teilhaben und kein Grund für Neid oder Mißtrauen gegeben wird. Man muß mit Ärger wegen mancher Ungeschicklichkeit rechnen, aber nicht mit Ablehnung wegen Unverträglichkeit oder gar wegen inakzeptabler Ziele. Kohl ragt mit keinem seiner Züge über das Profil der Bundesrepublik hinaus. Er verschönert es aber auch nicht. Er bestätigt es nur. Das aber – nicht zuletzt zu seinem eigenen Vorteil – fast perfekt.

3. Kohl studiert

Es ist ein denkwürdiges Triumvirat, das da im Juli 1958 an der Heidelberger Universität zusammenkommt, um den 28 Jahre alten Helmut Kohl der mündlichen Prüfung zu unterziehen, die nach der Ablieferung und günstigen Begutachtung einer selbständig erstellten und wissenschaftlich präsentablen schriftlichen Arbeit zur Promotion des Kandidaten zum Dr. phil., das heißt zum Doktor der Philosophie, erforderlich ist. Die Heidelberger Universität, stolz Ruperto Carola genannt, ist eine der ältesten im deutschen Sprachraum, aber sie ist nicht die älteste. Vor ihr wurden die Universitäten von Prag und Wien gegründet, die Gründung der Universität in Erfurt war schon beschlossene Sache, als 1385 der kurpfälzische Landesherr Ruprecht Karl seine Hochschule in Heidelberg eröffnete. Auf dem Boden der Bundesrepublik ist die Heidelberger nun die älteste Universität.

Doch die drei Männer, die den jungen CDU-Politiker aus Ludwigshafen, seit fünf Jahren Mitglied des Geschäftsführenden Vorstands seiner Partei in der Pfalz, akademisch zu prüfen haben, sind Außenseiter an der noch in alten Hierarchien eingebundenen Lehranstalt. Sie sind es aus den denkbar unterschiedlichsten Gründen. In Jura, damals einem ungewöhnlichen Nebenfach für Historiker, prüft eine halbe Stunde lang Ernst Forsthoff, ein Schüler Carl Schmitts. Der ehemalige Nationalsozialist ist bei Studenten und Professoren wegen seiner Fachkompetenz hoch angesehen, wegen seiner Vergangenheit wird er aber auch ein wenig gemieden, zumindest abwehrend mit eisigem Respekt behandelt. Forsthoff ist jedoch auch einer der wichtigsten wissenschaftlichen Autoren von Schriften zur Entwicklung des Staats- und Verwaltungsrechts der Bundesrepublik Deutschland, deren Staatwerdung Carl Schmitt aus dem fernen Plettenberg im Sauerland mit Hohn und Spott begleitet.

Dolf Sternberger, der Kohl in sein elitäres Forschungskolloquium aufgenommen und ihm eine Hilfsassistentenstelle sowie ein Stipendium der Deutschen Forschungsgemeinschaft besorgt hatte, prüfte im zweiten Nebenfach Politikwissenschaft. Das war damals eine neue Disziplin an den deutschen Universitäten und wurde von den Fachvertretern in den alten Fakultäten entsprechend beargwöhnt. Sternberger hatte selber Philosophie studiert und war in Heidelberg mit einer bei Karl Jaspers entstandenen Arbeit über Martin Heidegger promoviert worden. Er war dann Journalist geworden und in der *Frankfurter Zeitung* zu hohem Ansehen gelangt. Seine Haltung in den Jahren der Diktatur war nicht nur untadelig, sondern mutig und bewunderungswürdig gewesen. Nach dem Krieg war er Mitherausgeber einer ambitionierten Zeitschrift, der *Gegenwart*, und stieß dann zur *Frankfurter Allgemeinen Zeitung*, als deren eminent liberaler und staatsbewußter Leitartikler er bis fast zu seinem Tode wirkte. In Heidelberg gehörte er, als es galt, die Politikwissenschaft als Studienfach einzurichten, noch lange nicht zu den etablierten Professoren. Er blieb immer mehr ein *homme de lettres* als ein Hochschullehrer. Die Nähe, in der es Sternberger und Kohl im akademischen Leben so lange miteinander aushielten, ist ein erstaunliches Datum in der Biographie des ersteren.

Im Hauptfach, in Neuerer Geschichte, prüfte Walter Peter Fuchs. Er war der Doktorvater Kohls und hatte das Entstehen seiner Dissertation kritisch und helfend begleitet. Dazu hatte es freilich einer besonderen Erlaubnis bedurft, denn Fuchs war zu jener Zeit noch nicht Ordinarius und hatte für das Unternehmen zuvor die Erlaubnis eines ordentlichen Lehrstuhlinhabers einholen müssen. Diese Erlaubnis wurde erteilt, aber damit begannen erst die Sorgen für den Doktorvater, denn eine Promotion blieb damals an einer Universität nicht unbeachtet, und eine Blamage des Doktoranden Kohl wäre auch eine Blamage für den voreiligen Fuchs gewesen. Diesem mußte also daran gelegen sein – und das mag Kohl bei der Wahl seines Doktorvaters umsichtig ins Kalkül gestellt haben –, wenn er ihn denn einmal zur Promotion akzeptierte, ihn auch erfolgreich absolvieren zu lassen. Und jemanden wie Kohl zu akzeptieren, konnte in kleinem Umfang auch Fuchs nützen. Immerhin kam der Mann aus dem Stall Sternbergers, was ihn in der grauen Schar der Lehramtsanwärter schon auffällig machte. Auch verstand er es, umtriebige und intellektuell anregende oder wenigstens ansprechbare Freunde um sich zu versammeln – hier ist Bernhard Vogel zu nennen, später Kohls Kultusminister in Mainz, ebendort auch sein Nachfolger als Ministerpräsident des Landes Rheinland-Pfalz.

Und schließlich umgab Kohl schon damals die Fama des CDU-Politikers mit Zukunft aus dem dreißig Kilometer entfernten Ludwigshafen. Kohl war ein bunter Vogel, von dem nicht zu befürchten stand, daß er akademische Ehren für den Versuch nutzen würde, an der Universität zu bleiben und sich dort eine Lebensstellung zu verschaffen, wie es das Ziel so vieler linker Revolutionsromantiker zehn Jahre später sein sollte. Mit Kohls Promotion konnte ein Extraordinarius wie Fuchs auch bei bescheidener Leistung des Doktoranden nur gewinnen – für einen avancierten Professor war einer wie Kohl dagegen uninteressant, und dabei hätte der unsystematische Vielleser, der schon bei dem Versuch gescheitert war, das Große Latinum nachzuholen, leicht verlieren können.

Die unkonventionellen Drei einigten sich darauf, daß Kohl das Rigorosum, die mündliche Prüfung, bestanden habe und gaben ihm die Note *cum laude*, »mit Lob«. Das ist die drittbeste, man kann aber auch sagen, die zweitschlechteste. Doch jeder weiß, daß es darauf nicht ankommt; solche Zensuren sind rascher vergessen, als sie erteilt wurden.

Wichtig für Kohl war nur, daß er nun den Doktortitel hatte. Wenige Monate später, am 19. April 1959, wurde er in den rheinland-pfälzischen Landtag gewählt. Die CDU erreichte bei dieser Wahl 48,4 Prozent der Stimmen, und Kohl war nun einer von 52 Abgeordneten in der Unionsfraktion, die mit den Freien Demokraten koalieren mußte, um die Regierung bilden zu können. Den Doktortitel brauchte Kohl nicht für das, was er jetzt vorhatte. Aber wenn der Titel gefehlt hätte, wäre es auch weniger energischen Konkurrenten leichter gefallen, über ihn die Nase zu rümpfen und ihn ohne Diskussion aus dem Kreis der Aspiranten für dieses oder jenes Amt herauszuhalten.

Denn die CDU war damals noch eine Honoratiorenpartei. Wer in ihr etwas werden wollte, mußte schon etwas sein. Allerdings: was einer war, konnte er auf unterschiedliche Weise erreicht haben. Letztlich wog der akademische Titel nicht mehr als eine unfallfreie Karriere bei einem der christlichen Verbände oder den christlichen Gewerkschaften. Eine andere Gruppe, aus der die Union ihre Honoratioren bezog, stellten die Kaufleute, Unternehmer, Landwirte und Winzer. Diese freilich waren wenig abkömmlich für politische Tätigkeit. Wenn diese Gruppe in der Partei und erst recht bei der Parteiarbeit repräsentiert sein und mitreden wollte, brauchte sie also Leute, die sich Zeit nehmen konnten, ohne wirtschaftliche Nachteile befürchten zu müssen. Sie brauchte und braucht Leute wie Kohl.

Es ist eine Frage des Mutes, des Standvermögens, der inneren Unabhängigkeit, wie und wozu solche Leute sich gebrauchen lassen.

Helmut Kohl, der als Student von 1952 bis 1955 in seiner Heimatstadt bei der BASF als Steinschleifer und in der Holzwerkstätte gearbeitet hatte, nimmt 1958 bei der Ludwigshafener Eisengießerei Willi Mock, einem Betrieb, der 250 Mitarbeiter beschäftigt, die Stelle eines Direktionsassistenten an. Direktor und Assistent kommen großartig miteinander aus, wie die Biographie des Kanzlers vermeldet. Man kennt sich, man hilft sich, man macht Erfahrungen. Ein Jahr später, den Einzug in den Landtag vor Augen, unterzeichnet Dr. Helmut Kohl einen Vertrag, der ihn zum Referenten für Wirtschafts- und Steuerpolitik im »Landesverband Chemische Industrie« macht.

Mut hat Kohl bis dahin immer wieder bewiesen. Schon 1946 war er, ein Schüler noch, im traditionell von

Fehlsprünge

der SPD beherrschten Ludwigshafen in die CDU eingetreten. Das Studium, das er 1950 in Frankfurt am Main
mit den Fächern Nationalökonomie, Rechtswissenschaft
und Psychologie begann – hier hörte er bei Walter Hallstein, Franz Böhm und Carlo Schmid – und vom dritten
Semester an in Heidelberg fortsetzte, war nicht darauf
angelegt, mit einem Staatsexamen abgeschlossen und
durch die Aussicht auf eine Beamtenlaufbahn gekrönt zu
werden. Kohl studierte acht Jahre oder sechzehn Semester lang nach Interesse und Laune und ohne seinen Universitätsaufenthalt unmittelbar mit beruflichen Plänen
zu verbinden. Der Weg in die Politik war zwar schon
mit ermutigendem Erfolg beschritten, aber das war ein
unsicherer Weg für den Sohn eines Finanzobersekretärs.

Dennoch ließ Kohl sich Zeit, versuchte nirgendwo
den Weg abzukürzen, und vermied es, in die Falle einer
bequemen Lebensplanung zu gehen.

Alles, worauf er sich im Sinne bürgerlicher Konvention einließ, blieb lange Zeit unsicher: das Studium und
die Promotion, die keine Zukunft an Schule oder Universität versprach, die Stelle bei Freund Mock, die nur
vorübergehend sein konnte und für sich keine Qualifikationen vorzeigbarer Art schuf, der Aufstieg in der
Jungen Union, der auch in eine parteipolitische Sackgasse hätte einmünden können.

In einem Land, das dabei war, Politikferne zur Tugend
zu stilisieren und in dem Parteien noch verpönt waren
– Jahrzehnte später sollten sie es wieder werden –, setzte
Kohl auf eine persönliche Zukunft in der jüngsten der
konkurrierenden Parteien.

Und er tat es in einer Partei, die nicht nur so neu war
wie das Land, in dem sie zu wirken gedachte, sondern

auch aus ebenso heterogenen Kräften zusammengesetzt. Er tat es, wie diese Partei, ohne eine andere praktische Perspektive als die auf das Nächstliegende, zeitlich wie räumlich.

Als Kohl sich 1946 der CDU anschloß – er bekam die Mitgliedsnummer Null Null 246 –, als er die Junge Union Ludwigshafen mitgründete, als er im ersten Bundestagswahlkampf 1949 Plakate klebte und bei der Vorbereitung von Veranstaltungen half, da gab es die »CDU Deutschlands«, wie sie sich heute so gewaltsam nennt, da gab es die Union als Bundespartei noch nicht. Sie wurde erst im Herbst 1950 in Goslar gegründet und überließ den Vorsitz ihrem Bundeskanzler, den ihre Bundestagsfraktion ein Jahr zuvor, am 15. September 1949, in Bonn an die Spitze einer bürgerlichen Koalitionsregierung gewählt hatte.

Diese Verspätung des Organisationsrahmens Bundespartei, dazu die Bedingungen, unter denen ihre örtlichen und regionalen Gliederungen 1945 entstanden waren, gaben den Landesparteien in der CDU ihr besonderes Gewicht. Zunächst waren die Gründerväter und Führungsfiguren in den Städten und Gemeinden dagewesen, Menschen von natürlicher Autorität in einer Umgebung, in der sie ihr Können um politischer Einflußnahme willen nicht erst unter Beweis stellen mußten. Dann verbanden sich die besten und agilsten von ihnen, um die politischen Chancen zu nutzen, die ihnen die Bildung eines neuen Bundeslandes bot. Zuletzt ging es um Bonn. Entsprechend spielte sich die Parteiarbeit in der CDU ganz anders ab als in der SPD. Bei den straffer organisierten Sozialdemokraten war stets ausschlaggebend, was von oben kam, aus der Zentrale. Bei der CDU mußte

der von der Zentrale ins Land geschickte Funktionsträger sehr höflich sein und recht bescheiden auftreten,
wenn er bei den Honoratioren am Ort etwas erreichen
wollte. Das schloß nicht aus, daß durch persönliche
Kontakte oder unter Einsatz bekannter persönlicher
Autorität aus der Bundeshauptstadt oder der Landes-
hauptstadt in die Angelegenheiten lokaler Organisationen
hineindirigiert wurde. Aber einen Automatismus gab es
nicht. Man konnte in dieser neuen Partei vieles versuchen, durfte sich aber auf nichts verlassen.

Das war die Partei, in der und für die Kohl seine Zukunft riskierte – die Gegenwart war freilich angenehm
genug, um sich davon nicht schrecken zu lassen, was
eine politische Karriere an Unwägbarkeiten bedeutete.
Und diese Partei kannte er wie wenige andere. Als er in
den Landtag gewählt wurde, lag ein Dutzend Jahre prak-
tischer Erfahrung mit ihr hinter ihm. Manches davon
hatte er im Kreis von Dolf Sternbergers analytisch hoch-
begabten jungen Leuten in Heidelberg diskutiert. Seine
Doktorarbeit trug das Thema: »Die politische Entwicklung der Pfalz und das Wiedererstehen der politischen
Parteien nach 1945.« Walter Peter Fuchs nannte sie eine
»bravouröse Leistung«, da die Quellenlage dürftig gewesen sei. Aber die Quelle war Kohl, und die sprudelte
kräftig. Die wesentlichen Aussagen dieser Arbeit waren
Selbstaussagen gewesen. Das durfte genug sein für die
Wissenschaft – zunächst einmal.

4. Kohl fängt an

Am 5. Januar 1958, einem Sonntag – Helmut Kohl war noch mit seiner Doktorarbeit beschäftigt, Konrad Adenauer feierte seinen 82. Geburtstag –, notiert Heinrich Krone, einer der engsten Vertrauten und Mitarbeiter des ersten Bundeskanzlers, seit 1955 Vorsitzender der CDU/CSU-Bundestagsfraktion, in sein Tagebuch: »In einem Fuldaer Manifest, das Joseph Joos zum Verfasser hat, rufen katholische Männer und Frauen, Vorsitzende von Verbänden zum verstärkten Kampf gegen den Kommunismus auf. Kampf gegen den Kommunismus – schon einverstanden. Nur scheint mir, wird mit dieser Aktion die Front auch gegen jene aufgerichtet, die nach geeigneten Wegen suchen, den Ost-West-Konflikt zu mildern und, wenn es ginge, ihn beizulegen. Mit dem Manifest wird zu einer militanten katholischen Front aufgerufen. Ich halte nichts von solchen Fronten innerhalb der eigenen Reihen. Wenger, Roegele, *Mann in der Zeit, Rheinischer Merkur* sind die Wortführer. Auch Süsterhenn hat den Aufruf unterschrieben.«

Adolf Süsterhenn, den der wachsame Krone am Ende seiner Tagebuchnotiz wie beiläufig etwas heraushebt aus der Apostrophierung der anderen, ist einer jener Politiker in Rheinland-Pfalz, auf deren Urteil Kohl achten muß bei seinen ersten Schritten in Mainz. Der damals 53 Jahre alte Rechtsanwalt hatte zu den Mitgründern der CDU in Koblenz gehört; von 1946 bis 1951 war er Mitglied der Beratenden Landesversammlung von Rheinland-Pfalz und Landtagsabgeordneter gewesen, außerdem Justizminister, Kultusminister und – von 1948 bis 1949 – Mitglied des Parlamentarischen Rates. Von 1957 bis 1961 amtierte er als Präsident des Verfassungsgerichtshofs und des Oberverwaltungsgerichts des neuen Bundeslandes. Von 1961 bis 1969 war er Abgeordneter des Deutschen Bundestages. Bundesweite Aufmerksamkeit erzielte Süsterhenn als einer der Initiatoren der komischberüchtigten »Aktion saubere Leinwand«, mit der gegen die Darstellung von Unzucht im Film vorgegangen werden sollte, der aber in der Öffentlichkeit allenfalls ein unfreiwilliger Heiterkeitserfolg beschieden war. Süsterhenn, der aus dem alten Zentrum kam und während des »Dritten Reiches« als Rechtsanwalt vielfach katholische Geistliche verteidigt hatte, bemühte sich nach 1945 stets energisch, Gesellschaftspolitik nach den Vorstellungen seiner Kirche durchzusetzen.

Damit war er in den fünfziger Jahren durchaus ernst zu nehmen. Sein hohes Ansehen aber kam daher, daß er unmittelbar nach dem Krieg zu einer Gruppe von Intellektuellen gehört hatte, die sich schon früh Gedanken machten über die staatsrechtliche Struktur und die Außenpolitik des künftigen Deutschland. Waren die CDU-Gründer in Köln, im Rheinland und in Westfalen vor allem um sozialpolitische Grundsätze besorgt und dabei – besonders unter dem Einfluß der Walberberger Dominikaner – in Diskussionen von solcher Radikalität verstrickt, daß das Ahlener Programm von 1947 als eine eher milde Fassung mancher zuvor erwogenen Forderung angesehen werden kann, so standen im Südwesten die »geistigen Grundlagen des Föderalismus« – so ein viel beachteter Artikel in der katholischen Zeitschrift *Hochland* des Jahrgangs 40 von 1947/48 – im Mittelpunkt der Erörterungen. Es gab einen Heppenheimer und einen Ellwanger Kreis, in denen auch CSU-Politiker mitarbeiteten. So, wie die »Kölner Leitsätze« für die Innenpolitik der CDU wegweisend wurden, bekamen die »Heppenheimer Grundsätze«, wie sie der *Rheinische Merkur* im März 1947 vorstellte, einige Bedeutung für die außenpolitische Orientierung der Partei. Bei der Formulierung der hier erörterten Gedanken spielte Süsterhenn eine große Rolle. Er gehörte auch dem Ellwanger Kreis an, dem der Historiker dieser Epoche, Hans-Peter Schwarz, attestiert, bis zur Gründung des Parlamentarischen Rates »die eigentliche Koordination der CDU/CSU-Politik in den süd- und südwestdeutschen Ländern« geleistet zu haben (*Vom Reich zur Bundesrepublik*).

Zehn Jahre später sind all die Entscheidungen, die damals vorbereitet und um die in den ersten beiden Legislaturperioden gerungen wurde, zu unstrittiger Politik aller Bonner Parteien geworden. Unverständlich fast ist das Pathos, mit dem sie einst in der Union propagiert wurden. Die Kölnerin Maria Sevenich etwa, bis 1933 Kommunistin, dann Emigrantin, 1945 Mitgründerin der CDU in Darmstadt, sagte auf dem ersten Reichstreffen der CDU im Dezember 1945 im Pädagogium von Bad Godesberg, das Ausland sehe eine große Gefahr darin, daß Deutschland wieder »explosiv« werde. Deutschland erscheine seinen Nachbarn unheimlich. Deshalb müßten die Deutschen sich hüten, Kritik an anderen Völkern zu üben. Die Deutschen, fügte die damals 38 Jahre alte Frau emphatisch hinzu, hätten, schuldbeladen vielleicht für alle Zeit, das Recht zur Kritik verwirkt.

Zuerst, so referiert der Historiker der Frühgeschichte der CDU, Leo Schwering, ihre Rede, sei der Beweis zu erbringen, daß das neue Deutschland gegen die Gefahren des Militarismus immun geworden sei. Dies sei lebenswichtig, denn wir brauchten unsere ehemaligen Feinde. Von der Sauberkeit der Gesinnung und der Redlichkeit unserer Denkweise hänge viel ab. Unsere Nachbarn müßten den Eindruck gewinnen, daß sie keine Perlen vor die Säue geworfen hätten. Ob Deutschland den Forderungen gerecht werde, hänge davon ab, wie sich die Union in den deutschen Raum stelle und wie sie ihr Verhältnis zu den Nachbarn gestalte. Sie werde viel weitergehend noch, als es uns heute möglich scheine, das politische Gesicht Deutschlands zu zeichnen haben. »Bleiben wir geistig gesehen schwach, werde die SPD mitbestimmen, und dann drohe uns der Untergang. Wenn wir aber geistig stark sein würden und es richtig anfaßten, werden wir die Sozialdemokraten mitziehen in die Neugestaltung des deutschen Raums. Das liege in unserer Verantwortung, darauf müßten wir Rücksicht nehmen.«

Das unorthodoxe Schwanken Leo Schwerings, eines Mitgründers der CDU in Köln, zwischen direkter und indirekter Rede beim Referat der Worte Maria Sevenichs zeigt, wie sehr er von den Worten der Sprecherin durchgeschüttelt worden war. Maria Sevenich, die in Darmstadt zum Kreis um Eugen Kogon, Walter Dirks, Heinrich von Brentano und Werner Hilpert gehörte, verließ, nachdem sie zuvor CDU-Landtagsabgeordnete in Hessen und Niedersachsen geworden war, die Partei Konrad Adenauers 1949 und ging zur SPD. Von 1965 bis 1967 war sie in Hannover Ministerin für Angelegenheiten des Bundesrats und für Flüchtlinge und Vertriebene.

In dem Jahr, in dem Helmut Kohl in den Landtag von Rheinland-Pfalz gewählt wurde, 1959, vollzog die SPD mit ihrem Godesberger Grundsatzprogramm ihre Annäherung an die Innen- und Außenpolitik der Union und Adenauers. Diesen Schritt hatten die Wähler erzwungen, insofern sie von der ersten Bundestagswahl 1949 über die zweite 1953 bis zur dritten 1957 die Fraktionsgemeinschaft von CDU und CSU jedesmal gestärkt in den Bundestag schickten: 1949 hatten 7,36 Millionen Wähler mit ihrer Zweitstimme die Unionsparteien gewählt. Von der Koalition, die Adenauer damals zusammenbrachte, wurde er dann im Bundestag mit nur einer einzigen Stimme Mehrheit zum Bundeskanzler gewählt. Die 12,4 Millionen Wähler, die 1953 trotz verheerend klingender Prognosen nach Umfragen der Union ihre Zweitstimme gaben, verhalfen Adenauer damit schon zu einer absoluten Mehrheit der Mandate im Parlament. Vier Jahre später, 1957 – zwölf Jahre nach der aufsehenerregenden Rede Maria Sevenichs und zehn Jahre nach dem Ahlener Programm –, bekundeten fünfzehn Millionen Wähler ihre Zustimmung zum Kurs der Union und zur Politik Adenauers. Das waren 50,2 Prozent der abgegebenen Zweitstimmen.

Nicht minder eindrucksvoll nimmt sich die Bilanz der Entwicklung im Bundesland Kohls aus. Hier wählen 1949 bei der Bundestagswahl 700.000 Wähler die CDU, das sind immerhin schon 49 Prozent. Vier Jahre später bedeuten 52,1 Prozent 900.000 Zweitstimmen. Und 1957 sind es eine Million Stimmen, in Prozenten: 53,7. Erst als Helmut Kohl zum ersten Mal selber als Spitzenkandidat bei einer Bundestagswahl antrat, 1976, wird dieses Ergebnis deutlich übertroffen, was die Zahl der für ihn in

Rheinland-Pfalz abgegebenen Stimmen betrifft. Es sind nun 1,2 Millionen, was aber nur noch 49,9 Prozent der abgegebenen Zweitstimmen ausmacht – das Land ist bevölkerungsreicher geworden. Rainer Barzel vor ihm und Franz Josef Strauß nach ihm bekamen als Kanzlerkandidaten der Union im Land der Reben und Rüben jeweils vier Prozent weniger. Dabei hatte Kohl in Mainz als Störenfried begonnen.

Bis 1959 war es kommod zugegangen in der Landespolitik. Die CDU regierte als stärkste Partei seit 1946. Der erste, von der Besatzungsmacht ernannte Ministerpräsident Boden tat dies noch zusammen mit Sozialdemokraten und Kommunisten und nach seiner zweiten Ernennung allein.

Doch Peter Altmeier, der nach den ersten Landtagswahlen – im Mai 1947 – Ministerpräsident wurde, bildete wieder eine Koalition, in der Kommunisten mit Sozialdemokraten, Freien Demokraten und den – zahlenmäßig stärksten – Christlichen Demokraten zusammenarbeiteten. Da war Süsterhenn Justiz- und Kultusminister. Aber die Sorgen, die der Saarländer Altmeier hatte, galten eher den Gruppierungen, die das neue Bundesland wieder auflösen wollten und die verschiedenen Landesteile zu Hessen oder Nordrhein-Westfalen zu schlagen gedachten.

Von 1951 an regierte Altmeier nur noch mit Adenauers bevorzugter Koalition, also zusammen mit der FDP. Diese Koalition übernahm auch Kohl, als er, sehr zum Unwillen Altmeiers, im Mai 1969 den Führungswechsel in Mainz inszenierte und selber Ministerpräsident wurde. Als er 1971 als Regierungschef in die Landtagswahl gehen mußte und die Rheinland-Pfälzer Gelegenheit hatten, über den kecken Griff nach der Macht im Land mit dem Stimmzettel zu urteilen, gaben sie dem immer noch jungen CDU-Politiker mit fünfzig Prozent der Stimmen die absolute Mehrheit der Mandate. Die Freien Demokraten, die damals in Bonn mit der SPD regierten, beendeten in Mainz die Koalition mit der CDU, aber Kohl hielt den der FDP angehörenden Staatssekretär Hans Friderichs im Amt. Das war der FDP nicht recht, doch ein Jahr später machte sie ihn zum Bundeswirtschaftsminister in Bonn. Ein Exempel für Kohls Personalpolitik.

Diese Personalpolitik hatten Altmeier und der Fraktionschef der CDU im Rheinland-Pfälzischen Landtag vom ersten Auftreten Kohls in Mainz an zu spüren bekommen. Das erste Opfer ist Wilhelm Boden, einst Altmeiers Vorgänger als Ministerpräsident, jetzt Fraktionsvorsitzender der CDU und damit der wichtigste Regisseur bei den Debatten im Landtag. Aber die Regie entgleitet ihm, nicht nur im Landtag, aber da besonders sichtbar. Zum ersten Mal wird auf einer etwas größeren Bühne vorexerziert, wie Kohl die Zusammenarbeit mit engen Parteifreunden versteht. Mit Heinrich Holkenbrink aus Trier und Heinz Schwarz spricht er Wortmeldungen im Landtag so ab, daß sich Boden bald ausgeschaltet fühlt. Rasch kommt auch Fraktionsgeschäftsführer Willibald Hilf dazu. Boden stirbt 1961. Auf ihn folgt als Stellvertreter automatisch Hermann Matthes, mit dem Kohl gut auskommt. Neuer Stellvertreter aber wird nach einer Kampfabstimmung gegen den Favoriten Altmeiers jetzt schon der 31 Jahre alte Helmut Kohl. Er siegt mit einer Stimme Mehrheit. Schon im Mai 1963 wird Kohl mit 38 von 41 Stimmen ohne Gegenvotum zum Fraktionsvorsitzenden gewählt.

Kohl tritt 1964 nicht in das Kabinett Altmeier ein, aber er vermag schon, Holkenbrink dort als Staatssekretär im Wirtschafts- und Verkehrsministerium unterzubringen. Zu Holkenbrinks Gunsten hatte er 1954 darauf verzichtet, Vorsitzender der Jungen Union des Landes zu werden. Dafür hatte Holkenbrink Kohl seit 1959 im Landtag zugearbeitet. Doch 1961 war er als Bundestagsabgeordneter nach Bonn gegangen. Den als Staatssekretär Zurückgekehrten machte Kohl 1971 zum Minister. Willibald Hilf wurde in Mainz Staatssekretär, als Kohl Altmeier ablöste, und beendete seine Laufbahn als Intendant des Südwestfunks in Baden-Baden. Heinz Schwarz wurde Innenminister des Landes, ehe er in den Bundestag ging und dort Kohls Riege verstärkte.

Indes, Kohl setzt sich als Fraktionsvorsitzender auch für neue Köpfe ein und ist schon stark genug, sie bei Altmeier durchzubringen: so den 34 Jahre alten Bernhard Vogel für das Kultusministerium und den 37 Jahre alten Heiner Geißler als Sozialminister. Seine innerparteiliche Karriere ist unterdessen auch beachtlich: 1963 wird er zum Vorsitzenden des Bezirksverbandes Pfalz, 1966 an die Spitze des Landesverbandes gewählt. Im selben Jahr wird er Mitglied des Bundesvorstands der CDU. Seit 1960 ist er auch Vorsitzender der CDU-Stadtratsfraktion. Im Lande ist er überall präsent. Er ist überall der erste – und mit ihm die seinen.

Ein Politiker wie Süsterhenn ist für ihn, der sich nun vor allem um die Vorbereitung von Justiz- und Verwaltungsreformen kümmert, der an Schulen und Kindergärten denkt und Unkonventionelles über die Gleichstellung von Frauen in Beruf und Gesellschaft sagt, durchaus gleichgültig geworden. Zwar weist er gern auf

Grundsätze christlich-demokratischen Gedankengutes hin, aber er gibt sich noch lieber als ein Mann, der alte Zöpfe abschneidet und mit Überholtem aufräumt. In Sichtweite außenpolitischer Diskussionen bringt er sich noch nicht. Da ist in der Ära Adenauers auch wenig zu bewegen. Und als Adenauers Nachfolger sich unsicher und versteckt um die Chancen einer neuen Ostpolitik bemühen, bastelt Kohl an seiner Mannschaft.

Man muß seinen Platz am Spieltisch behaupten, wenn man die Karte ausspielen will, die den Stich macht, das ist die Grundregel, nach der er seine Machtsicherung betreibt. Von dem Tisch, an dem er einmal Platz genommen hat, ist er nicht mehr zu vertreiben. Die Schwierigkeit liegt nur darin, auf diesen Platz zu kommen. Da ist Kohl nie etwas geschenkt worden. Und das erklärt seine ungewöhnliche Zähigkeit im Kampf um die Macht.

»Die Fraktion wählt ihren Vorsitzenden nach einer Bundestagsneuwahl für ein Jahr«, schrieb Heinrich Krone am 28. Oktober 1958 in sein Tagebuch. »Die zweite Wahl gilt für die weiteren drei Jahre. Neun Stimmen haben sich bei meiner Wiederwahl enthalten; gegen mich stimmte niemand.«

Die Gelassenheit Heinrich Krones besaß Kohl nie.

5. Kohl will Parteivorsitzender werden

Der Kandidat hatte sich verschätzt. Oder war er getäuscht worden? Das wohl doch eher nicht. Aber er war enttäuscht. Fünf Jahre später sollte er von einem amateurhaften Fehler sprechen, der ihm da unterlaufen war. War es ein Fehler?

Anfang Oktober 1971 stand auf dem CDU-Parteitag in Saarbrücken die Wahl eines neuen Bundesvorsitzenden an. Kurt Georg Kiesinger trat nach seiner Wahlniederlage zwei Jahre zuvor, die ihn aus dem Bundeskanzleramt und die Unionsparteien in die Opposition befördert hatte, von einem Amt zurück, das er von seinen Vorgängern doch nur widerwillig geerbt hatte. Adenauer war von 1950 bis 1966 sechzehn Jahre lang Bundesvorsitzender seiner Partei gewesen. Es hatte keine Rolle gespielt. Erhard übernahm das Amt erst drei Jahre nach seiner Wahl zum Bundeskanzler und auch erst, nachdem er durch das überzeugende Votum bei der Bundestagswahl 1965 – 47,6 Prozent im Gegensatz zu den 45,3 Prozent bei Adenauers letzter Wahl 1961 – scheinbar gestärkt worden war. Er gab es schon ein Jahr später wieder auf. 1967 wurde Kiesinger als der CDU-Bundeskanzler der Großen Koalition zum Bundesvorsitzenden gewählt. Die Hälfte seiner vier Jahre im Amt war Oppositionszeit. Niemand wird sagen, er habe etwas daraus gemacht.

Am 4. Oktober in Saarbrücken gab es für die CDU

etwas Neues: für den Bundesvorsitz hatten sich zwei Bewerber gemeldet. Der eine war der Vorsitzende der CDU/CSU-Fraktion im Deutschen Bundestag Rainer Barzel, der andere der Ministerpräsident des Landes Rheinland-Pfalz Helmut Kohl. Nach der Lage der Dinge, wie sie von den Christlichen Demokraten, zumal von jenen gesehen wurde, die an diesem Tag an der Saar versammelt waren, wurde bei der Wahl auch der Kanzlerkandidat für die nächste Bundestagswahl bestimmt. Und da die Delegierten des Parteitags überzeugt waren, der Regierungsverlust von 1969 sei nicht mehr als ein Betriebsunfall gewesen, die nun in Bonn mit der SPD verbündeten Freien Demokraten würden ihre Verirrung bald bereuen und in die altbewährte Formation mit der CDU/CSU zurückkehren, mußte die den Dingen innewohnende Logik ein klares Ergebnis für den in der Bundeshauptstadt tätigen Politiker zeitigen. Barzel hatte sich in den Jahren der Großen Koalition als versierter Manager der schwer zu führenden Fraktionsgemeinschaft der Unionsparteien bewährt. Zusammen mit dem Fraktionsvorsitzenden des Koalitionspartners SPD, dem damals schon von der Legende ungewöhnlicher Tatkraft und Effizienz umgebenen Helmut Schmidt, hatte er ein viel bewundertes Team gebildet. Barzel konnte Bundeskanzler werden.

Kohl setzte auf eine andere Karte. Früh ein aufmerksamer Beobachter demoskopischer Umfragen und ein Freund des auf Demoskopie spezialisierten Instituts in Allensbach am Bodensee, stützte er seine Kandidatur auf Zahlen. Im Auftrag des Südwestfunks waren 1025 Bundesbürger befragt worden. Auf die Frage nach dem CDU-Vorsitzenden »Barzel oder Kohl?« hatten 39 Prozent geantwortet: »Kohl«. Nur 34 Prozent hatten sich für Barzel ausgesprochen. 9 Prozent hatten andere Namen genannt, 18 Prozent überhaupt keine Angaben gemacht. Aber es hatte dazu noch eine andere Frage gegeben, und die lautete, ob »lieber Barzel oder Schröder« Kanzlerkandidat der CDU werden solle. Und da hatten 51 Prozent der Befragten Schröder den Vorzug geben wollen, lediglich 29 Prozent mochten sich Barzel als Bundeskanzler vorstellen.

Gerhard Schröder, einer der wenigen prominenten Protestanten im dauerhaften Spitzenfeld der Union, war schon 1953 Innenminister bei Adenauer geworden und es bis 1961 geblieben. Dann wurde er Außenminister, behielt diesen Posten auch während der Kanzlerschaft Ludwig Erhards und wurde 1966 von der Großen Koalition mit dem Verteidigungsministerium betraut. Schröder, der im Auswärtigen Amt die größte Wirksamkeit zu entfalten versucht hatte, galt als ein Kanzleraspirant in der CDU – und in der politisch interessierten Öffentlichkeit –, seit der Abschied Adenauers vom Amt beschlossene Sache war. Aufgrund seines distinguierten Auftretens und wegen des Rangs der Ministerien, die er geführt hatte, stand er bei vielen Deutschen im Ruf jener Tüchtigkeit, die sie so sehr schätzen. Auch die Niederlage bei der Bundespräsidentenwahl gegen Gustav Heinemann – das Wetterleuchten, das die Zusammenarbeit von FDP und SPD in der sozialliberalen Koalition ankündigte – hatte seinem Nimbus als überlegenem Staatsmann nichts anhaben können. Schröder als Bundeskanzler, das würde bedeuten, daß man an eine Zeit wieder anknüpfte, als Bundespolitik noch CDU-Politik gewesen war und sonst nichts. Das waren die besten Zeiten nicht nur für die CDU gewesen, sondern in den Augen vieler Deutscher auch die Zeiten des märchenhaften Aufstiegs der Bundesrepublik Deutschland aus den Kriegstrümmern.

Für Kohl, der hier einmal die Trennung der Ämter befürwortet, zählt vor allem, daß Schröder 61 Jahre alt ist, Barzel dagegen erst 47. Nun ist 61 in der Partei Konrad Adenauers zwar kein Alter, bei dem sich die Parteifreunde bereits auf einen Rückzug des verdienten Mannes ins Privatleben freuen können, doch wie sehr auch Schröder dem Vorbild des Patriarchen von Rhöndorf sollte nachstreben mögen, Barzel bliebe im Vergleich zu ihm immer der vierzehn Jahre jüngere und darum der gefährlichere. Daraus folgte, wenn Kohl jetzt CDU-Vorsitzender würde, stiegen Schröders Chancen, Kanzlerkandidat zu werden. Das war auch in Hinblick darauf günstiger, daß Kohl keineswegs glaubte, die Kanzlerschaft Willy Brandts werde nur eine kurze Episode sein. Aber ob Schröder nun als Spitzenkandidat der Union bei der nächsten Bundestagswahl reüssierte oder nicht – der nächste nach Schröder würde Kohl sein.

Er brauchte dazu nur noch Barzel zu schlagen, der aufgrund seines allzu wendigen Agierens in den letzten Jahren viel Hohn hatte über sich ergehen lassen müssen – nicht freilich in der CDU. Hier, auf dem Saarbrücker Parteitag, gedachte Kohl mit dem Palladium der Ämtertrennung gegen ihn anzutreten und zu obsiegen: ein von der Bundestagsfraktion unabhängiger Parteivorsitzender verfüge über mehr operative Möglichkeiten und sei eher imstande, die CDU stärker in die Offensive gegen die Parteien der sozialliberalen Koalition zu führen.

Das Ergebnis sah niederschmetternd aus. Für Barzel

votierten 344 Parteitagsdelegierte, für Kohl nur 174, es gab eine Stimmenthaltung, eine Stimme war ungültig. Der Tag hatte schon schlecht angefangen. Als er sich am frühen Morgen nach dem Aufstehen die Krawatte umbinden wollte, war sie gerissen. Man mußte ihm schnell eine neue besorgen. In der Debatte der Vorsitzendenwahl hatte Hanna-Renate Laurin, Ministerialdirigentin in Bernhard Vogels Mainzer Kultusministerium, die Delegierten mit dem Bekenntnis, Herr Kohl gebe einem ein ganz neues CDU-Gefühl, mehr amüsiert als von den Sitzen gerissen. Die besten Kämpen aus Kohls heimischer Mannschaft, Bernhard Vogel und Heiner Geißler, sprachen glänzend, hatten jedoch noch nicht das Gewicht, um einen Bundesparteitag zu beeindrucken.

Für Kohl traten auch Kurt Georg Kiesinger und Gerhard Schröder ans Rednerpult. Schröder sprach sich vor allem gegen Ämterhäufung aus. Kiesinger lobte ausführlich Barzels Arbeit im Parlament, räumte aber ein, Kohl zur Kandidatur gegen Barzel ermutigt zu haben, und krönte seine Ausführungen mit dem Hinweis, daß der Mainzer Ministerpräsident den Parteivorsitz nach einer gewonnenen Bundestagswahl an Gerhard Schröder würde abgeben müssen, weil der dann als Kanzler auch Parteivorsitzender sein müsse. Die Unterstützung, die sich Kohl auf pfälzischen Parteitagen zu verschaffen gewohnt war, war das gewiß nicht.

Für Barzel hatten sich Gerhard Stoltenberg, Heinrich Köppler, Heinrich Windelen, Alfred Dregger und Hans Karl Filbinger zu Wort gemeldet, machtvolle Landesvorsitzende, die Bonn Bonn sein ließen, aber es kaum wünschen konnten, daß es außerhalb der Fraktions- und gegebenenfalls Regierungsgeschäfte noch eine andere, von diesen nicht belastete Zentrale in der Bundeshauptstadt gebe, die sich vor allem um die Partei, also um sie kümmerte. Dagegen war schwer anzukommen. Und schließlich hatte wohl Kohl – bei aller Rücksicht auf die Zahlen der Demoskopie – nicht ernst genug genommen, was die Allensbacher zu der Frage, wem bei der Bundestagswahl größere Gewinne für die CDU zugetraut würden, herausbekommen hatten: 51 Prozent setzten auf Barzel, nur 23 Prozent auf den Mann aus der Provinz.

Das war eine Niederlage. Aber war es ein Fehler?

Barzel war der Mann der von der CDU gewollten raschen Korrektur des Mißgeschicks von 1969. Als solcher war er der Mann des Bonner Establishments, und in dieser Eigenschaft entsprach er den Vorstellungen der Landesfürsten. Es machte zunächst nichts aus, daß ihm die Gediegenheit anderer Bonner CDU-Größen fehlte. Barzel war noch jung. Wie Kohl war er in seiner erstaunlichen Karriere oft der jüngste auf seinen jeweiligen Posten gewesen. Der gebürtige Westpreuße hatte sich nach 1945 im neuen Bundesland Nordrhein-Westfalen zunächst dem alten Zentrum angeschlossen, war aber sehr schnell zur CDU des früheren Gewerkschaftsführers Karl Arnold übergewechselt.

Arnold, von 1947 bis 1956 Ministerpräsident in Düsseldorf, galt in der CDU als der Gegenspieler Adenauers, als Mann der Partei-Linken. Er hatte stets für ein Zusammengehen mit den Sozialdemokraten plädiert, mußte aber unter dem Druck Adenauers auch im nordrheinwestfälischen Landtag eine Koalition mit der dort weit rechts angesiedelten FDP bilden. Ironischerweise wurde er 1956 durch ein konstruktives Mißtrauensvotum von FDP und SPD gestürzt. Die FDP hatte damit Adenauer in

Bonn eins auswischen wollen. 1957 ließ sich Arnold in den Bundestag wählen. Zugleich sorgte er dafür, daß Barzel, damals Geschäftsführer des Landespräsidiums, über den sicheren Wahlkreis Paderborn dort ebenfalls als Abgeordneter einziehen konnte. Dafür hatte Arnold seine ganze Autorität einsetzen müssen, nachdem zuvor sein Versuch, Barzel den sicheren Landeslistenplatz 20 zu verschaffen, fehlgeschlagen war. Er selbst kandidierte auf Platz zwei hinter Adenauer. Arnold starb eine Woche vor der nordrhein-westfälischen Landtagswahl 1958, bei der er wieder der Spitzenkandidat der CDU gewesen war. Die Wähler zwischen Rhein und Weser beendeten – anders, als es in Bonn kommen sollte – die unpassende Düsseldorfer Liaison von SPD und FDP, indem sie der CDU ein Ergebnis von 50,5 Prozent der abgegebenen Stimmen bescherten. Acht Jahre später allerdings, zur selben Zeit als Barzel in Bonn am Sturz Erhards mitwirkte, bereitete sich in Düsseldorf ein zweiter Fall des konstruktiven Mißtrauensvotums gegen einen CDU-Ministerpräsidenten vor: Franz Mayers wurde von Heinz Kühn abgelöst, und als auf den Johannes Rau folgte, war es mit der CDU-Herrlichkeit im bevölkerungsreichsten Land der Bundesrepublik zu Ende.

Barzel hatte es nach dem Tod seines Gönners Arnold verstanden, Adenauer auf sich aufmerksam zu machen. Wie sehr seine Aktion »Rettet die Freiheit« – eine Art von Politikern angestoßene antikommunistische Bürgerinitiative – dabei geholfen hat, muß ungeklärt bleiben. Jedenfalls wurde er schon im Dezember 1962, nachdem die *Spiegel*-Krise und der Rücktritt von fünf FDP-Ministern eine Kabinettsumbildung notwendig gemacht hatten, im 5. Kabinett Adenauers mit dem Ressort für Ge-

samtdeutsche Fragen betraut. Dieses Ministerium übernahm dann bei Ludwig Erhard der FDP-Vorsitzende Erich Mende. Barzel aber zeigte gern einen Brief herum, in
dem ihm Adenauer bescheinigt hatte, er könne einmal
Bundeskanzler werden. Auch im Kolpinghaus von Paderborn, wo sich die CDU und die Junge Union zu treffen pflegten, zeigte er diesen Brief mit nicht geringem
Stolz.

Barzel wußte die starken CDU-Landesverbände des
Rheinlandes und Westfalens hinter sich. Das waren schon
von den Zeiten des Zentrums her Landesverbände mit
einem dominierenden Arbeitnehmeranteil. Hier hatte
sich Kohl auf dem Düsseldorfer Mitbestimmungsparteitag nicht empfohlen, als er im Januar 1971 – neun Monate vor dem Saarbrücker Parteitag – in der Mitbestim-
mungsfrage gegen den Entwurf stimmte, den er selbst
zusammen mit dem rheinischen CDU-Vorsitzenden
Heinrich Köppler erarbeitet hatte. Die CSU war mit dem
Entwurf unzufrieden gewesen, auch hatte es wohl von
anderer Seite Kritik gegeben. Es war schließlich noch
nicht lange her, daß Kohl, bei seiner Wahl zum Ministerpräsidenten im Mai 1969, seinen Posten im Verband der
chemischen Industrie aufgegeben hatte. Für die Wahl
zum CDU-Bundesvorsitzenden im Herbst 1971 mochte
er die Folgen dieses Verrats unterschätzt haben. Auf
etwas längere Sicht hatte er sich den veränderten Kräfte-
verhältnissen angepaßt.

Das konnte er in Fällen wie diesem leichter tun als
Barzel. Bei den letzten Landtagswahlen in Nordrhein-
Westfalen war die CDU zwar mit 46,3 Prozent stärkste
Partei geworden, aber ihr Vorsprung vor der SPD war
nur hauchdünn. Außerdem hielt die Koalition der SPD

mit der FDP. Das bedeutete für einen Politiker wie Kohl: die Herren über Organisationen mit vielen Parteimitgliedern waren politisch ohne Macht. Er selbst hatte in Rheinland-Pfalz soeben 50 Prozent der abgegebenen Stimmen für die CDU gewonnen und konnte mit ihr allein regieren. Das war zwar ein kleines Bundesland, aber es war doch erkennbar, wo der Weg hinführte. Und über kurz oder lang mußten auch die regierenden Landesvorsitzenden in Baden-Württemberg, Schleswig-Holstein und im Saarland erkennen, daß es mit der Vorreiterrolle der CDU-Landesverbände Nordrhein-Westfalens zu Ende ging. Das mochten diese selbst noch nicht wissen – und sie weigerten sich auch noch lange, dies zur Kenntnis zu nehmen –, denn es ist, wenn man innerhalb einer Partei arbeitet, schwer, den Eindruck von ihrer Größe nicht bestimmend werden zu lassen für die Einschätzung ihrer Gestaltungskraft und Zukunftsfähigkeit. Rainer Barzel hatte da keine Wahl. Er hatte seine Karriere im Rheinland gemacht und war politisch in Westfalen zu Hause. So konnte er es sich nicht leisten, die Nordrhein-Westfalen zu verprellen. Das Ende der Zeit, in der die rheinische und westfälische CDU fast alles allein und bevorzugt für einen der ihren arrangieren konnten, war jedoch in Sicht, und für die anderen kam es jetzt nur darauf an, wer zuerst einen Führungsanspruch anmeldete.

Dieser erste war nun Helmut Kohl. Er hatte sich in diesem Jahr als mutig erwiesen, und er hatte sich den richtigen Kräften in der Partei empfohlen. Das würde dem einen oder anderen, auf den es später ankommen mochte, im Gedächtnis bleiben, auch wenn es bei der Wahl in Saarbrücken noch nicht zu Buche schlug. Kohl konnte warten.

Barzel hatte in Saarbrücken gesiegt – aber unter einem Erwartungsdruck der Partei, der ihn nun zum Siegen bei den nächsten Bundestagswahlen verurteilte. Ob die Erwartungen realistisch gewesen waren, tat nichts zur Sache. Weil es einen stattlichen und von der Bühne der bundesrepublikanischen Politik keineswegs verschwundenen Gegenkandidaten gegeben hatte, stand nun eine Alternative im Raum. Sie bedeutete, daß der Druck auf den ersten Mann erhalten blieb. Barzel, jetzt Fraktionsvorsitzender, Parteivorsitzender und Kanzlerkandidat, mußte bei der nächsten Möglichkeit Kanzler werden. Mißlang das, war das Rennen wieder offen. Und Kohl befand sich in der ersten Startreihe.

Soweit war alles klug in die Wege geleitet. Wäre es so gekommen, wie Kohl es sich ausgerechnet haben mag, wäre er schon 1971 Parteivorsitzender und Schröder Kanzlerkandidat geworden. Dann wäre Kohl der Mann nach Schröder geworden, gleichgültig, ob nach einem Bundeskanzler Schröder oder nach dessen Scheitern bei der nächsten Bundestagswahl. Dieses mußte aus der damaligen Perspektive als der sichere, wenn auch unter Umständen längere Weg erscheinen. Den wählte Kohl. Er geriet indes auf den weniger sicheren Weg, den des achtbaren, aber geschlagenen Herausforderers Barzels. Dann kam ihm das Glück zu Hilfe. Barzel scheiterte im Parlament mit seiner Art der Opposition gegen die Ostpolitik, in der Fraktion mit dem unglücklichen Mißtrauensvotum gegen Willy Brandt und bei den vorgezogenen Wahlen zum Bundestag am 19. November 1972. Die Sozialdemokraten konnten bei einem Stimmenanteil von 45,8 Prozent zum ersten Mal in der Geschichte der Bundesrepublik die stärkste Fraktion im Bundestag bilden.

CDU und CSU kamen zusammen nur auf 44,9 Prozent, damit hatte Barzel auch in der Partei verloren.

Am 12. Juni 1973 wurde Kohl auf dem 21. Bundesparteitag der CDU in Bonn mit 520 von 600 Delegiertenstimmen zum CDU-Vorsitzenden gewählt.

6. Kohl ist Parteivorsitzender

Schon Monate vorher, am 28. Januar 1973, hatte Kohl angekündigt, daß er sich wieder um das Amt des Parteivorsitzenden bewerben werde. Sehr früh auch legte sein Wunschkandidat für das Amt des Generalsekretärs der CDU seine Vorstellungen über das vor, was der Partei fromme. Er tat dies, ein Novum in der Parteigeschichte, ausgerechnet in dem Blatt, das in der Bundesrepublik Deutschland die publizistische Institution des Liberalismus war, in der *Zeit*. Der Autor konnte dies tun, das heißt, er konnte sich dieses Presseorgans bedienen, weil er ein Professor war, ein Gelehrter eben, auch wenn er gerade in einem Wirtschaftskonzern arbeitete, als er mit dem Gedanken umging, Manager einer großen Volkspartei zu werden. Wenn Kohl ihr Vorsitzender würde, woran aber nach Barzels Niederlage nicht ernsthaft zu zweifeln war.

Dieser Mann war Kurt Biedenkopf. Am 16. März veröffentlichte er in der Hamburger Wochenzeitung *Die Zeit* einen Artikel mit der Überschrift »Eine Strategie für die Opposition«. Der Untertitel verkündete schon zwei Forderungen: »Zurück zu den Grundsätzen« und »Mehr Spielraum für die Partei«. Besonders die erste dieser beiden Forderungen konnte den Leser aufmerksam werden lassen nach Barzels geschmeidiger Politik eines unverbindlichen »Wie-hätten-Sie's-denn-gern?«.

Diese Aufmerksamkeit schien um so mehr gerechtfertigt zu sein, als der Autor von der Redaktion als Mitglied der Grundsatzkommission der CDU vorgestellt wurde und indirekt als Experte für die Frage: »Wie kann die Union die politische Führung in der Bundesrepublik zurückgewinnen?« Das war gut lanciert, denn noch war Barzel Parteivorsitzender, er trat erst am 9. Mai 1973 zurück. Trotzdem bereitete Kohl jetzt schon das Terrain für den Parteitag vor, auf dem der Nachfolger zu wählen sein würde. Und der sollte dieses Mal niemand anderes sein als Kohl.

Biedenkopfs Beitrag begann mit lakonischen Feststellungen: »Die CDU ist keine Richtungspartei, sondern eine Volkspartei. Ihre Zukunft hängt von ihrer Fähigkeit ab, Volkspartei zu bleiben.« Das zu sagen, war notwendig geworden, weil es in der CDU, seit Barzels Unvermögen zu gewinnen offensichtlich geworden war, starke Temperamente mit mobilisierbarem Anhang gab, die kämpferische Politik mit einseitiger Programmpolitik, mit der Richtungspolitik einer Richtungspartei, verwechselten. So bekämpften einige mit nationalistischen Tönen und – schlimmer noch – mit Schimpfworten der Nationalisten von ehedem Willy Brandt und die SPD. Die Nationalisten hatten allerdings in den Jahren der großen Koalition wieder Zulauf gewonnen. Dabei bedachten viele in der Union nicht – oder vielleicht einige nur zu genau –, daß die neue Ostpolitik der sozialliberalen Bundesregierung, wenn auch nicht genau so, von CDU-Politikern zu ihrer Zeit ebenfalls angestrebt worden war und daß viele in der Union sich eine Politik wünschten, die auf eine Milderung des Ost-West-Gegensatzes hinauslief, ohne daß diese deshalb aufgehört hatten, entschiedene Gegner des Kommunismus zu sein.

Der SPD wäre eine Entwicklung der CDU zur Rechtspartei sicherlich willkommen gewesen, sie hätte dabei ja nicht ihren demokratischen Charakter verlieren müssen. Noch Ende der achtziger Jahre unternahm Peter Glotz einen aufwendigen Versuch, den Konservativen in Deutschland und denen, die er dafür hielt, einzureden, wie schön es wäre, wenn es in Deutschland eine eindeutige Partei der Rechten gäbe, wie es ja auch – hier wurde das Wunschdenken schon kurios – eine eindeutige Partei der Linken gebe, die SPD.

Die Gefahr, daß die CDU eine Partei der Rechten werden könnte, schien 1973 tatsächlich zu bestehen. Darauf deuteten keineswegs nur Debatten zur Außen- und Ostpolitik. Auf dem Düsseldorfer Mitbestimmungsparteitag von 1971 hatte der hessische CDU-Vorsitzende Alfred Dregger, der in der Folgezeit die Partei in seinem Land aus dem Mauerblümchendasein erlösen und zur Regierungsübernahme in Wiesbaden führen sollte, die traditionsreichen und um die politische Stabilität der Bundesrepublik in den fünfziger Jahren hochverdienten Sozialausschüsse der CDU, die Christlich Demokratische Arbeitnehmerschaft (CDA), dem Sozialismus-Verdacht ausgesetzt. Von Kohl hieß es, er sei damals in Düsseldorf wegen der Schärfe dieses Angriffs von dem Entwurf abgerückt, an dessen Zustandekommen er selber mitgewirkt hatte. Die CDA hatte das nicht vergessen. Wenn Kohl die Leute, die er schon zu sich geholt hatte, so Geißler, oder die, die ihn in Saarbrücken unterstützt hatten, so die Junge Union, nicht verlieren wollte, mußte er einseitigen Tönen, die dem Charakter einer Volkspartei widersprachen, entgegentreten, wobei darauf zu achten war, daß man bei den jeweiligen Schritten nun nicht etwa selbst der einseitigen Richtung bezichtigt werden konnte. Biedenkopfs Artikel zog die Grundlinien der dafür benötigten Strategie aus.

»Volksparteien sind nicht aus Prinzip, sondern aus Gründen der praktischen Politik Parteien der Mitte«, fuhr der Artikel im ersten Absatz fort. »Die CDU kann nur eine Partei der Mitte bleiben, wenn sie Volkspartei bleibt.« Das klang schon nicht mehr lakonisch, sondern ein wenig sibyllinisch. Was heißt hier »praktische Politik«? Bringt sie die Volkspartei in die Mitte, macht sie also mehrheitsfähig? Oder arbeitet die Partei mit den Mitteln politischer Meinungsbildung oder indem sie Exempel erfolgreicher Politik, vorzugsweise der eigenen, vorzeigt, auf das Ziel hin, daß die Mitte sich der Volkspartei zuwendet, dieser so zur Mehrheit verhilft? Für beides gibt es in der Geschichte Beispiele, schöne und unschöne.

Was Biedenkopf hier sagt, ist ganz einfach. Man muß nur die beiden Sätze zusammenlegen. Der erste Satz besagt, daß es kein Prinzip ist, das die Volkspartei so besorgt um die Mitte sein läßt, sondern daß die praktische Politik, die ja erfolgsorientiert sein soll und mit allen Anhängern einer Partei rechnen muß, notwendig zum Aufenthalt in der Mitte der Gesellschaft führt. Weder also ist ein Prinzip erforderlich, um dahin zu gelangen und mehrheitsfähig zu werden, noch muß ein Prinzip preisgegeben werden, um die Mehrheitsfähigkeit nicht zu verlieren und die Mitte zu gewinnen. Damit könnten zwar beide Seiten, die Prinzipienverächter und die Prinzipienreiter, zufrieden sein – sowohl generell als auch in jedem einzelnen Fall –, aber in diesem Satz, nur für sich genommen, klingt doch ein wenig pragmatische Arroganz durch: Prinzipien sind gleichgültig. Und das wollen beide nicht hören. Also gibt es doch ein konstituierendes Prinzip. Biedenkopf sagt im zweiten Satz, welches: Partei der Mitte – was für die Machterhaltung zählt – bleibt man nur, wenn man Volkspartei bleibt. Das Prinzip, das die CDU beim Kampf um die politische Mitte, also beim Versuch, die politische Führung in der Bundesrepublik wiederzugewinnen, unbedingt beachten muß, ist das Prinzip, Volkspartei zu sein. Das ist sehr hübsch ausgedrückt, und wer kein Gelehrter ist, kann kaum widersprechen. Kohl hat nie nach anderen Einsichten politisch gehandelt. Immer kannte er Ziele und Rücksichten, die ihm besonders wichtig waren. Aber nie hat er in der praktischen Politik das Prinzip Volkspartei mißachtet.

Doch was heißt Volkspartei? Der Begriff ist in vielen Jahrzehnten so populär geworden, daß er nach gedankenlosem Gebrauch heute oft gleichbedeutend mit »großer Partei« erscheint. Das hat ein wenig Plausibilität für sich, insofern eine große Partei, um auf die Zahlen zu kommen, die sie dazu machen, Anhänger und Wähler aus verschiedenen Schichten der Bevölkerung anzieht. Aber das ist dann eine Folge ihrer Attraktivität hinsichtlich ihrer Programmpunkte und ihrer Durchsetzungskraft, des Problemdrucks, den die Wähler empfinden, oder des Zeitgeistes. Das ist keine Sache ihres Prinzips. Dennoch kann eine Richtungspartei aufgrund ihrer Erfolge zur Volkspartei mutieren und auf diesem Wege das Prinzip einer Volkspartei verinnerlichen. Das könnte bei der SPD der Fall gewesen sein. Manche Sozialdemokraten loben sie, manche tadeln sie dafür.

Bei der Union stand das Prinzip Volkspartei am Anfang ihrer langen und bedeutsamen Vorgeschichte, und es war kein freiwillig aufgestelltes Prinzip. In den sechziger und siebziger Jahren des neunzehnten Jahrhunderts war eine neue politische Partei, das Zentrum, entstanden, weil sich Katholiken in Preußen und mehr noch in Bismarcks Reich benachteiligt und in ihren Rechten bedroht fühlten. Im Juni 1870 begannen katholische Politiker in Münster in Westfalen mit der Beratung eines eigenen Wahlprogramms. Das wurde im Herbst in Soest fortgesetzt, und das Ergebnis waren vor allem religiöse Forderungen, die Autonomie der Kirche, die Glaubensfreiheit, die Anerkennung der kirchlichen Ehe und die Gleichstellung der »anerkannten« Religionen betreffend. An politischen Forderungen wurden formuliert die Beachtung föderalistischer Grundsätze im Norddeutschen Bund und eine Senkung der Militärausgaben – zwischen den Treffen von Münster und Soest brach der Deutsch-Französische Krieg aus. Soziale Forderungen galten den Interessen der Kapitaleigner und Grundbesitzer, dem Mittelstand und der Lage der Fabrikarbeiter.

Mit dem Parteinamen Zentrum wollten die Politiker proklamieren, daß sie keineswegs als Minderheitenvertretung in den Parlamenten aufzutreten gedachten, sondern für ihre Ziele Zustimmung aus der Mitte der Bevölkerung, also der potentiellen Mehrheit, anstrebten. Der Druck auf die Katholiken, auf die Kirche und die Geistlichen, der durch Bismarcks Kulturkampfmaßnahmen erheblich verstärkt wurde, erreichte, daß sich eine Partei herausbildete, die tatsächlich über eine große, alle Schichten des Volkes übergreifende Mitglieder- und Wählerschicht verfügte. Arbeiter und Unternehmer, Bauern und Freischaffende, Adelige und Bürger akzeptierten es, durch ein und dieselbe Partei politisch repräsentiert zu sein.

Da das Zentrum seiner Absicht treu blieb, sich als Parlamentsgruppe nicht nur um kirchliche und religiöse Fragen zu kümmern, ergaben sich eine politische Praxis und ein Programm, mit dem es mal mit den Konservativen, mal mit den Sozialdemokraten ein gemeinsames Ziel verfolgte. Der Zentrumsführer Ludwig Windhorst, ein hochbegabter Organisator und Debattenredner, brachte die Partei auf eine solche Stärke und ein solches Ansehen, daß auch das Ende des Kulturkampfes – Bismarck verstand es, den Papst dazu zu bringen, sich hinter Windhorsts Rücken mit dem Deutschen Reich zu einigen – dem Zentrum keinen Abbruch tat. Die Partei wuchs. Für die Liebe, hat Bismarck einmal gesagt, habe ich meine Frau, für den Haß Windhorst.

Die Benachteiligung der Katholiken im Hohenzollernreich blieb bis zum Ende des Ersten Weltkriegs anachronistische Realität. Erst in der Weimarer Republik wurden die katholischen Bürger völlig gleichberechtigt. In der Not nach dem Kriege war der sozialpolitische Flügel des Zentrums besonders stark geworden. Stärker aber noch fiel für die Rolle der Partei in den zwanziger Jahren ins Gewicht, daß sie, neben den Sozialdemokraten Gewinnerin der revolutionären Veränderung in Deutschland, nun wie die SPD ein besonderes Interesse am Gedeihen der jungen und vielfach gefährdeten Republik hatte. Das entfremdete ihr manche Unternehmer, die auf eine nationale Machtstaatspolitik setzten, wie sie vom Zentrum nicht zu erwarten war, aber auch große Teile des akademisch gebildeten Bürgertums, der Beamtenschaft, der gehobenen Mittelschicht. Das Zentrum lief Gefahr, eine katholische Arbeiterpartei zu werden, als solche allerdings tiefverwurzelt in dem kirchlichen

Milieu, wie es das Rheinland, weite Teile Westfalens und vielerorts den ländlichen Raum in katholischen Gegenden bestimmte.

Zur Abwehr des nationalsozialistischen Bazillus bei den katholischen Bürgern reichte das in vielen Fällen aus – so auch im Elternhaus Helmut Kohls –, zur Abwehr der NSDAP bei ihrem Zugriff auf den Staat und seine Institutionen reichte es nicht.

Nach dem Zweiten Weltkrieg gab es an vielen Orten Deutschlands das Bestreben, eine wieder alle Schichten des Volkes zusammenschließende Volkspartei zu schaffen – jetzt aber nicht nur für Katholiken, sondern für alle Christen, da sie doch in der Diktatur, bedroht und verfolgt, dieselben Erfahrungen gemacht hatten. So fanden sich von Anfang an auch evangelische Christen unter den Gründern der CDU. Darum – und nicht etwa, weil die Partei christliche Überzeugungen in besonderer Weise für sich hätte reklamieren wollen – nannte sich die neue »Union« prononciert »christlich«.

Das Programmatische der Partei blieb, obwohl auf die nächstliegenden Aufgaben in Deutschland konzentriert, katholischen Ursprüngen verbunden. In der Wirtschafts- und Sozialpolitik übten zunächst die Dominikaner aus dem bei Köln gelegenen Kloster Walberberg großen Einfluß aus. Ihre sozialwissenschaftlichen Arbeiten, besonders die von Pater Eberhard Welty, lagen jenen »Kölner Leitsätzen« zugrunde, mit denen die rheinischen Gründer der CDU ihrer Partei ein wichtiges Ziel vorgaben. »So vertreten wir«, hieß es da, »einen wahren christlichen Sozialismus, der nichts gemein hat mit falschen kollektivistischen Zielsetzungen, die dem Wesen des Menschen von Grund auf widersprechen.« Trotzdem weigerten sich die CDU-Gründer, das Wörtchen »sozialistisch« in ihren Parteinamen aufzunehmen, weshalb sie von dem erbosten Pater Laurentius Siemer aus der klösterlichen Tagungsstätte gewiesen wurden und ihre Beratungen im Kölner Kolpinghaus fortsetzen mußten.

Doch bald verloren die Walberberger ihren Einfluß auf die Überlegungen innerhalb der CDU. Sie verloren ihn freilich nicht sogleich an ordoliberale Theoretiker, sondern an einen Jesuiten. Pater Oswald von Nell-Breuning, Mitverfasser der päpstlichen Sozialenzyklika »Quadragesimo anno« von 1931, wurde das intellektuelle Pendant zum Vater des Wirtschaftswunders Ludwig Erhard. Beide mußten schließlich vor der Eigendynamik des entfesselten Wirtschaftsgeschehens kapitulieren. Erhard scheiterte an der geschrumpften Steuerungskompetenz des Staates – nach ihm richtete Wirtschaftsminister Schiller in der Großen Koalition die konzertierte Aktion ein. Nell-Breuning beklagte bald die skandalöse Ungleichverteilung der Vermögen in der Bundesrepublik.

Adenauer hatte bei den meisten Anläufen in Richtung Sozialismus kräftig gebremst. Ihm stand das Schicksal des Zentrums in der Weimarer Republik warnend vor Augen. Gern hätte er den an Rhein und Ruhr so angesehenen Ministerpräsidenten Karl Arnold um Amt und Einfluß gebracht. Manches von dem, was die Sozialausschüsse forderten, ließ sich jetzt auch gegenüber den Unternehmern durchsetzen, weil sie, durch ihre Zusammenarbeit mit Hitler diskreditiert, in den auf Sozialismus gestimmten Zeitläuften durch ganz andere Töne aus anderen politischen Lagern beunruhigt, glaubten, mit der CDU, ob nun der Adenauers oder der Arnolds, noch ganz gut davonzukommen. Erst später murrten sie von Erpressung und ähnlichem.

Praktisch und theoretisch partizipierten die Unionsparteien als Volksparteien an den geistigen und – was das anfangs solide katholische Milieu anbetraf – organisatorischen Anstrengungen, die von der katholischen Kirche seit der Mitte des neunzehnten Jahrhunderts im Kampf gegen Kommunismus und Marxismus unternommen worden waren. Die Theorie katholisch geprägter Wirtschafts- und Sozialpolitik – formuliert für die Kirche in der katholischen Soziallehre – und die Praxis einer auf alle christlichen Glaubensgemeinschaften erweiterten Volkspartei verbanden sich nun allerdings mit einer zuvor nicht gekannten Dynamik. Diese wurde entfesselt durch die Notwendigkeiten und Chancen des Wiederaufbaus einerseits und andererseits durch die hier und da schon erhebliche Auflösung der Klassenschranken, der die Realität des nationalsozialistischen Staates – beabsichtigt wie unbeabsichtigt – und des Krieges sowie der anschließenden Bevölkerungsbewegungen vorgearbeitet hatte. Einiges von der Ideologie der Volksgemeinschaft wurde nun gleichsam einfach getauft, anderes wurde durch übernationale Integrationspolitik entschlossen weggedrückt.

Die zum Teil unmerklich wirksame, zum Teil sich übermächtig zur Geltung bringende Programmatik, die der politischen und gesellschaftlichen Entwicklung oft genug nur hinterherzulaufen schien, erlaubte schließlich den Unionspolitikern den – wie manche meinten: gut katholischen – Zynismus, auch einige aus der Elite von einst am Aufbau des neuen Staates zu beteiligen. Diese waren in der Regel belastet und erpreßbar. Sie konnten deshalb ihre Effizienz nicht für persönlichen Ehrgeiz nutzen oder programmatische Ansprüche stellen. Auf solche Weise blieben die neuen Meinungsführer bei der gesellschaftspolitischen Willensbildung von lästiger politischer Kleinarbeit befreit und doch auch zugleich unbehelligt von lästigen politischen Widerworten von seiten der alten Macher bei der Definition der neuen politischen Ziele.

»Aufgabe der Volkspartei«, so beschrieb es Biedenkopf nun für die Geschichte der Bundesrepublik, »ist es, Bürger unterschiedlicher gesellschaftlicher, wirtschaftlicher und kultureller Interessen durch gemeinsame Wert- und Zielvorstellungen zu verbinden und so die Grundlage für eine Regierung zu schaffen, die die Mehrheit der Bürger vertritt. Die gemeinsamen Wert- und Zielvorstellungen der CDU waren bisher: Wiederaufbau und Einbeziehung in die westliche Staatengemeinschaft; die Überwindung totalitärer Unfreiheit; die Wertvorstellungen der christlichen Kirche und die Ausübung der Regierungsmacht.«

Das alles, meinte Biedenkopf, habe die CDU entweder im wesentlichen erreicht (Aufbau und Westintegration), oder es sei irrelevant geworden (Orientierung an den in der Krise befindlichen Kirchen oder das Erlebnis Unfreiheit, das die Jüngeren nicht mehr teilten). Weil die CDU nichts Neues als »eigene politische Philosophie« in den sechziger Jahren entwickelt habe, sei sie abgewählt worden. Jetzt gelte es, die Regierungsausübung wieder anzustreben.

Dazu schlug Biedenkopf die Etablierung neuer politischer Themenfelder vor: Umwelt und Technik, soziale Dienste, Dritte Welt. Er empfahl »eine Sprache der

Mitte« zu entwickeln, da die »neue Linke« die »politische Sprache besetzt und damit einen wesentlichen Einbruch in die politische Substanz unseres Volkes erzielt« habe. Er merkte vieles zu vielen Sachpunkten an und forderte zuletzt: »Die Organisationsstrategie muß so beschaffen sein, daß die Partei ihre Führungsrolle im programmatischen und grundsätzlichen Bereich beanspruchen und durchsetzen kann. Zugleich muß die Organisation die integrierende Wirkung der Volkspartei fördern und nicht hemmen. Das heißt, die Organisation der Partei muß unabhängig sein von der Organisation der Fraktion ... Die personelle Trennung von Fraktionsvorsitz und Parteivorsitz ist dafür unerläßlich. Ihre Verwirklichung ist eine Sachfrage, nicht eine Personalfrage.«

An die Stelle der *grande querelle*, die das Zentrum zur Volkspartei hatte werden lassen, die Sonderstellung der Katholiken im Kaiserreich, an die Stelle der existentiellen Not, wie sie in den vierziger Jahren CDU und CSU zu Volksparteien hatte zusammenwachsen lassen, sollte nun ein Zusammenspielen von klugen konkurrierenden Vorschlägen zur Tagesordnung der Politik und ein das ganze Spektrum der Volkspartei erfassendes Management treten. Zusammenhalt nicht als Ergebnis des Drucks von außen sondern kompetenter Organisation im Inneren. Aus der Metapher Parteiapparat sollte ein wirklicher, funktionstüchtiger Apparat – mit viel Technik und neuer Infrastruktur – werden. Ein Stück Manager-Modernität. Wenn das funktionierte, konnte es mit sorgsam erwogenen politischen Ideen zu den Herausforderungen der Zeit gefüllt werden. Das war aber keine zwingende Voraussetzung mehr dafür, daß es funktionierte, wenn es um die Regierungsmacht ging. Es konnte auch ohne Ideen funktionieren. Doch das war damals noch kaum jemandem klar.

Zunächst wurde für den zurückgetretenen Rainer Barzel als neuer Vorsitzender der Bundestagsfraktion Karl Carstens gewählt, der erst seit 1972 dem Parlament angehörte. Er hatte eine glanzvolle Karriere als Beamter hinter sich, war Staatssekretär im Auswärtigen Amt, im Verteidigungsministerium und zuletzt im Bundeskanzleramt bei Kiesinger gewesen. Der gebürtige Bremer war keinem der sich mißtrauisch belauernden Lager innerhalb der Union zuzurechnen. In den Debatten um die Ostpolitik, die Biedenkopf in seinem Artikel als »weitgehend vollzogen und international anerkannt« abgehakt hatte, Kohl zitierend, der gesagt hatte, sie sei »zum wesentlichen Teil bereits unwiderruflich geworden«, in diesen zurückliegenden hochemotionalen Debatten hatte Carstens Bedenken der Union mit großer Schärfe formuliert und vorgetragen. Aber es war diese Schärfe begründet im Kenntnisreichtum des langjährigen Spitzenbeamten in der zuständigen Administration, und sie wurde formal mit der ganzen Kunst des forensisch geübten Staatsrechtlers eingesetzt, der sich selten bei Übertreibungen, Ungenauigkeiten oder billiger Polemik erwischen ließ. Außerdem war Carstens, der 1976 zum Bundestagspräsidenten und 1979 zum Bundespräsidenten gewählt wurde, 1973 schon 59 Jahre alt, was ihn in der langen Perspektive, in der Kohl zu kalkulieren pflegte, als dauerhaften Konkurrenten ausschloß.

Die Wahl zum Parteivorsitzenden und die Installierung Biedenkopfs als Generalsekretär waren jetzt nur noch eine Formsache. Doch Kohl hatte noch etwas zu bereinigen. Wenn er den Teppich seines bisherigen poli-

71

tischen Lebens betrachtete, dann hing da wie ein unver-
knüpfter Faden häßlich die Geschichte mit der Mitbestimmung auf dem Düsseldorfer Parteitag heraus, als er
dem Arbeitgeberflügel der CDU, den Freunden Dreggers, Filbingers und Stoltenbergs, entgegengekommen
war, ohne daß es ihm damals viel geholfen hatte. Die
Niederlage von Saarbrücken war denn auch als ein Faktor der Verzögerung seiner geduldigen, gleichwohl zü-
gigen Karriere nicht weiter schlimm, aber in ihrer Höhe
doch enttäuschend gewesen. Da galt es, etwas wieder
auszugleichen. Wenigstens ein bißchen.

Auf dem CDU-Parteitag am 16. November 1973, vier
Monate nach Kohls Wahl zum Parteivorsitzenden, stand
noch einmal das Thema Mitbestimmung auf der Tagesordnung, das »falsche Thema der CDU«, wie Johannes
Gross in der *F.A.Z.* meinte. Gross erinnert an die Leistung Adenauers, Karl Arnold besiegt und »das Ahlener
Programm zu Makulatur« gemacht zu haben, und erwähnt, daß »neben den Sozialausschüssen alte Gefährten
des ehemaligen Vorsitzenden Barzel« für die paritätische
Mitbestimmung kämpfen. Er versichert Kohl, er könne
sich mit Aussicht auf Erfolg dagegen wehren und rät der
CDU, ihre »oft als lästig empfundene Abhängigkeit von
der CSU« nicht gegen »die vom eigenen linken Flügel zu
vertauschen«, das »wäre ihr sicheres Ende«.

Das Ergebnis der Parteitagsberatungen war ein Kompromiß, den Kohl und Biedenkopf, der hier mit einer
brillanten Rede seine von dem Parteivorstand nicht immer unterstützte Sache vortrug, dann doch namens des
CDU-Vorstands dem Parteitag vorlegten. Für das Mit-
bestimmungsmodell des Vorstands, in dem es letztlich
doch keine Parität zwischen Arbeitgeber und Arbeit-

nehmer gab, stimmte schließlich die große Mehrheit der Delegierten, dagegen nicht einmal hundert. »Die Führung der CDU, voran der Vorsitzende Kohl«, habe sich »achtbar geschlagen«, befand nun die *F.A.Z.* Falsches Thema oder nicht – die Lage war bereinigt. Der entscheidende Eindruck von Kohls Rolle in der für die CDU aus historischen Gründen bedeutsamen Mitbestimmungsdebatte war jetzt nicht der, der vom Düsseldorfer Parteitag 1971 übriggeblieben war, sondern der vom Hamburger Parteitag 1973. Gelungen war schließlich die Demonstration einer imponierenden Einheit der CDU auch in dieser schwierigen Frage.

Erst jetzt war für Kohl das Thema durch. »Kohl im Glück«, überschrieb die *F.A.Z.* ihren abschließenden Leitartikel.

7. Kohl will Kanzler werden

zu Anfang nach V vorne

Im Oktober 1997 auf dem Parteitag der CDU in Leipzig, ein knappes Jahr vor der Bundestagswahl, war es nicht so gut gelaufen. Niemand wäre auf die Idee gekommen, Helmut Kohl und das Glück miteinander in Verbindung zu bringen. Seine Hauptrede war mit pflichtschuldigen Ovationen aufgenommen worden, seine an ihrem Ende vorgetragene definitive Erklärung, er wolle noch einmal bei den Wahlen 1998 Bundeskanzler werden, wurde so aufgenommen, wie wenn der Varietézauberer in den Zylinder greift, und was er da herausholt, ist ein Kaninchen.

Die Reaktion war unaufgeregt. Das hatte vermutlich nicht anders sein sollen. Der Wahlparteitag mit einer aufrüttelnden, aufputschenden, die Kräfte der Partei und die Aufmerksamkeit der Wähler für einen Endspurt mobilisierenden Rede durfte erst im kommenden Frühjahr, auf dem Wahlparteitag in Bremen, gehalten werden. Nicht anders war es 1994 gelaufen. Die Zeitspanne zwischen gewaltigem Aufbäumen im Drama des alles entscheidenden Parteitags und dem Wahltag durfte nicht zu groß sein. Also hatte Kohl in Leipzig eine Rede gehalten, in der die nachdenklichen Töne überwogen.

Aber der Parteitag war ein wenig zu unaufgeregt gewesen. Wolfgang Schäuble, der Vorsitzende der Bundestagsfraktion, hatte eine programmatische Rede gehalten, deren kalte Brillanz, den Delegierten an sich vertraut, diesmal überraschend gut angekommen war. Man raunte, ja man sprach hier und da offen davon, daß dies die Parteitagsrede für die Zukunft der CDU gewesen sei. Kohl hatte das gespürt. Demonstrativ war er voneweg bei dem Applaus, den Schäuble erhielt. Hernach wurde an hinteren Tischen und in den Gängen die Mitteilung gestreut, eine geschickte Parteitagsregie habe für die Plazierung von Schäubles Rede zum Höhepunkt des Parteitags gesorgt. Für solche Regie ist niemand anderes zuständig als der Parteivorsitzende. Kohl mochte zunächst gedacht haben, das reiche. Aber dann mußte er auch gedacht haben, das reiche vielleicht doch nicht. Zwar sollte in Leipzig nicht zuviel Theater gemacht werden, aber zu wenig war auch nicht gut. Es ging darum, der Partei nach dem Sommer des Mißvergnügens – zu dem einiges der CSU-Vorsitzende und Finanzminister Waigel mit seinen unpassenden Äußerungen über seine Unlust am Finanzressort beigetragen hatte – nun einen Winter des Verzagens zu ersparen. Die bejubelte Programmrede des Fraktionsvorsitzenden Schäuble konnte allein kaum ausreichen, dem vorzubauen.

Da hatte Kohl einen hübschen Einfall. Der Parteitag stob schon auseinander, die Technik war bereits wieder in ihre Einzelteile zerlegt, da sagte er schnell noch einem Reporter seines Mainzer Haussenders, des ZDF, vor laufender Kamera ins Mikrophon, er habe sich Schäuble immer schon als seinen Nachfolger im Bundeskanzleramt gewünscht. Der Parteitag hatte seine Sensation. Auch wenn das Wort gar nicht auf dem Parteitag, nur auf dem Parteitagsgelände gesprochen worden war.

Es war das Wort, das man von Leipzig mit nach Hause nehmen durfte. Die Delegierten konnten zufrieden sein.

Noch einmal mit Kohl siegen, in Zukunft aber mit Schäuble regieren. Das war die Botschaft bis zur Bundestagswahl. Und plötzlich drehte sich alles wieder um Kohl. Wie hatte er's gemeint? Wann, wenn er die Wahl noch einmal gewänne, würde er zurücktreten? Kohl konnte staatsmännisch sagen, natürlich werde er die ganze nächste Legislaturperiode bis zum Jahr 2002 als Bundeskanzler regieren. Nichts anderes hatte er tatsächlich gesagt oder beschwiegen. Jetzt antwortete er auf Fragen, die sich Leute stellten, die vorher einzuschlafen gedroht hatten. Er stellte Spekulationen richtig, die sich aus solchen Fragen ergaben. Er war wieder im Mittelpunkt, und er allein konnte Antworten geben, mit denen sich etwas anfangen ließ. Er hatte am Rande, nach dem Ende des Parteitags, eine Privatmeinung von sich gegeben, einen privaten Wunsch einem Journalisten anvertraut. Wäre Kohl nicht Kohl gewesen, hätte sich keiner darum geschert. Aber Kohl war Kohl, immer noch – und genau das galt es nebenbei zu beweisen.

Nicht zufällig war es die CSU, die – man darf an den Pawlowschen Reflex denken – am typischsten, um einen bayrischen Superlativ zu zitieren, reagierte. Sie ignorierte die Formlosigkeit der Empfehlung des CDU-Vorsitzenden und verwies auf ihr Mitspracherecht. Der CDU mußten ihre Grenzen aufgezeigt werden. Der CSU-Vorsitzende Waigel sagte gekränkt, die CSU behalte sich das Recht vor, ihre Entscheidung »in ihrer Eigenständigkeit und Souveränität« zu treffen. Derzeit sei keine Entscheidung notwendig. Die Union habe einen Bundeskanzler, der zugleich Kanzlerkandidat sei. Waigel zuckte, als er sein Statement für das Fernsehen abgab, beim Sprechen knapp, aber unaufhörlich mit der Oberlippe – wie ein tapferer Knabe, der kurz vorm Weinen ist. Kohl hatte den Abstand zur Schwesterpartei beiläufig, wie er es liebte, wieder einmal klargestellt. Der CSU-Vorsitzende wußte zwar alles über das, was bei diesem Abstand zu beachten ist, er wußte es schon immer. Aber es ist doch jedesmal anders, wenn man darauf gestoßen wird. Da tut es dann auch noch von früher her weh.

Reichlich ein Jahr vor der Bundestagswahl 1976 hatte Kurt Biedenkopf in seiner Eigenschaft als CDU-Generalsekretär eine Erklärung verbreiten lassen, in der es hieß, er werde dem CDU-Bundesvorstand empfehlen, für die Bundestagswahl 1976 als »Kanzlerkandidaten der CDU Deutschlands« Helmut Kohl zu nominieren. Das Zusammentreten des CDU-Bundesvorstands war zu dem Zeitpunkt auf den Tag nach den Landtagswahlen in Nordrhein-Westfalen und im Saarland terminiert. Diese fanden am 4. Mai 1975 statt, und mit seinem Signal, gegeben eine Woche davor, hatte Biedenkopf im Vertrauen auf die Attraktivität eines Kanzlerkandidaten Kohl bei gleichzeitiger Abneigung gegen Strauß, gerade in Nordrhein-Westfalen, noch einiges für die CDU mobilisieren wollen.

Ging das gut, konnte man anschließend mit einem vorzeigbaren Wahlergebnis aus den beiden Bundesländern in die Diskussion über die Nominierung Kohls gehen, die mit der Ankündigung eines Vorschlags seines Generalsekretärs ja noch keineswegs überflüssig geworden war. Ging es schief, war der Hinweis auf Kohl als Kanzlerkandidaten der Union eben zu spät gekommen.

Bei der Wahl zum Düsseldorfer Landtag blieb die CDU, die mit Heinrich Köppler als Spitzenkandidat angetreten war, stärkste Partei. Sie erzielte 47,1 Prozent der

Stimmen, 0,8 Prozent mehr als bei der Wahl vier Jahre zuvor. Dennoch konnte die SPD, die ein Prozent verloren hatte, mit der FDP weiterregieren. Aber 1978 wurde Ministerpräsident Heinz Kühn durch Johannes Rau abgelöst. Im Saarland gewann die CDU des alten Haudegen Franz Josef Röder 1,3 Prozent hinzu und verbesserte sich von 47,8 auf 49,1 Prozent. Das war hier wie dort nicht viel, aber man konnte sagen, daß die aktueller gemachte Vorstellung von Kohl als Kanzlerkandidat – er war damals noch Ministerpräsident im eher belächelten Mainz – zumindest nicht gestört hatte. Wer wollte, konnte weiterhin die ahnungsvolle Sorge unters Volk bringen, daß die Aussicht auf eine Kanzlerkandidatur des bayrischen Schnellredners – einer Dauerzielscheibe liberaler Medien, die Kohl damals noch wegen seines fortschrittlichen und erfolgreichen rheinland-pfälzischen Kabinetts mit einer auf Zwietracht in der Union hoffenden Wertschätzung bedachten – sicherlich gestört haben würde.

Bei den Landtagswahlen im eigenen Bundesland war Kohl am 9. April 1975 auf stolze 53,9 Prozent der Stimmen gekommen, was sich allerdings doch bescheiden ausnahm im Vergleich zu den 62,1 Prozent, die Ministerpräsident Alfons Goppel – nicht Strauß – im Oktober des Jahres zuvor für die CSU in Bayern erzielt hatte.

Mit Biedenkopfs Empfehlung für den CDU-Bundesvorstand war also Kohls Kanzlerkandidatur noch keineswegs in trockenen Tüchern, auch wenn man einigermaßen sicher sein konnte, daß der Generalsekretär der Partei keine Meldung in die Welt hinaussenden würde, für deren Seriösität er sich nicht vorher Rückendeckung bei mehreren Parteigrößen geholt hatte. In den Unionsparteien wurde von Besprechungen, die Biedenkopf zuvor mit Strauß und dem schleswig-holsteinischen Regierungschef Stoltenberg, dem anderen Konkurrenten Kohls, geführt habe, im Plural geredet. Hatte Strauß zugestimmt? Es schien zumindest interpretationsfähig zu sein, was das war, eine Zustimmung, und wie lange sie hielte. Verhandlungen mit der CSU über den gemeinsamen Kanzlerkandidaten konnte es erst geben, wenn die CDU in ihren Reihen sich einig geworden war, wer es werden sollte. Es mußte nicht Sache der CSU sein, die eben kein anders firmierender Landesverband von Kohls Partei war, sich zu Wort zu melden, wenn die CDU dabei war, einen der ihren auf den Schild zu heben. Wenn sie allerdings zu lange schwieg, sich also scheinbar aus dem Kandidatenfindungsprozeß heraushielt, konnte es sein, daß die von der sehr viel größeren CDU geschaffenen Tatsachen den Christsozialen nichts anderes übrig ließen, als schon aus Gründen einer wählerfreundlichen Optik diesen Tatsachen mehr oder weniger automatisch zuzustimmen.

Dieses Spielchen konnte die CDU, die den internen Abstimmungsprozeß zwischen den mächtigen Landesverbänden ja führen mußte und ihn schlecht geheimhalten konnte, mit der CSU immer wieder spielen. Das wird Theo Waigel, dem bis zur Selbstaufgabe treuen Knappen des CSU-Vorsitzenden Strauß von einst, durch den Kopf gegangen sein, als er von Kohls Coup aus Leipzig erfuhr und sich in der Situation sah, ihn kommentieren zu müssen. Keine Automatik, so tönte es aus den Reihen der CSU. Eine automatische Kanzlerschaft, sagte Waigel, gebe es nur für Kohl.

Daran war für die Bayern 1976 noch nicht zu denken.

Zwei Bundeskanzler und ein Kanzlerkandidat aus der CDU waren seit dem Rücktritt Adenauers mehr oder weniger kläglich gescheitert. Die Vorbehalte gegen Strauß, wie sie nördlich der Mainlinie gepflegt wurden, hielten sie für ungerecht, wenn nicht beleidigend. Im Deutschen Bundestag glänzte er regelmäßig als der beste Debattenredner der Unionsfraktion. Helmut Schmidt schätzte ihn, aber er hatte auch Rainer Barzel geschätzt. Alle drei waren sie junge Offiziere des Zweiten Weltkriegs gewesen. Ehrgeizig hatten sie nach 1945 auf konventionellen Wegen den Einstieg in ihre Karrieren gesucht, weltenweit entfernt von der Lässigkeit, die Kohl zwischen Zwanzig und Dreißig an den Tag gelegt hatte. Spöttisch sahen sie auf ihn herab und wußten sich dabei im Einklang mit den meisten Deutschen wenigstens ihrer Generation. Es war nicht nur Strauß und es waren auch nicht nur CSU-Enthusiasten, die den Gedanken unerträglich fanden, daß er hinter Kohl sollte zurücktreten müssen.

Doch Strauß versteckte seine grundsätzlichen Einwände vor der Öffentlichkeit zunächst hinter der Notwendigkeit, mit der CDU erst einmal Verhandlungen über, wie Biedenkopf es nannte, die »strategischen Entscheidungen zur langfristigen Vorbereitung der Bundestagswahlen« zu führen. Kohl mögen solche Formulierungen schon damals auf die Nerven gegangen sein. Mit diesen Verhandlungen sollte gleich nach dem 4. Mai, dem Tag der Landtagswahlen in den beiden Bundesländern, begonnen werden. Bei den Verhandlungen sollte es um die Benennung des Kanzlerkandidaten, um die Klärung der wichtigsten politischen Sachfragen und um ihre mögliche personelle Darstellung gehen. Die CSU ließ

dazu noch am selben Tag – eine Woche vor diesen Landtagswahlen – durch eine Presseagentur verbreiten, daß
sie in Biedenkopfs öffentlich angekündigter Unterstützung Helmut Kohls eine »persönliche Empfehlung« sehe,
für die Biedenkopf allein die Verantwortung trage.

Die Verhandlungen wurden zäh. Im Juni war die CSU
lediglich bereit, zur Kenntnis zu nehmen, daß die CDU
als die größere Partei den Anspruch erhebe, den Kanzlerkandidaten zu stellen. Sie selbst halte aber an ihrer Be-
wertung fest, daß Strauß der geeignete Kandidat sei. So
gewunden stand das Ergebnis einer gemeinsamen Prä-
sidiumssitzung vom 20. Juni in einem Kommuniqué, das
der alte Kiesinger als Präsidiumsmitglied der CDU den
Journalisten präsentieren mußte. Die Generalsekretäre
der beiden Parteien, Biedenkopf und Tandler, waren zu-
rückgehalten worden – wie es hieß, weil man nicht wollte, daß sie auf Fragen zu den Gegensätzen zwischen den
Unionsparteien antworteten. Führende CDU-Politiker
traten gleichwohl sofort in der Öffentlichkeit mit der
Behauptung auf, Kohl sei der gemeinsame Kanzlerkandidat von CDU und CSU. Biedenkopf sagte im Zweiten
Deutschen Fernsehen: »Wir haben heute einen gemeinsamen Kanzlerkandidaten nominiert.« Die konservative
Pariser Zeitung *Le Figaro* kommentierte am Tag darauf:
»Der ›schwarze Riese‹ hat also über den ›bayrischen
Stier‹ gesiegt. Der ruhige und gemäßigte Helmut Kohl
hat sich gegen den ultrakonservativen Franz Josef Strauß
durchgesetzt. Es ist der Sieg der Vernunft.«

Die Verhandlungen gingen weiter. Aber der Druck der
vermeintlichen Tatsachen auf die CSU nahm zu. Doch
erst im November kam es zu einer Einigung zwischen
den Schwesterparteien. Die CSU verzichtete auf ihre

Neugründung als vierte Partei auf Bundesebene, die von ihr zwischenzeitlich erwogen worden war, um bei Nichterreichen der absoluten Mehrheit im Bundestag nach der bisherigen Formation nicht auf einen Koalitionswechsel der Freien Demokraten als der dritten Partei angewiesen zu sein. Zumal in Norddeutschland rechneten die Christlichen Sozialen mit Zulauf. Man einigte sich auf eine zehnköpfige »Kernmannschaft« der Union. Doch diese sei nicht identisch mit einer künftigen Regierungsmannschaft. Aufgaben wurden nicht verteilt. Regelmäßige Treffen der Mannschaft wurden vereinbart.

Die rheinland-pfälzische CDU feierte das Ergebnis als großen Erfolg Kohls. Tatsächlich kann man hier vom Ergebnis her beobachten, was es mit Kohls viel verlästerter Taktik des Aussitzens auf sich hat. Kohl läßt, wenn es sein muß, die Dinge so lange durchsprechen, bis alle die Lust verlieren. Der Punkt, an dem das geschieht, kommt bei hochintelligenten Strategiedenkern ebenso wie bei Volkstribunen, die vor allem sensibel für ihre eigene Wichtigkeit sind, zuverlässig früher als bei Kohl, der es von Anfang an gewohnt ist, daß intellektuell begabtere oder habituell geschmeidigere Leute seinen Weg kreuzen. Beide kann man mit viel Zeit und Geduld dahin bringen, daß sie nur noch ein Ende der Gespräche mit Kohl wollen. Am Schluß sind sie zufrieden mit dem, was nur so aussieht, als wäre es etwas wert.

Die Einigung mit Strauß am 17. November 1975 war von solcher völlig wesenlosen Qualität. Nur Kohl konnte vorzeigen, worauf er ausgewesen war, die Nominierung zum Kanzlerkandidaten der Union. Aber die hatte er vorher schon sicher gehabt. Strauß konnte mit der Vereinbarung über eine Kern- oder Führungsmannschaft nach München zurückfahren, wie es sie bis dahin noch nicht gegeben hatte und über deren Zusammensetzung und Terminplan man wahrhaftig lange hatte reden können. Doch sie war weder für den Wahlkampf noch erst recht für die Zeit danach etwas wert. Sie hatte ihren Zweck erfüllt, insoweit sie während der langen Zeit des Sichsträubens der CSU Stoff zum Reden hergegeben und Zeit verschlungen hatte, bis die CSU-Politiker, allen voran Strauß, befanden, daß es nun genug sei. Warum nun, das brauchte Kohl nicht mehr zu interessieren. Die Sache war ausgesessen.

Bei der Bundestagswahl 1976 erzielte der Kandidat der Unionsparteien 48,6 Prozent der Stimmen. Das war das zweitbeste Ergebnis, das die Union je bei einer Bundestagswahl für sich hatte verbuchen können. Selbst 1953, als es im Parlament zur absoluten Mehrheit der Mandate reichte, hatte man nach Stimmen weniger erreicht. Aber die absolute Mehrheit im Bundestag hatte Helmut Kohl eben knapp verfehlt. Bundeskanzler Schmidt, der nach seiner Amtsübernahme als Nachfolger Willy Brandts zum ersten Mal als Regierungschef zur Wahl gestanden hatte, mußte einen Stimmenverlust hinnehmen. Doch die FDP hielt an der sozialliberalen Koalition fest, und so konnte er weiterregieren.

Als Kohl am Wahlabend sagte, er wolle aber doch Bundeskanzler werden, da wirkte das dabei gezeigte Gebaren derart fassungslos-trotzig, daß er von seinem Ziel ungeachtet des grandiosen Zählerfolgs weiter entfernt zu sein schien denn je.

8. Strauß will Kanzler werden

Doch wenn es Kohls heimliches Rezept für politischen Erfolg ist, an dem Spieltisch, an den er einmal gelangt ist, irritationsfrei sitzen zu bleiben, bis er die Karte bekommt, mit der er den erwünschten Stich machen kann, so tat er jetzt genau das Richtige. Er gab sein Regierungsamt in Mainz auf, er verließ den Platz, von dem aus er hier geherrscht hatte, im Mainzer Landtag unter der alten Hambacher Fahne, und ging als Oppositionsführer nach Bonn. Das war ein riskanter Schritt. Keineswegs waren die Widersprüche in der Union schon dadurch aufgelöst, daß ihre Bundestagsfraktion jetzt wieder den Bundestagspräsidenten – es wurde Karl Carstens – stellen konnte.

Daß Kohl die Mainzer Staatskanzlei mit einem Büro im Bonner Bundeshaus vertauschte, war sicherlich die mutigste Entscheidung seiner politischen Karriere.

Solche Feststellung mag einen nach strengen Maßstäben historischer Urteilsfindung vielleicht unstatthaften Vergleich rechtfertigen. Johannes Rau, der Ministerpräsident von Nordrhein-Westfalen, 1987 als Kanzlerkandidat von dem um eine Stellungnahme gebetenen SPD-Parteitag ausdrücklich unterstützt, tat nach verlorener Wahl diesen Schritt mitnichten, obwohl das Wahlergebnis keineswegs so niederschmetternd ausgefallen war, wie es während des Wahlkampfs zeitweilig hatte erwartet werden müssen. Ja, es konnte vermutet werden, daß Rau bei den Wählern mehr Sympathie geweckt hatte als seine Partei. Hätte Rau sein Amt in Düsseldorf aufgegeben, wäre er nach Bonn gegangen und hätte er daran gearbeitet, seine Chance, wenn sie sich denn ergäbe, nutzen zu können, hätte Kohl mit dem sozialdemokratischen Herausforderer 1990 – nach der Wiedervereinigung – wohl nicht so leichtes Spiel gehabt wie mit Oskar Lafontaine.

Zunächst freilich schien Kohl von seinem Ziel, Kanzler der ihm so gemäßen Bundesrepublik zu werden, weiter entfernt zu sein denn je. Und der Abstand sollte sich in den nächsten Jahren noch um einiges vergrößern. Von der Persönlichkeit Kohls versteht nichts, wer sich von der Schwierigkeit seiner Lage keinen Begriff machen kann. Dabei war seine Trennung von seinem Generalsekretär Biedenkopf noch etwas, das für ihn kaum schwer wog. Über die Gründe für diese Trennung ist viel gesagt worden. Im Grunde reicht es, auf ein Faktum hinzuweisen. Biedenkopf war angetreten mit der ehrgeizig proklamierten Strategie, zusammen mit Kohl die CDU zurück in die Regierungsverantwortung zu führen. Dazu hatte er die personelle Trennung von Partei- und Fraktionsvorsitz als eine wichtige Voraussetzung bezeichnet und gefordert. In Bonn jedoch wurde, was Kohl dann doch für selbstverständlich gehalten haben mußte, der CDU-Vorsitzende auch Chef der Bundestagsfraktion der Unionsparteien, nachdem diese sich wieder zusammengerauft hatten. Die Ämtertrennung hatte Biedenkopf in seinem *Zeit*-Artikel von 1973 – also nur drei Jahre zuvor – nicht als Personalfrage, sondern als Sachfrage wichtig gemacht. Und ein Wissenschaftler nimmt ernst, was er einmal gesagt oder geschrieben hat. Tatsächlich war durch Kohls Schritt auch eine bedeutsame Voraussetzung im

Kriterium einer neuen Volkspartei, wie Biedenkopf sie konzipiert hatte, wieder aufgegeben worden: die Unabhängigkeit der Partei von der Fraktion. Ohne diese Unabhängigkeit konnte die Partei zu einer reinen Machterhaltungsmaschine degenerieren – zunächst von Biedenkopf allerdings auch dafür auf ein Niveau hoher Effizienz gebracht. Fast aller Streit, der später zwischen Biedenkopf und Kohl immer neu ausbrechen sollte, hatte offen oder versteckt die Rolle der Partei zum Gegenstand. Zunächst freilich sollte Kohl selber mit der Abhängigkeit der Partei von der Fraktion seine Last haben.

In der Bundestagsfraktion der Unionsparteien spielte die Landesgruppe der CSU eine besondere Rolle. Zum einen konnte sie sich auf Partei- und Parteitagsbeschlüsse berufen, auf die ihre Partner in der Fraktion auf keine Weise Einfluß nehmen konnten: sie gehörten eben einer anderen Partei an. Zum anderen war das CDU-Lager in der Fraktion mehrfach zerklüftet. Da gab es nicht nur die anderen Landesgruppen aus Landesparteien, deren Vorsitzende zum Teil als Ministerpräsidenten in Bundesländern saßen, wie etwa Gerhard Stoltenberg in Kiel oder Hans Karl Filbinger in Stuttgart, und nicht alle waren so friedlich, wie der CDU-Vorsitzende in Bonn sich das wünschen mochte. Da gab es auch die in der CDU von ihren Anfängen an wichtigen Vereinigungen: Sozialausschüsse, Wirtschaftsrat, Mittelstandsvereinigung. Auch hier wurden Interessen verwaltet. Schließlich aber gehörte es noch zu den Eigentümlichkeiten des Parlamentsstandorts Bonn, daß die Abgeordneten etliche Kreise bildeten, in denen der einzelne das fand, was er für seine optimale Mandatsausübung für erforderlich hielt. Unionsabgeordnete waren mehr als die anderer

Parteien darauf angewiesen, daß mächtige CDU-Mitglieder oder CDU-Förderer (wenig anders bei der CSU) zu Hause mit ihnen zufrieden waren. Das lag daran, daß nach der Struktur der Kreisparteien viele einflußreiche Leute beruflich unabkömmlich waren, auch mitunter daran, daß einige lieber im Stadtrat saßen, weil das dort zu Verhandelnde ihren Interessen näher lag als das, was im Landtag oder gar im noch ferneren Bundestag beredet wurde. So gab es für die Fraktionsmitglieder nur ein großes Interesse, das sie wirklich alle unterschiedslos verband, das Interesse, im Bundestag zu bleiben. Der Politiker, der ihnen glaubhaft versprechen konnte, daß sie nach den Wahlen bestimmt alle wiederkämen, war ihr Mann. Da war Kohl 1976 nicht schlecht gewesen, aber das war jetzt vorbei.

Die CSU schäumte. Vielleicht war es zunächst nur Franz Josef Strauß, ihr Vorsitzender, der in Rage war. Aber das reichte, um der ganzen Partei den entsprechenden Anschein zu geben. Kohl war nicht Bundeskanzler geworden, und das wollte Strauß jetzt nutzen. Zunächst erreichte er, daß eine alte Idee aus dem Krach des Vorjahrs wieder aktiviert wurde: die Auflösung der Fraktionsgemeinschaft in Bonn und die Ausweitung der CSU zu einer vierten Partei im gesamten Bundesgebiet. Nur so, rechnete Strauß, könne man sich vom Verhalten der FDP unabhängig machen. Ebenso wünschenswert schien es ihm freilich zu sein, die Abhängigkeit von der größeren CDU zu beenden. Am 19. November 1976 beschloß die CSU in Wildbad Kreuth, die seit 1949 bestehende Fraktionsgemeinschaft mit der CDU im soeben gewählten Deutschen Bundestag nicht zu erneuern.

Doch wenig später wurde der Beschluß von einer

Konferenz der CSU-Kreisvorsitzenden auch schon wieder dem Papierkorb überantwortet. Zuvor hatten bereits die Abgeordneten der CSU-Landtagsfraktion dagegen aufgemuckt. Der Grund: Kohl hatte umgehend in die CSU hinein verbreiten lassen, daß die CDU im Gegenzug nach Bayern kommen werde. Das würde dort die CSU-Majorität nicht gleich ins Wanken bringen, aber es würde doch im Besitzstand zu Schmälerungen führen, in den Städten und Kreisen zumal, vielleicht auch ganz schnell, was die Größe der Landtagsfraktion anging. Da reagierte nun die CSU genau so, wie die CDU es auch getan hätte. Mochte der bundespolitische Ehrgeiz von Strauß andernfalls auch bei jeder Rede orkanartige Jubelstürme unter den Seinen entfesseln: wenn es um deren nächste Interessen ging, die eben nur durch ungefährdete Mehrheiten in den heimischen Parlamenten zuverlässig gewahrt werden konnten, hörte der Spaß auf. Da mußten die Bonner, Strauß und die Landesgruppe, klein beigeben. Die CSU blieb im Dorf – allein.

Das war eine denkwürdige Gleichzeitigkeit der Bilder: Am 22. November veröffentlichte der CDU-Bundesvorstand einen Beschluß, in dem Kreuth als das bezeichnet wurde, was es war – eine »Absage an die Einheit der Union«. Die Formulierung erscheint hilfloser als das, was ihr folgte, nämlich die Aufforderung an die CSU, »ihren Willen zur Aufrechterhaltung der Einheit der Union in einer satzungsmäßig verbindlichen Form zum Ausdruck zu bringen. Sollte dies nicht gelingen, so wird die CDU gezwungen, auch in Bayern zu kandidieren. Der Bundesvorstand hat deshalb das Präsidium vorsorglich beauftragt, Vorbereitungen zur Gründung eines Landesverbandes der CDU in Bayern zu treffen.«

Und in ebendiesen Tagen wurde die Tonbandabschrift einer Rede bekannt, die Strauß vor dem Landesausschuß der Jungen Union Bayerns in der Münchner »Wienerwald«-Zentrale gehalten hatte, nach dem Kreuther Beschluß. »Ich sage auch jetzt hier eines verbindlich«, hatte der CSU-Vorsitzende sich da vernehmen lassen, »a) ich will nicht und werde nie Kanzler werden, b) ich halte Herrn Kohl, den ich nur im Wissen, den ich trotz meines Wissens um seine Unzulänglichkeit um des lieben Friedens willen als Kanzlerkandidaten unterstützt habe, wird nie Kanzler werden. Er ist total unfähig, ihm fehlen die charakterlichen und geistigen Voraussetzungen. Ihm fehlt alles dafür.« (sic)

Zweieinhalb Jahre später wollte Franz Josef Strauß Kanzler werden. Begonnen hatte das als das bekannte Spiel von CDU-Seite. Und auch damals war die CSU darob erbost wie immer.

Am 23. Mai 1979 wurde in der Bonner Beethovenhalle Karl Carstens zum fünften Präsidenten der Bundesrepublik Deutschland gewählt. Die Teilnehmer der Union an der Bundesversammlung freuten sich darüber und feierten ein wenig, denn es war im Vorfeld nicht leicht gewesen, den Wahltag mit Carstens überhaupt zu erreichen.

Gegen den Bundestagspräsidenten als designierten Bundespräsidenten waren Vorwürfe wegen einer anfänglichen Mitgliedschaft als Student bei der SA nach 1933 laut geworden. Zwar zeigte sich bald, daß Carstens für sein Verhalten in jenen Jahren alles andere als Vorwürfe verdient hatte, doch das tat der Heftigkeit, mit der er attackiert wurde, keinen Abbruch. Mehr als die CDU hatten sich CSU-Politiker um die Wahl des spröde-konservativen Bremers bemüht. So empfanden viele von ihnen diesen Tag durchaus als einen Tag ihres Triumphes. Spannung hinsichtlich des Wahlausgangs gab es nicht, denn nach der Zusammensetzung der Bundesversammlung – die Bundestagsabgeordneten und genauso viele Wahlmänner, anteilsmäßig aufgeschlüsselt nach Ländergröße und Parteistärke in den Ländern – war das Ergebnis der Wahl klar. Mit der Ablösung des FDP-Politikers Walter Scheel, der auf dem Höhepunkt sozialliberalen Machtgefühls Bundespräsident geworden war, nachdem er zuvor unter Bundeskanzler Brandt das Außenministerium geführt hatte, sollte nach Auffassung der Unionsparteien ein Stück Machtwechsel zurückgedreht werden, der zehn Jahre zuvor, 1969, als die FDP überraschend den Sozialdemokraten zu der Mehrheit verhalf, mit der Gustav Heinemann zum ersten sozialdemokratischen Staatsoberhaupt der Bundesrepublik gewählt worden war, gemäß den eigenen Worten der Betreiber inszeniert worden war. Tatsächlich hatte damals die Bundespräsidentenwahl die Tür aufgestoßen für die Bildung der SPD-FDP-Koalition nach der Bundestagswahl desselben Jahres. Dieses Mal würde eben anderthalb Jahre später gewählt werden. Die FDP hatte man zwar gründlich verprellt, weil man trotz verheißungsvoller Werbungen nicht bereit gewesen war, dem recht jungen Scheel noch eine zweite Amtsperiode zu ermöglichen. Aber irgendwelchen Andeutungen der Liberalen glaubte man in der CSU ohnehin nicht trauen zu dürfen. Was man hatte, hatte man, und das war jetzt: das höchste Staatsamt wieder für die Union.

Da, noch während der Stimmauszählung in der Beethovenhalle, wurde dem Landesgruppenchef der CSU, Friedrich Zimmermann, berichtet, das CDU-Präsidium habe beschlossen, für die Bundestagswahl 1980 den niedersächsischen Ministerpräsidenten Ernst Albrecht als Kanzlerkandidaten zu nominieren. Diese Meldung war geeignet, bei den Bayern jede Festtagsfreude in blanke Wut zu verkehren. Wollte die CDU dasselbe Bubenstück wagen, das 1976 zu soviel Aufregung geführt hatte? Die Sache schien sorgfältig vorbereitet zu sein. Schon einen Tag vor der Bundespräsidentenwahl war ein Umfrageergebnis – das Hobby des CDU-Vorsitzenden Kohl – verbreitet worden, dessen Kernaussage in dem Satz bestand, daß, wenn Strauß gegen Schmidt anträte, das Rennen schon entschieden wäre. Schmidt würde gewinnen. Also, schien das nahezulegen, durfte Strauß nicht Kanzlerkandidat werden. Also, konnte es scheinen, tat die CDU das einzig Richtige und nominierte jemand anderen. Wozu da noch die CSU fragen?

Solche Unverfrorenheit war mehr, als ein CSU-Gemüt ertragen konnte. Zimmermann erzählt in seinen Erinnerungen, wie der ewig zögernde Strauß dann von kleiner Runde in den »Klopfstuben«, einem Restaurant in Bad Godesberg, im Anschluß an ein Bundestagsfest weichgeklopft wurde. Strauß war zu diesem Zeitpunkt 64 Jahre alt, die Wahl würde kurz nach seinem 65. Geburtstag stattfinden. Also in den »Klopfstuben« kam es zum entscheidenden Wort: »Dort stellte ich Strauß dann vor die Frage: wann, wenn nicht jetzt?«

Der Drang, Strauß zu nominieren, hatte mindestens zwei Ursachen. Die eine lag in der zwar nicht unbestrittenen, aber immerhin schon lange genug verkündeten Tatsache, daß viele in der Union, in der CSU erst recht, Strauß für den besten Mann des konservativen Lagers, für den eigentlichen Oppositionsführer in Bonn hielten, auch wenn er jetzt als Regierungschef in München residierte. Die andere Ursache war die schlecht vernarbte Wunde, die Strauß immer noch von der *Spiegel*-Affäre her mit sich herumtrug. Damals, Anfang der sechziger Jahre, hatte er am Ende als der Hauptbösewicht dagestanden, obgleich er das nach eigener Einschätzung und der seiner Freunde gar nicht gewesen war.

Begonnen hatte damals alles mit einem Artikel im *Spiegel* über die Bundeswehr. »Bedingt abwehrbereit«, hatte die Überschrift gelautet, und einige Verdachtschöpfer witterten Landesverrat, von einem »Abgrund von Landesverrat« sprach im Bundestag Adenauer. Davon blieb nichts. Am Ende war nur *Spiegel*-Herausgeber Rudolf Augstein einige Zeit in Untersuchungshaft gewesen, und Strauß hatte das Amt des Verteidigungsministers verloren. Seine Ministerkollegen aus der CSU Höcherl (Innen) und Stücklen (Post) waren nicht solidarisch mit ihm zurückgetreten, was ihn verbitterte. So traf es nur ihn, und er galt fortan als gefährlich, unberechenbar, nicht würdig, mit einem hohen Staatsamt betraut zu werden. Doch es vergingen nur drei Jahre, und die SPD akzeptierte als Preis für ihre Aufnahme in die Große Koalition, daß Strauß Finanzminister wurde. Gleichsam, so könnte man sagen, als Vergeltung, im Ausgleich, im Gegenzug setzte sie durch, daß die Unionsparteien Herbert Wehner als gesamtdeutschen Minister an den Kabinettstisch ließen, den Mann, dem sie wegen seiner kommunistischen Vergangenheit herzlich mißtrauten.

So hatte die Große Koalition zwei Rehabilitationsfälle zu verkraften. Strauß wurde bei der geglückten Konsolidierung der – allerdings nur minimal – außer Ordnung geratenen Staatsfinanzen zusammen mit dem sozialdemo-

kratischen Wirtschaftsminister Karl Schiller auf unge-
ahnte Weise populär. »Plisch und Plum« nannte man die
beiden Politiker nach Wilhelm Busch.

Aber das reichte noch nicht. Es ging ja auch der CSU
vor allem um die CDU, und da fühlte sie sich und ihren
starken Vorsitzenden nicht gebührlich ernst genommen.
Zwar sprach Strauß, der altphilologisch gebildete Intellektuelle, gern abschätzig von den »Nordlichtern«, wenn
es um die CDU-Größen ging, aber der Ausdruck »Nord-
lichter« kam eben aus der Zeit, als der bayrische König
aus sehr realen Gründen Akademiker und Gelehrte aus
Norddeutschland nach München zog, um seine Resi-
denzstadt geistig aufzuwerten. Das war so sehr lang
noch nicht her. Gewiß, der CSU-Vorsitzende gebrauchte
den Ausdruck ironisch, aber viele Bayern, auch solche,
die der CSU nicht nahestanden, hegten den Argwohn, im
Grunde sehe jeder Deutsche, Preuße, wie es volkstüm-
lich hieß, der nördlich der Main-Linie zu Hause sei,
überheblich und vielleicht sogar berechtigterweise mit
großem Selbstbewußtsein auf Bayern herab. Alles sei
dort etwas zurückgeblieben. Gerade auch die für CDU-
Landesverbände unerreichbar hohen Wahlergebnisse der
CSU wurden in Bonn, Frankfurt oder Düsseldorf nicht
etwa der Leistungsfähigkeit der kleinen Schwesterpartei
zugeschrieben, sondern der vermeintlichen Tatsache, daß
Bayern eben etwas zurückgeblieben sei. Auch das ärgerte
alle Bayern.

Eine aktuelle Herausforderung besonderer Art mag
noch die Nominierung des Niedersachsen Albrecht für
Strauß bedeutet haben. Ernst Albrecht, ein früherer
Europa-Beamter, der dann Manager einer Keksfabrik in
Hannover geworden war, war erst 1970 in den nieder-

sächsischen Landtag gewählt worden und schon 1976 Ministerpräsident geworden, als ein SPD-interner Wechsel an der Spitze der Regierung im Parlament mißlang. Überläufer halfen der CDU, Albrecht zu wählen. Albrecht war ein Neuling und Außenseiter. Und sollte es bleiben. Wie war Kohl auf ihn gekommen?

Es ist nicht sicher, daß Kohl als erster die Idee hatte, Albrecht nominieren zu lassen. Es ist nicht einmal gewiß, daß die Kraft, mit der seine Nominierung zunächst in der CDU durchsetzbar zu sein schien, von ihm ausging, aber es steht außer Zweifel, daß Kohl davon am meisten profitiert hat – und das in einer Phase seiner Laufbahn, als er eine gute Idee dringend brauchte. War die Entscheidung, nach der verlorenen Bundestagswahl 1976 als Oppositionsführer nach Bonn zu gehen, die wohl mutigste seines Lebens, so war der Vorschlag, Albrecht zum Kanzlerkandidaten der Union zu machen, die Art und Weise, wie er sodann mit diesem Vorschlag verfuhr, eines der symptomatisch genialsten Spielchen, die er auf seinem Weg zur Kanzlerschaft gespielt hat. Daß er dabei ein ums andere Mal schwer gedemütigt wurde, spricht ebensowenig gegen diesen Befund wie die Vermutung, daß er unter mancher dieser Demütigungen wirklich gelitten haben mag.

Wie war vor der Nominierung Albrechts durch das CDU-Präsidium die Lage für Kohl? Sie war so, daß er selbst Kanzlerkandidat nicht werden konnte. Die Strauß-Schelte aus der »Wienerwald«-Zentrale war nicht vergessen. Und auch wer ehrliche Entrüstung gezeigt hatte ob der Maßlosigkeit des – damals wahrscheinlich nicht ganz nüchternen – CSU-Vorsitzenden, der behielt doch, je mehr Zeit seither verstrich, von der Geschichte das Gefühl zurück, Strauß habe wohl so ganz unrecht nicht gehabt. Erst an zweiter Stelle fiel manchem dann wieder ein, daß er es aber niemals hätte so sagen dürfen – auch wenn der von einem Tonbandmitschnitt genommene Redetext unautorisiert zum Abdruck gelangt war. Unterdessen hatte sich jedoch Biedenkopf mit einer analytisch brillanten Kritik der Oppositionsarbeit zu Wort gemeldet.

»Die Zustimmung zu Helmut Kohl«, schrieb er in einem vertraulichen Memorandum, das Anfang 1979 bekannt wurde, »hat seit 1977 im Trend kontinuierlich abgenommen. Selbst CDU-Stammwähler in Baden-Württemberg halten derzeit Helmut Schmidt für den besser geeigneten Kanzler.« Da erlag der Intellektuelle Biedenkopf offensichtlich der Faszination durch das öffentliche Auftreten Schmidts. Das erging damals vielen Deutschen so, aber nie so vielen, daß für den zweiten sozialdemokratischen Bundeskanzler daraus eine mehrheitsbildende Kraft jenseits der Möglichkeiten seiner Partei hätte werden können. Die freilich benötigte er dringend. Indes, auch das gewaltige Ansehen, das Schmidt zufiel, als Beamte des Bundesgrenzschutzes, trainiert in der Spezialeinheit GSG 9, im Herbst 1977 deutsche Geiseln in Mogadischu aus den Händen von Terroristen befreiten – in derselben Nacht ermordeten deren Komplizen den unter spektakulären Umständen entführten Arbeitgeberpräsidenten Hanns Martin Schleyer –, hielt, was die Auswirkung auf Wahlen anging, nicht lange vor.

Kohl nützte das allerdings nichts. Im Vergleich mit dem mediengewandten Hamburger hielt man den offiziell ersten Mann der Opposition im Bundestag, der nie seine pfälzische Provinzialität würde ablegen können, für hoffnungslos unterlegen.

Biedenkopf kam auch wieder auf seine Lieblingsidee von der Trennung der Ämter an der Spitze der Partei und der Fraktion zu sprechen. Kohl habe das Amt des Fraktionsvorsitzenden niederzulegen. Zudem, schrieb der ehemalige Generalsekretär, habe sich die »Institution eines De-facto-Kanzlerkandidaten während der ganzen Legislaturperiode« nicht bewährt. Über den Kanzler-kandidaten solle erst 1980, im Wahljahr, entschieden werden. Bis dahin solle sie ausdrücklich offenbleiben. Doch Biedenkopfs Memorandum kam nicht gut an. Auch war er nicht der Mann, einem Stück Papier mit der Kraft seiner Persönlichkeit und der Vielfalt seiner Ver-bindungen für parteiinterne Entscheidungsprozesse das nötige Gewicht zu geben. Seine Forderung gar, ein CDU-Parteitag müsse, wenn Kohl den Fraktionsvorsitz nicht freiwillig aufgäbe, diese Frage entscheiden, war insofern unglücklich, als die CDU-Majorität in der Bun-destagsfraktion schwerlich Vorschläge gutheißen konnte, die darauf hinausliefen, ihr die Entscheidung darüber ab-zunehmen, wer ihr Vorsitzender sein sollte. Auch wuß-ten die CDU-Bundestagsabgeordneten genau, daß es die kontinuierliche Quertreiberei der CSU-Landesgruppe war, die ein geschlossenes Auftreten der Opposition im Bundestag behinderte.

Das wichtigste aber war, daß Biedenkopfs Vorstoß zu spät kam. Sicherlich, für eine Analyse von der Qualität, wie sie der »kleine Professor« – so wurde er damals oft liebevoll und abschätzig genannt – vorzutragen gewohnt war, brauchte es Zeit, nicht, weil er sie gebraucht hätte, seinen Text auszuarbeiten, sondern weil genug gesche-hen sein mußte, was dazu taugte, analysiert zu werden. Diese Zeit nutzte Kohl, um seine Stellung in der Bundespartei zu festigen und sich eine schwer angreifbare Position in der Bundestagsfraktion aufzubauen. Was dabei an Worten und Zusicherungen hin und her ging, war sicherlich nicht geeignet, in Memoranden seinen Niederschlag zu finden oder für Analysen formuliert zu werden. Aber es schuf Macht, Hausmacht, innerparteiliche Macht. Biedenkopf hatte technisch für die Effizienz gesorgt, mit der das in der neuen Volkspartei geschehen konnte. Daß deren Arbeitsfähigkeit nicht nur genutzt werden konnte, politische Ideen der praktischen Politik zuzuführen, sondern auch, politische Ideen von denen fernzuhalten, die, um praktische Politik zu machen, auf die Zusammenarbeit mit der Partei angewiesen waren, hatte er nicht beizeiten bedacht. Biedenkopfs Vorstoß endete im Schweigen der Partei, respektvoll zwar, aber ablehnend. Er durfte glauben, daß er recht hatte, aber das bedeutete nichts. Die Partei funktionierte nicht so, daß es darauf angekommen wäre, ob einer recht hatte. Kohl kündigte eine Reform an, von der er behauptete, daß mit ihr schon begonnen worden sei. Das reichte durchaus.

Das nützte Helmut Kohl aber auch nichts im Hinblick auf das Problem der Kanzlerkandidatur. Er mußte dabei folgendes bedenken:

Erstens: Als Parteivorsitzender der CDU, als Vorsitzender der CDU/CSU-Fraktion im Bundestag durfte er sich die Nominierung auf keinen Fall aus der Hand nehmen lassen.

Zweitens: Der Kandidat der Union würde 1980 gegen Schmidt höchstwahrscheinlich verlieren, zumindest nicht die absolute Mehrheit erzielen, und mit einem Koalitionswechsel der FDP war noch nicht zu rechnen.

Drittens: Darum durfte er selbst nicht Kanzlerkandidat werden. Der notwendige Kampf darum hätte ihn, wenn er ihn denn gewonnen hätte, zu großem Erwartungsdruck ausgesetzt. Bei einer nochmaligen Niederlage – mit mutmaßlich schlechterem Ergebnis als dem hervorragenden von 1976 – hätte er, wie einst Barzel, Partei- und Fraktionsvorsitz verloren. Seine politische Karriere wäre zu Ende gewesen.

Viertens: Kanzlerkandidat der Union durfte kein Politiker werden, der die Chancen des Wahlkampfs und gegebenenfalls das Wahlergebnis dazu nutzen konnte, sich der Partei so sehr zu empfehlen, daß diese und die Fraktion sich ihm zu und von Kohl abgewendet hätten.

Fünftens: Kohl durfte nicht Strauß vorschlagen, weil er, bei Absehbarkeit von dessen Niederlage gegen Schmidt und eine dann im Hochgefühl der Offensive kämpfenden FDP, für den Schlamassel mitverantwortlich gemacht werden würde. Man mußte es, wenn die Kandidatur des CSU-Vorsitzenden denn unvermeidlich sein sollte, dahin bringen, daß er sie sich erstritte und Kohl aus der Position des Unterlegenen heraus Gelegenheit bekam, sich als Muster von – freilich leider vergeblich aufgewandter – Loyalität zu beweisen.

Wenn Strauß antrat und verlor, war er bundespolitisch für Kohl keine Gefahr mehr. Es ging also zunächst darum, den Eindruck zu vermeiden, daß Kohl genau das wolle und betreibe. Ganz gewiß hatte er bei dem, was er nun zu tun sich anschickte, kein fertiges oder auch nur weitgediehenes Drehbuch vor Augen. Es konnte ihm immer nur darum gehen, in der Position dessen zu bleiben, der auch bei der nächsten Entwicklung der Dinge noch mitspielen durfte. Sodann galt es, bei jedem Zug

Zurückhaltung zu wahren. Er konnte die Partie für diesmal nicht gewinnen, also brauchte er nicht nur nichts dafür zu tun, er konnte sogar, wenn es ihm etwas versprach, auf Züge verzichten, die von außen betrachtet für ihn bei großen Zielen vorteilhaft gewesen wären. Was er tat, mußte nur darauf berechnet sein, ihn unangreifbar zu machen.

Und am unangreifbarsten war er in der eigenen Partei, in der Fraktion, wenn man ihn unterschätzte, wenn man in ihm nicht mehr einen Konkurrenten sah. Wenn man glauben konnte, die Ämter seien mit Kohl so lange gut besetzt, bis man geeignete Personen dafür finden würde. Jetzt durften nicht nur keine Entscheidungen getroffen, jetzt mußten auch Entscheidungen verhindert werden, wo man sie nicht brauchte.

So brachte Kohl Ernst Albrecht ins Rennen. Und er tat es mit einem Vorgehen, daß die CSU schon vier Jahre zuvor aufs äußerste empört hatte. Er konnte sich denken, daß die Bayern nun reagieren würden, und zwar härter als 1975. Härter konnten sie aber nur reagieren, wenn sie nicht mehr nur – wie damals – behaupteten, Strauß sei der geeignetere Kandidat, sondern wenn sie auch alles daran setzten, ihn für die Bundestagswahl nominiert zu bekommen. Ob die CSU nun an eine Chance von Strauß, Schmidt zu schlagen, glaubte oder nicht. Ein Verzicht von Strauß auf eine Nominierung nach der die CSU wiederum brüskierenden Benennung von Albrecht durch das CDU-Präsidium wäre demütigender gewesen als alles, was Kohl von dem nun eröffneten Theater zu befürchten hatte und was er auch tatsächlich einstecken mußte.

Was machte überhaupt eine Bewerbung Albrechts für

die CDU plausibel und für Kohl annehmbar? Albrecht entsprach am ehesten den Tugenden, aufgrund derer, wie vermutet wurde, die meisten Deutschen Helmut Schmidt schätzten. Er konnte mit seiner persönlichen Ausstrahlung sowohl Tatkraft als auch kulturelle Interessiertheit vorführen. Er wirkte – als ehemaliger Europa-Beamter – international gewandt. Er war ein Erfolgsmensch aus eigener Kraft und verbreitete den Eindruck, wo er sich engagiere, könne nichts schiefgehen. Und wirklich hatte er in Niedersachsen zum ersten Mal einen Regierungswechsel zugunsten der CDU zustande gebracht. Schließlich aber war er ein Politiker mit deutlicher Distanz zu seiner Partei.

Dies mochte Kohl am meisten interessiert haben. Albrecht zog es stets vor, in Alleingängen zu regieren. Der emsländische CDU-Politiker Werner Remmers, erst sein Kultus-, dann sein Umweltminister in Hannover, beschrieb das einmal in komisch-verzweifelten Worten so: Ernst, habe er oft zu ihm gesagt, wenn er wie ein Alpinist hoch in der Wand herumgeklettert sei, wir würden dir ja gern helfen, aber wir müssen dir auch folgen können. Albrecht, das wußte Kohl, war nicht der Mann, nach einer Niederlage aus der Arbeit mit und in der Partei neue Kräfte zu schöpfen.

In der Partei galt Kohl inzwischen als Förderer der Sozialausschüsse. Dafür hatte nicht zuletzt die Berufung seines Mainzer Sozialministers von ehedem, Heiner Geißler, als CDU-Generalsekretär beigetragen. Geißler hatte bundesweit Furore gemacht, als er für die CDU die »neue Armut« entdeckt und die »neue soziale Frage« auf die Tagesordnung gebracht hatte. Mit Barzel hatte sich Kohl arrangiert. Durch den zweiten Hamburger Mit-

bestimmungsparteitag hatte Kohl bei den Sozialausschüssen das Gefühl verankert, er sei ihr Mann, ohne
daß das von anderen in der Partei allzu ernst genommen
wurde. Seit aber in Baden-Württemberg Hans Filbinger
mit der Parole »Freiheit oder Sozialismus« einen so grandiosen Wahlsieg errungen hatte (April 1976 – 56,7 Prozent für die CDU), war jedem in der CDA klar, daß ihnen
der Wind ins Gesicht blies. An eine Orientierung an der
SPD war weniger denn je zu denken. Der Weg zurück in
die Regierungsverantwortung in Bonn schien allein über
harsche Polarisierung zu laufen. Der konservative Manager Albrecht schien da von dem, was aus den eigenen
Reihen zu gewärtigen war, das kleinste Übel zu sein –
nicht zuletzt deshalb, weil Kohl ihn empfahl und in der
Partei das Heft nicht aus der Hand geben würde.

Die von Kohl aufgebaute Konfrontation ließ die CSU
heranstürmen wie einen Stier in der Arena. Was ihr gelang, war aber nur, daß Kohl in den nächsten Wochen
keine sonderlich imponierende Figur abgab. Doch die
Züge, die er machte, blieben richtig. Der wichtigste war:
er schaffte es, die Frage der Kanzlerkandidatur hinter
der Frage des Zusammenhalts der Union fast zum Verschwinden zu bringen. Jetzt konnte er eine Niederlage –
eine gescheiterte Nominierung Albrechts – mit einem
Erfolg, die selbstlos betriebene Verhinderung eines Auseinanderbrechens der Union, tarnen. Die Gefahr des
Auseinanderbrechens schien drohend genug nach den
Tänzen, die CSU-Politiker 1975 und 1976 aufgeführt
hatten. Nun hatten freilich in den ersten Gesprächen
nach der Eröffnung des Nominierungsfestivals etliche bekannte CDU-Politiker Strauß signalisiert, sein Bemühen
um eine Kanzlerkandidatur werde in weiten Teilen der

CDU auf Zustimmung stoßen, Unterstützung werde ihm gewiß sein. Das konnte Kohl die – wenn auch nur schemenhafte – Führung der Dinge aus der Hand nehmen.

Hier war es wichtig, nicht im Hintertreffen erwischt zu werden. Bald wußte man aus dem CDU-Präsidium zu melden, dort sei eigentlich nur Biedenkopf offen für Strauß als Kanzlerkandidaten. Indes, auch nur Kohl, sein Generalsekretär Geißler und sein Schatzmeister Kiep waren für Albrecht. Von Dregger, Köppler und Stoltenberg hieß es, ihnen gehe nichts über den Zusammenhalt der Partei. In Bonn aber teilte der CDU-Bundesvorstand mit, er begrüße »den Vorschlag des Bundesvorsitzenden Dr. Helmut Kohl, für die Gespräche mit der CSU Ministerpräsident Dr. Ernst Albrecht als Kanzlerkandidaten der Unionsparteien zur Bundestagswahl 1980 zu benennen. Der Bundesvorstand macht sich diesen Vorschlag zu eigen.«

Das war konziliant und eindeutig zugleich. Es wurde klargestellt, daß eine Nominierung des Kanzlerkandidaten erst nach Gesprächen mit der CSU erfolgen würde. Und es wurde klargestellt, daß die CSU und Strauß es unbedingt wollen müßten, wenn die CDU auf Albrecht verzichten sollte. In Erwartung der nordrhein-westfälischen Landtagswahlen im Mai 1980, für die von einer Kanzlerkandidatur des Bayern ungefähr dasselbe erwartet wurde wie schon 1975, stimmte Biedenkopf, jetzt Landesvorsitzender der CDU Westfalens, einerseits überraschend, andererseits nicht überraschend für Albrecht: er wollte neben Köppler nicht als Strauß-Freund in den Wahlkampf gehen. Sein Ansehen als Politiker wurde durch diese Demonstration des Wankelmuts nicht eben gehoben.

Die folgenden Wochen in Bonn brachten die gefähr-
lichste Phase für Kohl. Was hier geschah, war nicht unter
Kontrolle zu halten. Es gab wilden Streit in der CDU,
der sich an immer neuen Modellen entzündete, mit der
CSU zu einer Einigung zu kommen. Die CSU konnte
nicht zurück. Sie war mit der Person ihres unbestritten
ersten Mannes im Rennen. Die CDU konnte zurück. Sie
hatte einen von mehreren losgeschickt. Aber niemand in
der Partei konnte die Opfer abschätzen, die es kosten
würde, aus der Bredouille, in die man die CSU gebracht
hatte, wieder herauszukommen. Auch Kohl nicht.

Es konnte gut sein, daß er selbst eines von ihnen sein
würde. Nicht wenige in der CDU hofften darauf. CDU-
Vorstandsmitglieder trafen sich fast konspirativ mit
Strauß. Zwei Wochen nach dem Vorstandsbeschluß kam
es in Ludwigsburg sogar zu einem Treffen zwischen
Dregger, Köppler, Biedenkopf und Lothar Späth, der
Filbinger in Stuttgart als Ministerpräsident nachgefolgt
war, einerseits und Strauß sowie seinem Generalsekretär
Edmund Stoiber andererseits. Kohl erfuhr davon erst
nachträglich.

Nachdem alle Modelle, sich zwischen den Schwesterparteien zu einigen, verworfen worden waren, lief die
Entscheidung auf die Bundestagsfraktion zu, denn für
sie hatte ja die Bundestagswahl zuallererst Auswirkungen. Aus ihrer Mitte wurde eine Abstimmung über
Strauß oder Albrecht gefordert. Kohl versuchte, die Einleitung des Abstimmungsprozesses mit einer Erklärung
der CSU zu koppeln, daß diese das Ergebnis, gleich, wie
es ausfalle, akzeptieren werde. Die CSU-Landesgruppe
lehnte ab. Das sei Sache der Partei.

Das war eine pure Selbstverständlichkeit. Weshalb also

Kohls vorherige Forderung, das Abstimmungsergebnis für verbindlich zu nehmen? Auch wenn er damit riskierte, bei – erwartbarer – Zurückweisung dieser Forderung wieder als Düpierter dazustehen? Dazu ist nichts gesagt worden. Aber im Ergebnis stand die CSU wieder ein Stück intransingenter da, er, Kohl, dagegen als der Mann, der zugleich für Albrecht kämpfte und die Union erhalten wollte.

Die abstimmenden Fraktionsmitglieder hatten nun am 2. Juli 1979 drei Rücksichten vor Augen, nach denen sie ihre Entscheidung treffen konnten: sie konnten für Strauß stimmen, was sicherlich mehr tun würden, als die CSU-Landesgruppe Abgeordnete hatte, sie konnten für Albrecht stimmen, was gewiß weniger CDU-Mitglieder tun würden, als in der Fraktion saßen, auch wenn man nicht wußte, wie viele es am Ende sein würden. Und sie konnten für die »Einheit der Union« stimmen, was nach der von Kohl zugespitzten Lage der Dinge bedeuten mußte: für Strauß. Und das mochten, schon um das grausame Spiel zu einem Abschluß zu bringen, immerhin so viele sein, daß es für Strauß insgesamt reichen würde. Damit, daß er Schmidt 1980 schlagen und dann zum Kanzler gewählt wurde, rechnete in der CDU ohnehin kaum jemand. Kohl schob noch einmal nach. Ob wenigstens die Kandidaten bereit seien, das Votum der Fraktion, deren Sitzung er hier als Vorsitzender leitete, anzuerkennen. Auch darüber erhob sich heftiger Wortwechsel. Die CSU lehnte ab.

Es heißt, Kohl habe sich nun geschmeidig den Mehrheitsverhältnissen angepaßt. Wenn das so war, tat er es glänzend. Ohne weitere Zwischenhürde ließ er jetzt abstimmen. Strauß erhielt 135, Albrecht 102 von 237 Stimmen. Strauß war mithin der Kanzlerkandidat der Union. Kohl dankte Albrecht mit demokratietheoretischen Hinweisen dafür, daß er als Kandidat zur Verfügung gestanden habe, und versicherte Strauß der Unterstützung der Partei.

Versuche, Kohl abzuwählen, von denen Zimmermann berichtet, scheiterten, wenn es sie denn gegeben haben sollte, im Ansatz. Die CSU war daran nicht interessiert. Die zurückliegenden Wochen schienen Kohl als schwachen Fraktionsvorsitzenden erwiesen zu haben. Jetzt war er mehrfach gedemütigt worden. Was konnte sich die CSU davon versprechen, statt Kohl einen neuen, selbstbewußten CDU-Vorsitzenden an der Spitze der ja ebenfalls gedemütigten größeren Partei zu haben! Und wer hätte das sein können? Kohl kannte man, mit Kohl – hatte man das nicht gerade bewiesen? – konnte man fertig werden. Prognosen, Kohl werde über das Scheitern stürzen, zumindest als Fraktionsvorsitzender, erwiesen sich als verfrüht. Schon waren Namen für seine Nachfolge genannt worden. Die *Süddeutsche Zeitung* spekulierte bereits, die Union könne mit ihrer Entscheidung für Strauß gleich »zwei Personalprobleme auf einmal gelöst« haben. Doch schon am nächsten Tag konnte man in demselben Blatt lesen: »Eine halbe Stunde vor Mitternacht, als Helmut Kohl sich aus dem Fraktionssaal in die Wabe der Journalisten preßt, ist mitzuerleben, über welch erstaunliche Fähigkeiten dieser Mann verfügt. Da steht er, nicht erschöpft oder gar niedergeschlagen; auf Erleichterung und Sieg deutet die Gebärde.«

Und er sagte in diesem Augenblick auch: »Man kann nicht immer gewinnen.« Das genau hatte Kohl gewußt und beherzigt, als er die Frage der Kanzlerkandidatur

Monate zuvor auf dem Terminkalender näherrücken sah. Man soll im Rückblick nicht alles, was zu einem Erfolg führte, als einen ausgeklügelten Weg zusammendeuten. Aber in der Nacht vom 2. auf den 3. Juli durfte Kohl auf das sehen, was aus der leidigen Geschichte geworden war, und wenn er sich auch nicht gewünscht haben mag, dasselbe noch einmal zu erleben, so konnte er doch zufrieden sein. Die Frage nach dem Kanzlerkandidaten war beantwortet. Er selbst hatte das Risiko vermieden, eine zweite Niederlage gegen Schmidt einstecken zu müssen. Er hatte aufopfernd erst für Albrecht, dann für den Zusammenhalt der Union gekämpft. Sein schärfster Rivale in der Union brauchte ihn jetzt und zählte auf ihn. Sein schärfster Rivale würde nach einer Niederlage gegen Schmidt aufhören, ein Rivale zu sein. Und wenn, wie wahrscheinlich, Strauß 1980 trotz eines fulminanten Wahlkampfs mit Kohls CDU bei der Wahl weniger Stimmen erzielen sollte als Kohl 1976, dann war für jeden ersichtlich, wer von beiden der zukunftsträchtigere Politiker für die Regierungsambitionen der Union war und wer sie nun zurückgeworfen hatte.

Kohl konnte mit dem Spiel, das er gerade beendet hatte, nichts gewinnen. Aber er hatte auch nichts verloren. Er konnte am Tisch sitzenbleiben und auf die nächste Chance warten.

Franz Josef Strauß verlor die Bundestagswahl deutlich. Die CDU/CSU erhielt 4,3 Prozent der Stimmen weniger als 1976. Die SPD gewann kaum hinzu, die FDP dagegen kräftig. Schmidt hatte von der Kandidatur des Bayern nicht profitieren können, wohl aber der FDP-Vorsitzende Genscher. In der sozialliberalen Koalition mußte es nach diesem Wahlausgang künftig schwer wer-

den, sozialdemokratische oder liberale Politik zu machen. Die SPD lief Schmidt weg, Genscher lief auf die
Union zu. Kohl mußte nur noch aufpassen, daß er es
sein würde, der ihn in Empfang nahm.

9. Kohl wird Kanzler

Am 9. September 1982 hielt Bundeskanzler Helmut Schmidt im Plenum des Deutschen Bundestages eine Rede, in der er »Anmerkungen zur innenpolitischen Lage« vortrug. Er wies darauf hin, daß er hier nicht »für die Bundesregierung als Ganze« spreche, und fuhr fort: »Ich sehe, CDU und CSU streben ungeduldig die Regierungsmacht an.« Er, Schmidt, sehe aber nicht, was eine »Regierung Kohl/Strauß« besser machen könne als seine. »Offenbar«, sagte der Bundeskanzler, »gibt es auch bei der FDP den einen oder anderen Kollegen, der einen solchen Wechsel in einer ungewissen Zukunft erhofft.« Dann steigerte Schmidt noch den wütenden Ausdruck seiner Enttäuschung über den zwischenzeitlichen Adressaten: »Ich sehe nicht, daß sie dem öffentlichen Wohl besser dienen würden hinsichtlich der inneren Liberalität unseres Staates insgesamt.« Doch der Hauptadressat dieser Rede, über die Schmidt seinen Koalitionspartner, den Vizekanzler und Außenminister Genscher, den FDP-Vorsitzenden, dem er jetzt tief mißtraute, am Vorabend nur kryptisch informiert hatte, waren die Unionsfraktion und Helmut Kohl.

Schmidt sagte: »Die Sozialdemokraten wissen: Wir stellen innerhalb der sozialliberalen Koalition zwar die Mehrheit, aber wir stellen nicht die Mehrheit des Bundestages, erst recht nicht die des Bundesrates. Wenn sich im Bundestag eine andere Mehrheit für eine andere Politik finden sollte: Bitte sehr, dafür hält das Grundgesetz Artikel 67 bereit.«

Dieses Hinweises hätte Kohl nicht bedurft.

Der Artikel 67 des Grundgesetzes lautet: »Der Bundestag kann dem Bundeskanzler das Mißtrauen nur dadurch aussprechen, daß er mit der Mehrheit seiner Mitglieder einen Nachfolger wählt und den Bundespräsidenten ersucht, den Bundeskanzler zu entlassen. Der Bundespräsident muß dem Ersuchen entsprechen und den Gewählten ernennen.« Kanzlerwahl und Machtwechsel nach der Vorschrift des Artikels 67 waren bis dahin einmal versucht worden. Das war schiefgegangen. Am 27. April 1972 hatte Rainer Barzel auf diese Weise Bundeskanzler Willy Brandt herausgefordert. Bundestagsabgeordnete von der FDP, die mit dem Kurs ihrer Partei in der sozialliberalen Koalition nicht übereinstimmten, hatten die Regierung um ihre ohnehin knappe Mehrheit gebracht, indem sie die Fraktion wechselten. Das Ergebnis schien für Barzel sicher zu sein, doch nach der Auszählung der Stimmen zeigte sich, daß es für den Machtwechsel zwei zu wenig waren. Drei Abgeordnete aus dem eigenen Lager hatten gegen den Fraktionschef votiert. Einer von ihnen gab später zu, dafür Geld bekommen zu haben.

Die Stimmung in der Bevölkerung war gegen einen solchen Regierungswechsel, gegen den Sturz von Brandt gewesen, und hatte sich gelegentlich auch kraß dazu vernehmen lassen. Publizisten, aber auch Oppositionsabgeordnete hatten zu dem öffentlichen Druck, der von solcher Stimmung und der Unfähigkeit, sie zu bändigen, ausging, ernste Kommentare abgegeben. Durch das Scheitern der Prozedur nach Artikel 67 gab es keine Probe auf das Exempel, und die nicht zu unrecht als gefährlich eingeschätzte Stimmung schlug um in Häme für Barzel und Spott für die Unionsfraktion, der es so offenkundig an Geschlossenheit fehlte.

Aber die SPD/FDP-Regierung hatte keine Mehrheit mehr im Deutschen Bundestag. Dabei war es eben doch geblieben. Schlimmer noch: die Zahl der Abgeordneten, auf deren Stimme sie im Parlament sicher zählen konnte, verringerte sich weiter. Zwei Wege gab es, auf denen man zu Neuwahlen kommen konnte: Der eine führte über Artikel 63 des Grundgesetzes. Er sieht vor, daß der Kanzler zurücktritt, der Bundespräsident dem Parlament vierzehn Tage Zeit läßt, einen Nachfolger mit absoluter Mehrheit zu wählen, und er dann entweder den zum Kanzler ernennt, der über eine einfache Mehrheit verfügt, oder den Bundestag auflöst. Der Nachteil dieses Verfahrens für Brandt und die sozialliberale Koalition lag darin, daß der Rücktritt als Bankrotterklärung hätte hingestellt werden können. Die Regierung wollte aber Neuwahlen gerade als Bestätigung ihrer bisher geleisteten Arbeit herbeigeführt sehen. Was ihr im Bundestag verlorengegangen war, sollte ihr der Wähler wiedergeben. Dabei setzte sie besonders darauf, daß ihre Ostpolitik, heute längst als das historisch bedeutsame Gegenstück zu Adenauers Westpolitik gewürdigt, von den Deutschen durch ein überzeugendes Wahlergebnis von SPD und FDP beglaubigt werden würde. Deshalb kein Kanzlerrücktritt nach Artikel 63.

Der andere Weg führte über den Artikel 68 des Grundgesetzes. Dabei stellt der Kanzler im Parlament die Vertrauensfrage. Wird ihm vom Plenum das Vertrauen nicht mit der absoluten Mehrheit der Stimmen ausgesprochen, kann der Bundespräsident den Bundestag auf Vorschlag des Kanzlers innerhalb von 21 Tagen auflösen. Der Bundespräsident war damals Gustav Heinemann, einst in Essen Mitgründer der CDU, dann erster Innenminister im ersten Kabinett Adenauers, nach einem Jahr wegen gravierender Meinungsunterschiede – er war mit Adenauers Plänen zur Wiederbewaffnung der Bundesrepublik nicht einverstanden – zurückgetreten, in den fünfziger Jahren glückloser Gründer einer liberalnationalen Partei, der Gesamtdeutschen Volkspartei. Dann, nach deren Auflösung, wechselte er mit etlichen Mitstreitern zur SPD, wurde in der Großen Koalition Justizminister und als eindrucksvoller, in den Jahren der nationalsozialistischen Diktatur bewährter evangelischer Christ einer der angesehensten Politiker Deutschlands.

Der Weg über den Artikel 68 barg ein Risiko in sich. Die Opposition konnte in der gegebenen Frist die Auflösungsabsicht durch ein konstruktives Mißtrauensvotum unterlaufen. Ihre Mehrheit im Parlament war dazu jetzt zahlenmäßig etwas sicherer geworden. Nicht sicher war jedoch, ob diesmal alle Abgeordneten der Unionsfraktion – mit oder ohne Bestechung – für Barzel oder einen anderen Kandidaten der CDU oder CSU stimmen würden. Der Opposition schwante zwar, daß Neuwahlen ihr nicht guttun würden – die Ostverträge waren mit ihrer Hilfe ratifiziert worden, und Brandt genoß jetzt das Ansehen dessen, der Tatsachen geschaffen hatte. Auch war die Erinnerung an das erste konstruktive Mißtrauensvotum noch frisch, und es hatte den Unionsparteien und vor allem Barzel wenig Sympathien eingebracht. Doch ein neues, diesmal erfolgreiches konstruktives Mißtrauensvotum hätte dem Unionskanzler nicht viel mehr als ein Jahr im Amt gegeben, bis er 1973 in einen sehr unangenehmen Wahlkampf für die nach Ablauf der Legislaturperiode fällige Bundestagswahl 1973 hätte ziehen müssen. Auch hätten in das Verfahren leicht Züge geraten können, die auf eine Brüskierung des Bundespräsidenten hinausgelaufen wären.

Die Opposition hatte also Ursache zu versuchen, aus der mißlichen Lage, in die sie durch eigene Schuld geraten war, schnell herauszukommen. Die Anwendung des Artikels 68 zur Herbeiführung von Neuwahlen entsprach im Sommer 1972 den Gegebenheiten: die Regierung hatte keine Mehrheit im Bundestag, die Opposition konnte ihre Mehrheit aufgrund innerer Unsicherheit und äußeren Drucks der öffentlichen Meinung nicht nutzen. Am 20. September stellte Willy Brandt im Parlament die Vertrauensfrage. Das Ergebnis war erwartungsgemäß, auch wenn er 233 Ja-Stimmen erhielt. 248 Abgeordnete stimmten gegen ihn, einer enthielt sich. Am 19. November bestätigte ein klares Ergebnis der Bundestagswahl Brandts Anspruch auf die Kanzlerschaft. Anderthalb Jahre später wurde er – im Mai 1974 – ohne Beteiligung der Opposition um das Amt gebracht. Helmut Schmidt wurde Bundeskanzler. Er war für Kohl der von der Form her unangenehmere, von der Substanz her leichtere Gegner. Brandt war ein souveräner Generalist – so wie Kohl sich selber gern sah. Schmidt war, bei aller Großspurigkeit seines Auftretens, mit der er seine Gegner demütigen konnte, ein um fachliche Anerkennung eifernder Kleinigkeitskrämer.

Jetzt, am 9. September 1982, hatte er seinen eigenen Abgang vor Augen und provozierte die Opposition mit Sätzen, die, was sonst selten geworden war, von der SPD bejubelt wurden: »Machen Sie von Artikel 67 Gebrauch! Bringen Sie den Antrag auf ein konstruktives Mißtrauensvotum ein, Herr Dr. Kohl! Lassen Sie uns nächste Woche darüber abstimmen!« Und er sprach seinen Herausforderer direkt an: »Wenn Sie aber, Herr Dr. Kohl, in geheimer Wahl vom Bundestag zum Nachfolger gewählt werden sollten« – Zurufe von Abgeordneten der CDU/CSU-Fraktion: »Bald« –, »so müßten Sie allerdings Neuwahlen erzwingen, und zwar aus zwei Gründen: Erstens, weil ein Bundeskanzler nicht nur grundgesetzliche Legitimität braucht, sondern auch – über jede verschleierte Vorbereitung eines konstruktiven Mißtrauensantrags hinaus – die geschichtliche Legitimität, die nur der Wähler ihm geben kann; und zweitens, weil Sie dem Volk vorher sagen müssen, was Sie tatsächlich anders machen wollen.«

Bemerkenswert an dieser Rede ist, wie sehr Schmidt die FDP schon abgeschrieben hat. So stellt sie ein Zeugnis dar gegen den Vorwurf des Verrats, den er, als es wenig später zum Bruch der Koalition kam, anfänglich mit großem Erfolg gegen diese Partei einsetzte. Auch ist bemerkenswert, daß Schmidt ohne Umschweife Kohl als den Mann anspricht, der die Sache der Union im Bundestag führt und auf dem Sprung ist, sein Nachfolger zu werden. Beides, das Bündnis der Union mit den Liberalen und Kohls Erfolg bei der Wahl im Bundestag, scheint er schon für ausgemachte Sache zu halten – zumindest möchte er den Eindruck erwecken, so sei es. Darum redet er zupackend erst über den Schritt danach: die Neuwahlen. Diese sind jetzt sein Ziel, und zu diesem Ziel will er Kohl und die Unionsparteien drängen.

Und er will schon die Öffentlichkeit darauf einstimmen, daß ein Regierungswechsel ohne Wählervotum illegitim, also verwerflich sei.

Ein drittes noch verdient es, angemerkt zu werden. In dieser wie stets mit soviel Fleiß und Konzentration angefertigten Rede unterläuft Schmidt ein Schnitzer, wie er sonst nur für Kohl charakteristisch ist: Schmidt spricht von FDP-Abgeordneten, die einen Koalitionswechsel »in einer ungewissen Zukunft« erhoffen. Sagen wollte er sicherlich, daß diese den Wechsel zu einem ungewissen Termin in der Zukunft erhofften. Aber weil auch bei Schmidt das Denken manchmal dem Formulierungstempo so sehr entlief, daß die Sätze sich ineinanderschieben mußten, um nachzukommen, entstand dieser Satz (und blieb auch so im Bundestagsprotokoll stehen), der freilich der Wahrheit über die Befindlichkeit mancher FDP-Politiker ziemlich nahegekommen sein mag. Bei Aussicht auf eine ungewisse Zukunft mit Schmidt – vielleicht nicht einmal wegen Schmidt – mochte man sich einen Wechsel zur Union und zu Kohl wünschen.

Kohl war, als die Dauerkrise zwischen Bundeskanzler Schmidt und der SPD eines der Hauptthemen der deutschen Politik zu werden begann, längst unbestritten der erste Mann der Unionsparteien und der Fraktion. Am Wahlabend des 5. Oktober 1980 hatte Strauß mürrisch verkündet, er sei bayrischer Ministerpräsident und werde dies auch bleiben. Das Wahlergebnis, mit dem er in die Listen der Geschichtsbücher eingetragen wurde, war noch schlechter als das von Barzel 1972. Nur weil Schmidt und die SPD minimal, die Freien Demokraten dagegen kräftig hinzugewannen, blieb die Unionsfraktion auch im 9. Deutschen Bundestag die stärkste Gruppierung. Die Schuld an der Niederlage trug offenkundig allein Strauß. In Bayern hatte die CSU 1976 mit dem Kanzlerkandidaten Kohl 60 Prozent der Stimmen bekommen, Strauß holte 1980 nur 57,6 Prozent. Strauß hatte die Union sogar bei sich zu Hause zurückgeworfen.

Kohl wurde zwei Tage nach der erwarteten Pleite von der Bundestagsfraktion mit 210 von 214 Stimmen zum Fraktionschef wiedergewählt. Ein halbes Jahr später bestätigt ihn der CDU-Parteitag von Mannheim als Parteivorsitzenden. Im Kreis seiner Stellvertreter erzielt Stoltenberg das beste, Biedenkopf das schlechteste Wahlergebnis. Im Oktober 1981 erringt Albrecht, der in Mannheim ebenfalls zu einem von Kohls Stellvertretern gewählt worden war, die absolute Mehrheit bei den niedersächsischen Landtagswahlen.

Ein Biograph Helmut Schmidts, ein überaus akribischer Chronist seiner Kanzlerjahre, Mainhardt Graf Nayhauß, zitiert in seiner Darstellung der letzten Wochen und Tage der sozialliberalen Koalition Helmut Kohl mit den Worten: »Es gab keinen Fahrplan für den Wechsel.« Näherhin: »Es gab aber eine ganz klare Absprache zwischen mir und Hans Dietrich Genscher, daß die FDP nicht ohne uns operieren würde und wir ihr eine politisch-parlamentarische Überlebensgarantie geben würden. Für mich war immer klar, daß ein Koalitionswechsel der FDP ihr nicht nur Wähler nimmt, sondern daß ein solcher Schritt auch für das Parteimanagement ungeheuer schwierig sein würde.« Das waren Bedenken für den Tag danach. Was zu diesem Tag führte, konnte Kohl den Sozialdemokraten und Liberalen überlassen.

Schmidt befand sich in einer Zwickmühle. In der Wirtschafts- und Sozialpolitik stand er unter dem Druck seines Koalitionspartners, der FDP, die staatlichen Ausgaben zu senken, bei Sozial- und Beschäftigungsprogrammen zurückhaltender zu sein. Andererseits waren gerade die SPD-Wähler der siebziger Jahre daran gewöhnt worden, daß sozialdemokratische Politik zu ihrem Wohlergehen beitrüge. Der Abschied von der Illusion, daß dies in einer Industrienation, so reich sie auch sein mochte, unbegrenzt möglich sein werde, fiel den Sozialdemokraten um so schwerer, als die CDU mit Sozialpolitikern vom Range Norbert Blüms – auch soeben zu einem von Kohls Stellvertretern gewählt – und Heiner Geißlers – Kohls demagogisch begabter Generalsekretär – dabei war, der SPD die alleinige Kompetenz für die Sorgen der kleinen Leute streitig zu machen. Daß es der sozialliberalen Koalition auch um die gehen könne, paßte einfach nicht zum Image ihres Bundeskanzlers, so lange dieser Helmut Schmidt hieß und es sich in dem Gefühl wohlsein ließ, von Konzernherren und Bankiers, was den wirtschaftspolitischen Sachverstand anging, als ihresgleichen behandelt zu werden. Für die Kränze aber, die einige Unternehmer Schmidt flochten, forderte die FDP den Preis, insofern sie unternehmerfreundliche Politik durchsetzte.

Suchte nun auch Schmidt im Interesse traditioneller SPD-Anhänger den Konflikt mit den Liberalen wacker durchzustehen, so half ihm das gleichwohl bei vielen Sozialdemokraten wenig, weil er in der Außen- und Sicherheitspolitik seinen Namen mit einem Projekt verbunden hatte, das gerade diejenigen in der SPD vor den Kopf stieß, die in der Zeit der Ostpolitik des Friedensnobelpreisträgers Willy Brandt zu der alten Partei gestoßen waren. Diese fanden nichts dabei, in der links von der SPD angesiedelten Friedensbewegung gegen die von Schmidt initiierte und mit Energie betriebene Nachrüstungspolitik aufzutreten. Der wichtigste innerparteiliche Gegenspieler des Bundeskanzlers war dabei der baden-württembergische SPD-Politiker Erhard Eppler, der einst mit Gustav Heinemann von der Gesamtdeutschen Volkspartei zu den Sozialdemokraten gegangen war, unter Willy Brandt das Ministerium für Entwicklungspolitik geleitet hatte, aber schon wenige Wochen nach Schmidts Amtsantritt wegen nicht bewilligter Forderungen seines Ressorts zurückgetreten war.

Die Nachrüstungspolitik war die bedeutendste Leistung Helmut Schmidts als Bundeskanzler. Er war alarmiert worden durch die Tatsache, daß die Sowjetunion einen neuen Raketentyp entwickelt hatte, die SS 20, und daß es der Regierung in Moskau künftig möglich sein würde, mit dieser Waffe Westeuropa zu bedrohen, ohne daß zugleich die Vereinigten Staaten von Amerika existentiell mitbedroht waren. Die Reichweite der Mittelstreckenraketen machte Amerika für sie unangreifbar. Nach der Logik der Abschreckungspolitik durfte ein russischer Angriff auf Westeuropa, auch und gerade dann, wenn er mit Atomwaffen geführt wurde, nur mit einem Gegenangriff aus Westeuropa heraus beantwortet werden. Hätten die Amerikaner im Eventualfall auf die Mittelstreckenrakete mit einer Langstreckenrakete geantwortet, hätten sie die Eskalation betrieben, und es galt als höchst zweifelhaft, ob die Administration in Washington gegebenenfalls dazu bereit sein würde, weil dies wahrscheinlich die Moskauer veranlaßt hätte, nun mit eigenen Langstreckenraketen Ziele jenseits des Atlantiks anzugreifen.

Wenn man ein Abkoppeln des amerikanischen Sicherheitsinteresses von den europäischen Sicherheitsinteressen vermeiden wollte, mußte man also in Westeuropa bei der Nato Raketen installieren, die im Gegenschlag Ziele im europäischen Teil der Sowjetunion, auch Moskau erreichen und zerstören konnten. Im Nachrüstungsstreit ging es also um die Stationierung westlicher Mittelstreckenraketen – Pershing II und Marschflugkörper – auf dem Gebiet westeuropäischer Nato-Staaten, vor allem der Bundesrepublik. Das war richtig gedacht und entschlossen auf den Weg gebracht, aber die Friedensbewegung und die an Sozialpolitik nicht sonderlich interessierten Teile einer sich vor allem gesellschaftspolitisch als progressiv verstehenden SPD wollten davon allein die Tatsache zur Kenntnis nehmen, daß wieder mehr und hochgradig gefährliche Vernichtungswaffen produziert, herbeigeschafft und einsatzbereit gehalten wurden. Das wollten sie nicht, und dagegen organisierten sie gewaltige Protestaktionen.

Von Willy Brandt, dem SPD-Vorsitzenden, bekam Schmidt wenig Hilfe. Brandt war im Herzen bei der Friedensbewegung, wenn er auch zu loyal und verantwortungsbewußt war, um dem Bundeskanzler in den Rücken zu fallen. Herbert Wehner, der Fraktionsvorsitzende der SPD im Bundestag, versprach sich mehr von einer vertrauenschaffenden Weiterentwicklung der Ostpolitik als von einem Rüstungswettlauf zwischen Nato und Warschauer Pakt und sorgte nur knurrig im Parlament für die Disziplin, die der Kanzler brauchte. Es wäre für Schmidt besser gewesen, wenn die drei sozialdemokratischen Spitzenleute, die Troika, wie sie genannt wurden, vertrauensvoll zusammengearbeitet hätten. Doch zwischen Brandt und Wehner gab es seit Brandts Sturz keine Vertrauensbasis mehr, zwischen Schmidt und Wehner hatte es nie ein herzliches Einvernehmen gegeben, und zwischen Schmidt und Brandt stand die Tatsache, daß die Politik des Kanzlers die Partei der Gefahr der Spaltung aussetzte.

Seit 1979 hatte eine neue Partei, die Grünen, stetigen Zulauf gehabt. Bei der Bundestagswahl 1980 erreichten sie zwar nur 1,5 Prozent, doch bei der nordrhein-westfälischen Landtagswahl im selben Jahr waren sie schon auf 3 Prozent der Stimmen gekommen, in Baden-Württemberg hatten sie 5,3 Prozent erreicht, und in Berlin sollten sie im Mai 1981 mit ihrem Anteil von 7,2 Prozent der Wählerstimmen dazu beitragen, daß die SPD unter 40 Prozent fiel und damit für die Regierungsbildung ausschied. Die CDU kam in der geteilten Stadt auf 48 Prozent, und ihr Spitzenkandidat Richard von Weizsäcker bildete erst einen Minderheitssenat, bevor sich die FDP nach einer Schamfrist zu einer Koalition mit der CDU bequemte. Die Grünen waren ein Faktor geworden.

Am 5. Februar 1982 stellte Schmidt im Bundestag die Vertrauensfrage nach Artikel 68 des Grundgesetzes. Wehner hatte gut vorgearbeitet, indem er wenige Tage zuvor eine Rücktrittsdrohung des Bundeskanzlers an die Öffentlichkeit gebracht hatte. Bei der Vertrauensfrage ging es zunächst um ein Beschäftigungsprogramm, das die Bundesregierung verabschieden wollte. Doch mit der Abstimmung im Plenum wollte der Kanzler auch von der eigenen Fraktion bestätigt bekommen, daß seine Politik, also auch die Nachrüstung, eine solide parlamentarische Grundlage habe. Manche in der SPD empfanden das als Erpressung. Vor der entscheidenden Fraktionssitzung befragte ein Fernsehreporter des Ersten Programms den niedersächsischen SPD-Abgeordneten Gerhard Schröder, wie ihm zumute sei.

»Was die Vertrauensfrage angeht«, antwortete Schröder, »hat der Bundeskanzler mein Vertrauen, weil die Alternative dazu der Gimpel Kohl ist. Und den kann keiner wollen. Und weil das so ist, werde ich natürlich bei der Vertrauensfrage mit Ja stimmen. Ich gebe aber zu, daß es eine verdammt beschissene Situation ist, in einer solchen Situation sich zu befinden.«

Der SPD-Politiker Peter Glotz notiert in sein Tagebuch: »Schmidt setzt sich durch; die Bundesregierung beschließt ein ›Gemeinschaftsprogramm für Arbeitsplätze, Wachstum und Stabilität‹ in Höhe von etwa 12 Milliarden. Der gute, ökonomisch durchdachte Plan Matthöfers vom Tisch; das war allerdings nicht nur die FDP, sondern das waren wir selber auch. Schmidt stellt die Vertrauensfrage, bekommt eine klare Mehrheit. Eine kleine Atempause.« (*Kampagne in Deutschland*)

Das Wort von der »Wende« stammt von dem FDP-Vorsitzenden Hans Dietrich Genscher. Am 20. August 1981 hatte er einen Brief geschrieben, in dem es hieß: »Eine Wende ist erforderlich.« Der Liberale meinte, daß aus finanzpolitischen Gründen Einschnitte bei den Leistungsgesetzen vorgenommen werden müßten. Das war ein Brief an die Mandats- und Funktionsträger in der FDP gewesen, also ein parteiinternes Schreiben. In der Geschichte des Regierungswechsels von 1982 gilt er als der erste »Wendebrief«. Am 5. August ließ Genscher einen zweiten folgen. Er proklamierte darin die Notwendigkeit einer »strukturellen Konsolidierung der öffentlichen

Haushalte«, zu der weitere »sozial ausgewogene Schritte« erforderlich seien. Vom 9. September schließlich datiert ein 34 Seiten umfassendes Memorandum des Grafen Otto von Lambsdorff, des Wirtschaftsministers der sozial-liberalen Koalition, ein Konzept zur Überwindung der Wachstumsschwäche und zur Bekämpfung der Arbeits-losigkeit. Lambsdorff hatte immer betont, daß er lieber mit Schmidt diskutiere, als mit Blüm zu streiten. Doch diesen Text hält der SPD-Kanzler für eine »unglaubliche Provokation«.

In dem berühmten Lambsdorff-Papier heißt es am Schluß: »Wir stehen vor einer wichtigen Wegkreuzung.« Das mochte Schmidt auch so empfinden. Aber der Graf schien es darauf angelegt zu haben, dem Kanzler seine politische Heimat noch gründlicher zu vermiesen, als es die dort Ansässigen schon besorgt hatten. »Wer eine sol-che Politik«, wie der liberale Minister sie soeben skiz-ziert hatte, »als ›soziale Demontage‹ oder gar als ›un-sozial‹ diffamiert, verkennt, daß sie in Wirklichkeit der Gesundung und Erneuerung des wirtschaftlichen Fun-daments für unser Sozialsystem dient. ›Sozial unausge-wogen‹ wäre dagegen eine Politik, die eine weitere Zu-nahme der Arbeitslosigkeit und eine Finanzierungskrise der sozialen Sicherungssysteme zuläßt, nur weil sie nicht den Mut aufbringt, die öffentlichen Finanzen nachhaltig zu ordnen und der Wirtschaft eine neue Perspektive für unternehmerischen Erfolg und damit für mehr Arbeits-plätze zu geben. Die Konsequenzen eines Festklam-merns an heute nicht mehr finanzierbare Leistungen des Staates bedeutet nur die weitere Verschärfung der Wachs-tums- und Beschäftigungsprobleme sowie eine Eskala-tion in den Umverteilungsstaat, der Leistung und Eigenvorsorge zunehmend bestraft und das Anspruchsdenken weiter fördert – und an dessen Ende die Krise des politischen Systems steht.«

Schmidt ist empört. Er will Lambsdorff, dessen Sachverstand er sonst schätzt, sofort aus dem Kabinett entlassen. Auch Brandt und Wehner sind dafür. Die FDP gibt sich zurückhaltend. Strauß gerät fast aus der Contenance vor Seligkeit und Sarkasmus zugleich. »Man glaubt zu träumen«, schreibt er im *Bayernkurier*, dem Parteiblatt der CSU: »War denn der FDP-Mann Lambsdorff – was freilich auch für seinen Vorgänger, den FDP-Mann Friderichs gilt – dreizehn Jahre lang in einem Schweigelager in Sibirien verschwunden? Steckte Lambsdorff dreizehn Jahre lang in einer Taucherglocke in der Südsee? War Lambsdorff dreizehn Jahre lang im indischen Dschungel verschwunden?« Doch Strauß, der seine CSU kennt und weiß, was er der Volkspartei mit starkem – während der dreizehn Jahre der sozialliberalen Koalition stärker gewordenen – Arbeitnehmeranteil schuldet, hütet sich, dem Grafen vorbehaltlos zuzustimmen. In seiner bildhaften Sprache, die bei ihm immer auch dazu dient, eine Stellungnahme so zu formulieren, daß man im Zweifelsfall sagen kann, so sei das nicht gemeint gewesen, er sei mißverstanden worden, karikiert er Lambsdorff als einen »Arzt, der seinen Patienten erst infiziert und ins Siechbett bringt, um ihn dann mit um so brutalerer Medizin heilen zu wollen«.

Kohl, obwohl maßvoller in seiner Sprache, ist da doch klarer in seinem Urteil über die Empfehlungen des sozialliberalen Wirtschaftsministers. »Da ist Vernünftiges und weniger Vernünftiges und ganz und gar Unvernünftiges miteinander vermischt«, sagt er vor der Fraktion.

Auch der CDU-Vorsitzende vergißt vor dem Saulus-Paulus-Wunder nicht, daß er eine große Volkspartei führt. Man werde, verspricht er der Partei seines Freundes Genscher, die Vorschläge sorgfältig prüfen. Und für die sehr unterschiedlichen Ohren in seiner eigenen Partei fügt er hinzu: »Sie enthalten eine Reihe interessanter und begrüßenswerter Elemente, die von der Union seit langem gefordert werden, aber auch Forderungen, die wir ablehnen, weil sie sozial nicht ausgewogen sind.« Da Kohl in dieser Situation, wo er mit baldigen Koalitionsgesprächen mit den Liberalen, darunter Graf Lambsdorff, rechnen muß, jeden Streit vermeiden will, aus dem Positionen erwachsen könnten, die hernach hinderlich sind, bittet er die Fraktion, das Papier jetzt nicht zu diskutieren.

Helmut Schmidt fragt in der nächsten Kabinettssitzung seinen Wirtschaftsminister, ob die 34 Seiten seiner Thesen als Scheidebrief zu verstehen seien. Davon will Lambsdorff nichts wissen. Der Bundeskanzler sieht von einer Entlassung ab, weil er besorgt ist, ein solcher Akt werde die Popularität des schlagfertigen Wirtschaftsliberalen steigern. Bundeskanzler Schmidt will die Koalition beenden. Er strebt jetzt Neuwahlen an. Doch es ist unklar, was er sich davon verspricht. Kohl plädiert seit längerem schon für Neuwahlen. Er weiß, daß ihre Ansetzung das Ende der sozialliberalen Koalition bedeutet, ohne Aussicht auf eine Erneuerung. Alles weitere kann er abwarten.

Strauß will unbedingt Neuwahlen. Er erhofft sich von ihnen das Verschwinden der FDP aus dem Bundestag. Daraus spricht nicht nur sein Revanchebedürfnis, sondern mehr noch ein ganz sachliches Interesse. Die CDU möchte, sollte sie an die Regierung kommen, die Entspannungspolitik der sozialliberalen Koalition leicht modifiziert fortsetzen, die CSU möchte das nicht. Gibt es keine Liberalen mehr als dritte Kraft im Parlament, steigt der Einfluß der CSU auf die politische Richtung der Union. Außerdem und zuallererst gäbe es dann keinen Grund mehr, warum Strauß nicht Außenminister werden sollte. Kohl weiß zu diesem Zeitpunkt schon, daß er von dieser Variante lediglich eine vorübergehende Irritation im Ausland und ein wenig, wenn auch heftiges Geschrei im Inland zu befürchten hätte, keinesfalls aber die brachiale Politik, wie sie aus den Worten etlicher CSU-Politiker, allen voran Strauß, immer wieder als Zukunftsprogramm proklamiert zu werden scheint. Kohl hat während des Bundestagswahlkampfs 1980 ausreichend Gelegenheit gehabt zu erkennen, daß der CSU-Vorsitzende ein ängstlicher Mensch ist, für den das mal intellektuell hochgestochene, mal unüberlegt derbe Bramarbasieren eine nützliche Begabung ist, mit der er verbergen kann, wie risikoscheu er als Politiker ist. Im übrigen ist Kohl auch nicht gesonnen, den Lauf der Dinge bis zu den angestrebten Neuwahlen dem Zufall zu überlassen. Er hat das Terrain bereitet, er hat seine Mitstreiter in Stellung gebracht. Er weiß, daß die FDP mit ihrem Anlauf zum Sprung jetzt schon so weit gekommen ist, daß sie die Aktion nicht mehr abbrechen kann. Was Strauß in München sagt, kann lästig werden, kann aber auch nützlich sein, wenn man in Bonn den richtigen Gebrauch davon macht.

Was Schmidt sich von Neuwahlen versprach, ist unklar. Von dem Ausscheiden der FDP aus dem Bundestag, wenn er sie im Wahlkampf als Verräter seiner Kanzler-

schaft hinstellte, konnte er sich nichts Gutes versprechen. Daß in der FDP im Zuge der Wahlvorbereitungen
in wenigen Wochen die linksliberalen Anhänger der Koalition mit der SPD Politiker wie Genscher oder Lambsdorff entmachten würden, um mit einer neuen FDP das
alte Bündnis wieder aufzunehmen, konnte er im Ernst
nicht hoffen. Daß er mit der SPD die absolute Mehrheit
holen könnte, ebensowenig. Mit den von ihm als Kanzler erstrittenen Wahlergebnissen konnte er weder der Partei noch sich selbst Mut machen. Auch würde eine nach
Neuwahlen sich im Bundestag zusammenfindende SPD-
Fraktion seine Politik kaum konfliktfreier unterstützen,
als es die bisherige getan hatte. Nur eines konnte
Schmidt mit jedem erdenklichen Ergebnis von Neuwahlen ganz gewiß erreichen: Sollte er, was extrem unwahrscheinlich war, mit der SPD die absolute Mehrheit errin-
gen, hätte er ein solches Prestige in Partei und Fraktion
gewonnen, daß er die Nachrüstung, sein wichtigstes Projekt, als eines der bedeutenden Staatsmänner der westlichen Welt ohne neue Schwierigkeiten politisch durchsetzen könnte. Sollte die Union allein oder mit der FDP
gewinnen, würde die neue Regierung mit eindeutiger
Legitimation die Nachrüstung fortsetzen. So oder so,
klare Verhältnisse konnten das zum Erfolg bringen, woran ihm aus tiefem Verantwortungsgefühl am meisten lag:
die Nachrüstung.

Vielleicht hat ihn der Erfolg Kohls tatsächlich vor einer schlimmen Überraschung bewahrt. Auf dem Kölner
Parteitag der SPD im November 1983 lehnten die Delegierten die Stationierung neuer Mittelstreckenraketen
auf deutschem Boden ab. Es gab nur noch 14 Stimmen
für die Nachrüstung. Schmidt verließ enttäuscht den Ver-

sammlungssaal. Aber auf die SPD kam es da, was die Nachrüstung anging, schon nicht mehr an.

Die politische Auseinandersetzung um die Nachrüstung war unterdessen außerhalb des Parlaments mit solcher Heftigkeit ausgebrochen, daß ihre Befürworter froh sein konnten, daß Bundeskanzler Kohl sich nach seiner ersten Wahl auf dem Wege eines konstruktiven Mißtrauensvotums die Gelegenheit verschafft hatte, nach Neuwahlen zum Bundestag von diesem ein zweites Mal gewählt zu werden, und jetzt auf der Grundlage eines eindeutigen Votums der großen Mehrheit der wählenden Bevölkerung. Es war zum Schluß doch noch ein recht riskanter Weg bis dahin gewesen.

Er hatte sehr unspektakulär begonnen. Während Sozialdemokraten und Freie Demokraten noch Tricks und Schliche versuchten, um jeweils ihre Version vom Ende der sozialliberalen Koalition plausibel zu machen, traf Kohl die Vorbereitungen zum konstruktiven Mißtrauensvotum. Laut CDU-Generalsekretär Geißler fiel am 19. September 1982 die Entscheidung, am 1. Oktober den Bundestag mit einer Abstimmung nach Artikel 67 Grundgesetz zu beschäftigen. Der FDP hatte Kohl garantiert, ihr eine Chance für das parlamentarische Überleben zu geben. Das hieß, es sollten zwar Neuwahlen stattfinden – und auch bald –, aber erst dann, wenn die Liberalen hoffen konnten, daß ihr der Koalitionswechsel nicht mehr von allzu vielen der für sie erreichbaren Wähler nachgetragen wurde. Das sollte das Herbeiführen von Neuwahlen schwierig machen, schien Kohl aber dennoch der bessere Zug in dieser Situation zu sein. Er war jetzt stark genug, kurzfristig höhere Risiken in Kauf zu nehmen, wenn davon langfristig ein größerer Vorteil zu erwarten war. Und langfristig, das hatte er aus der Geschichte der Bundesrepublik und der Kanzlerschaft Adenauers gelernt, war eine bürgerliche Parlamentsmehrheit nur mit der FDP zu halten, nicht gegen sie – und ein »ohne sie« konnte rasch Vergangenheit sein.

Mit dem Chef der CSU-Landesgruppe, Friedrich Zimmermann, hatte er sich geeinigt. Auch der spielte dabei ein riskantes Spiel. Strauß in München wollte ein ganz anderes Verfahren. Er wollte, daß Schmidt selber aufgäbe, zurückträte und der Bundespräsident das Parlament auflöse, um Neuwahlen herbeizuführen. Doch Zimmermann, der wohl das Gebot der Stunde in Bonn besser einschätzte und auch von der Entschlossenheit Kohls mehr beeindruckt war als von dem, was er diesbezüglich von seinem heimischen Parteivorsitzenden gewohnt war, sprang mit auf den von Kohl und Genscher unter Dampf gesetzten Zug. Als am 20. September die Führungsgremien der Unionsparteien tagten, beschloß der CDU-Vorstand einstimmig den Versuch einer Kanzlerwahl durch konstruktives Mißtrauensvotum und nominierte dafür als Kandidaten Helmut Kohl. Ebenso wurde beschlossen, daß Neuwahlen zum Deutschen Bundestag stattfinden sollten, aber nicht vor Ende des ersten Quartals 1983.

Der CSU-Vorstand in München war ebenfalls dafür, eine schnelle Entscheidung über den Regierungswechsel durch das konstruktive Mißtrauensvotum herbeizuführen, sprach sich aber zugleich für Neuwahlen noch im November oder Dezember des laufenden Jahres aus. Das hätte zu einer Irritation der Liberalen führen können – und war wohl auch ein wenig so beabsichtigt, mithin: ein letzter Versuch, Kohl ein Bein zu stellen und ihm vielleicht das Schicksal Barzels zu bereiten. Aber die innerparteiliche Mehrheit um Genscher kannte Kohl und Zimmermann gut genug, um zu wissen, daß sie ihren Zusagen trauen konnte. Da würde nichts anbrennen.

Und dazu wurde auch keine Zeit mehr gegeben. Noch am Abend des 20. September wurde bei einem Zusammentreffen der künftigen Koalitionspartner das von der CDU bezeichnete Vorgehen einschließlich des Terminrahmens für Neuwahlen verbindlich gemacht. Das war am Montag gewesen.

Am Sonntag waren in Hessen Landtagswahlen. Als die Stimmen von 3,5 Millionen Wählern ausgezählt worden waren – es hatte eine Wahlbeteiligung von 86,4 Prozent gegeben –, zeigte sich, daß Schmidts Verratskampagne nicht wirkungslos geblieben war. Die hessische CDU und ihr Landesvorsitzender, Alfred Dregger aus Fulda, sahen sich um einen schon sicher geglaubten Sieg gebracht. Zwar wurde die CDU wieder stärkste Partei, aber die FDP verfehlte die Fünf-Prozent-Marke und kam nicht in den Landtag. Das schafften statt ihrer die Grünen mit acht Prozent der Stimmen. Gegen sie und die SPD konnte Dregger keine Regierung bilden, und Ministerpräsident Börner blieb im Amt. Aber erst drei Jahre später, am 12. Dezember 1985, wird der bis dahin dem Bundestag angehörende Josef Fischer als erster Minister der Grünen im hessischen Landtag vereidigt. Dazu erschien er in Turnschuhen, doch das war schon nur noch eine Reminiszenz an heroische Vergangenheit: die Turnschuhe glänzten schneeweiß, waren brandneu und erkennbar sündhaft teuer gewesen. In seinem Tagebuch (*Regieren geht über Studieren*) macht sich Fischer Gedanken über die Frage, warum die von der CDU die

Grünen »hassen«. Er meint: »Wir Grünen haben ihr, gemeinsam, jawohl, mit Helmut Schmidt, die Regierungsmacht wieder aus der Hand geschlagen, die sie bereits fest und sicher dort verwahrt glaubte.«

Das war wohl so. Friedrich Zimmermann schildert in seinen Memoiren (*Kabinettstücke*), wie das Ergebnis der Hessenwahlen in München die Gemüter bewegte: »An diesem Abend saß ich mit Strauß, Stoiber und Tandler in der Münchner CSU-Zentrale vor dem Fernsehschirm. Als Dreggers Unglück sich abzeichnete, tauchte die unvermeidliche Frage auf: Hab ich's nicht gleich gesagt? Und, davon ausgehend: War ich nicht immer gegen den Wahltermin des 6. März 1983? Da seht ihr, was dabei herauskommt.« Und dann vermeldet der nachmalige Innenminister der Regierung Kohl/Genscher, der auf den Hinweis, Strauß selber habe ja dem Termin zugestimmt, erfolgende Vulkanausbruch sei furchtbarer gewesen, als der von Krakatau in der Sundastraße 99 Jahre zuvor.

Am 1. Oktober wurde Kohl mit den Stimmen von 256 Bundestagsabgeordneten zum Kanzler gewählt. Bei der gemeinsamen Probeabstimmung der Fraktionen der neuen Koalition hatte es 18 Gegenstimmen gegeben. Im Plenum des Bundestages waren es 235 Gegenstimmen, bei 4 Enthaltungen, was bedeuten konnte, daß da 23 Abgeordnete aus der Koalition seine Kanzlerschaft oder die Koalition nicht wollten.

Die Operation »Wende« war gelungen. Der eine Patient war quicklebendig, der andere halbtot. Kohl nahm versonnen und versponnen in seinem Glück, aber ernst wie ein belobigter Schüler auf der Regierungsbank an der Ecke zum Rednerpult Platz: hier hatte einst Konrad Adenauer gesessen. Genscher stand vor stürmischen Kämpfen in seiner Partei, und es war keineswegs ausgemacht, daß er sie überstehen würde. CSU-Politiker ließen keine Gelegenheit aus, die Liberalen ihre Verachtung spüren zu lassen. Sie suchten der FDP zu schaden, wo sie konnten. Genscher verließ sich auf die Stärke Kohls.

Kohl half der FDP nicht selbstlos und gewiß nicht aus einem Gefühl ausgeprägter politischer Zuneigung. Aber er strebte eine langfristige Kanzlerschaft an und kalkulierte genauer als Strauß. Der CSU-Vorsitzende hatte eine Regierung der Union allein und ausgestattet mit einer vom Volk willig gewährten absoluten Mehrheit im Parlament angestrebt, um, wie er sich ausdrückte, »bis zum Ende des Jahrhunderts aufzuräumen« in Deutschland. Das war seine Art, in historischen Dimensionen zu denken. Der Historiker Kohl analysierte die Gegebenheiten sorgfältiger. Adenauers Formel für die Regierung hatte gelautet: Union plus FDP gleich Mehrheit. Die absolute Mehrheit für die eigene Partei und die CSU war sogar ihm schlecht bekommen. Also, schloß Kohl seine Rechnung ab, mit einer absoluten Mehrheit der Unionsparteien und einer christlich-konservativen Alleinregierung würde seine Kanzlerschaft nicht einmal das Ende des Jahrzehnts, der achtziger Jahre, erreichen. Wenn das Ziel bis zum Ende des Jahrhunderts schon angesprochen war – und wenigstens das war ihm aus dem Herzen gesprochen –, dann war es nur mit den Liberalen zu erreichen, für die er bei Bedarf zu sorgen haben würde.

Dem, was in Hessen geschehen war, schenkte er wenig Beachtung. Das konnte seine Pläne in den kommenden Wochen und Monaten nicht stören. Das würde, war er überzeugt, seine Pläne überhaupt nie stören können. Es würde die parteipolitische Arithmetik, die seit Adenauer die Verhältnisse in deutschen Landtagen und im Bundestag bestimmt hatte, nicht verändern. Wer anderes behauptete und damit die Grundformel seines parlamentarischen Machtkalküls angriff, dachte er, konnte dafür keinen anderen Grund haben als den, ihm zu schaden. Darum verfolgte er hernach jeden mit persönlichem Ingrimm und über lange Zeit, der es wagte, laut über ein mögliches Zusammengehen mit den Grünen – anstatt mit der FDP – zu spekulieren.

Aber das war Ärger, der jetzt noch weit vor ihm lag, durchaus unsichtbar. Noch hatten sich ja auch in Hessen die Sozialdemokraten nicht bequemt, die Grünen für koalitionsreif zu erachten, noch lange nicht. Und als es geschah, verloren die Sozialdemokraten dramatisch, und seither immer wieder. Wenn er von den Grünen nichts hielt, konnte ihn die Geschichte rot-grüner Bündnisse keines Besseren belehren. Was ihm dabei allerdings aus dem Blick geriet, war das Schicksal der FDP bei dieser Konstellation. Doch jetzt, im Herbst 1982, hatten die Liberalen andere, ungleich drängendere Sorgen. Und für die hatte Kohl dem FDP-Vorsitzenden Hilfe versprochen. Er gedachte sein Versprechen zu halten.

»Neuwahlen«, hatte Helmut Schmidt noch als Bundeskanzler vor drei Wochen hier im Bundestag zu ihm gesagt, müsse er erzwingen, um der »geschichtlichen Legitimität« willen, die nur der Wähler geben konnte. Darum zunächst mußte es jetzt gehen. Schmidt hatte Kohl ein Tor aufgeschlossen, durch das er ohne die Bereitschaft der SPD mitzugehen kaum heil hindurchgekommen wäre. Zumindest nicht so, wie er es sich vorgestellt hatte – sofern er sich dazu etwas vorgestellt hatte.

10. Kohl läßt sich wählen

Am 19. August 1619 setzte der Prager Generallandtag Ferdinand von Habsburg als König von Böhmen ab. Acht Tage später wählten die Stände des Landes Kurfürst Friedrich V. von der Pfalz zum neuen König von Böhmen. Am 31. Oktober zog der frischgekürte Herrscher in Prag ein. Aber nur ein Jahr später mußte der Pfälzer nach der verlorenen Schlacht am Weißen Berge aus der Stadt fliehen. Die Geschichtsschreibung bewahrt sein Andenken mit dem spöttischen Beinamen »der Winterkönig«.

Als das Jahr 1982 zu Ende ging, befürchteten einige in der CDU und in dem ihr wohlgesonnenen Teil der Öffentlichkeit, Helmut Kohl werde als der Winterkanzler in die Geschichte der Bundesrepublik eingehen. Kluge Kommentatoren klagten, die von Kohl geführte Regierung sei die einzige, die sich anschicke, verabredungsgemäß ihren eigenen Untergang in knapper Frist zu organisieren. Gemeint waren die auf den 6. März 1983 angesetzten Bundestagswahlen. Für einen solchen Untergang schienen zwei Szenarien vorstellbar zu sein. In dem einen Szenario konnte Kohl mit seinem Plan scheitern, die Neuwahlen herbeizuführen – dann hätte er zurücktreten müssen, und es wäre zweifelhaft gewesen, ob es für ihn eine Wiederkehr gegeben hätte. Nach dem anderen kam es zu den Wahlen am 6. März – aber es wurde für möglich gehalten, daß Kohl dabei seine Mehrheit verlor. Die FDP hätte – auch ein halbes Jahr noch nach dem Koalitionsbruch zum Schaden der Sozialdemokraten – an der Fünf-Prozent-Hürde scheitern können, wie es in Hessen geschehen war und wie es ihr in Bayern im Oktober noch und in Hamburg im Dezember wieder geschah. Zwar war sie in Hamburg auch schon bei der Wahl am 6. Juni 1982 nicht in die Bürgerschaft gekommen, aber nur ein halbes Jahr später, am 19. Dezember, hatte sich ihr Stimmenanteil im Vergleich dazu fast halbiert.

Keine guten Aussichten für den kleinen Koalitionspartner in Bonn. Dem konnte freilich in Bonn auch nicht alles leicht gemacht werden. Und schwer mußte es den Liberalen fallen, den Verlust des Innenministeriums hinzunehmen, eines klassischen Ressorts zur Demonstration liberaler Politik, das sie gegenüber der SPD in dreizehn Jahren immer zu behaupten gewußt hatten. Sie hielten zwar das Auswärtige Amt, was wiederum der CDU, besserer Zeiten eingedenk, nicht leicht wurde, aber das war kaum ein ausreichender Trost, denn Innenminister wurde nun ein höchst effizienter Mann ausgerechnet aus der CSU, deren Vorsitzender lauthals das »Aufräumen bis zum Ende dieses Jahrhunderts« angekündigt hatte. Dieser Mann war Friedrich Zimmermann.

Helmut Kohl hatte ihn eigentlich als Verteidigungsminister auf dem Zettel gehabt. Aber Strauß wollte für die CSU das renommierte Innenressort. Kohl gab nach. Und er tat noch ein weiteres, er beauftragte den Innenminister mit der Prüfung aller rechtlichen Fragen, die mit der Herbeiführung von Neuwahlen zusammenhingen. Das wäre eigentlich die Aufgabe des Justizministers gewesen, aber das Justizministerium war an die FDP gegangen, und der neue Justizminister Hans Engelhardt stand nicht in dem Ruf, ein schneller, scharf zupackender Administrator zu sein. Kohl indes wußte – oder ahnte doch –, daß die Frage der Prozedur zur Herbeiführung von Neuwahlen die wichtigste und zugleich kniffligste in den ersten Monaten seiner Amtszeit sein werde. Da durfte nichts dem gewohnten Geschäftsablauf überlassen werden, schon gar nicht in einem Ministerium, das, wie das Justizministerium, schon seit sechzehn Jahren – seit Beginn der großen Koalition 1966 – in sozialdemokratischen Händen gewesen war und jetzt der Obhut eines Liberalen anvertraut war. Von Zimmermann, der sich als Chef der CSU-Landesgruppe in Bonn soeben erst zugunsten der Pläne Kohls gegenüber anderen Plänen von Strauß und der CSU-Spitze in München durchgesetzt hatte, konnte Kohl erwarten, daß er Ministerium und Sonderaufgabe in kürzester Zeit bewältigt haben würde. Er hatte sich nicht getäuscht.

Ob er sich hinsichtlich des Schwierigkeitsgrades der dem Innenminister übertragenen Aufgabe getäuscht hatte, ob er davon überhaupt eine angemessene Vorstellung besaß, ob er wußte, wie hoch er hier mit dem Staatsschiff am Wind segelte, ist eine offene Frage. Sie muß vielleicht schon deshalb unbeantwortet bleiben, weil es wahrscheinlich ist, daß Kohl sich gar nicht für sie interessierte. So weit war sein Studium bei dem überragenden Staatsrechtler Ernst Forsthoff denn doch nicht gegangen, daß er von dort sich eine Vorliebe für subtile Erörterung von Rechtsfragen in der Politik bewahrt hätte. Immerhin könnte er bei seinem guten Gedächtnis und mit der Treue, die ihm bei jenen eigen war, die einmal mit für ihn günstigem Ergebnis seinen Weg gekreuzt haben, die in der 1968 erschienenen Festschrift für Carl Schmitt von Forsthoff formulierten Einsichten behalten haben: »Die Überwindung des Positivismus hat – bis an unsere Tage heran – nie bedeutet, die Verbindlichkeit einer Norm zu bestreiten noch eine Norm dadurch variabel zu machen, daß man sie mit normtranszendenten Variablen anreichert. Nur eine Auslegungsmethode, der die disziplinierende Ausstrahlung der Staatlichkeit fehlt, kommt in die Lage, mit der Verfassung so zu verfahren. Das Ergebnis ist eine flexible Verfassung, die in Wahrheit keine Verfassung ist.«

Mit Blick auf Kohl könnte da Forsthoff zu optimistisch gewesen sein. Mit Blick auf Forsthoff war Kohl Realist. Die Zweifel an der Gangbarkeit des Weges über den Artikel 68 des Grundgesetzes zur Auflösung des Bundestages hatte ihren Grund in einer qualifizierenden Interpretation des Wortes Vertrauen. War es nicht Manipulation, wenn ein Bundeskanzler, dem das Parlament vor wenigen Wochen mehrheitlich Vertrauen bewiesen hatte, indem es ihn in sein Amt wählte, nun in einer von ihm gewünschten Abstimmung die Bestätigung des Vertrauens versagte, weil die von ihm gewollten Neuwahlen – zur Stärkung seiner Macht oder Legitimität – anders nicht zu erreichen waren?

Das Wort Vertrauen im Grundgesetztext bezeichnet eine innere Haltung des einzelnen Abgeordneten, dem eine äußere Haltung, sichtbar im Abstimmungsverhalten, entsprechen soll. Bei dem grundgesetzlich garantierten Recht auf Kriegsdienstverweigerung ist man dahin gekommen, auf eine Überprüfung der Glaubhaftigkeit einer Berufung auf das Gewissen zu verzichten: wer Gewissen sagt, begibt sich mit Folgen für den Anspruch der

Institution der Wehrpflicht in eine Black box, seine Haltung, seine Geschichte, seine Motive sind unsichtbar. Und das ist richtig so, weil anders mit dem Begriff Gewissen ein mit Sicherheit häßliches Theater um ein zunächst ja nur vermutbares Täuschungsmanöver aufgeführt werden müßte. Wenn einer oder viele oder alle Abgeordneten einer Fraktion heute Vertrauen zu einem Politiker bekunden und es ihm absprachegemäß einige Wochen später versagen, so liegt hier die Vermutung nahe, daß mit dem Wort Schindluder getrieben wird und das, was gemeinhin Vertrauen heißt, in der zweiten Abstimmung gar nicht berührt wird. Pragmatisch kann man sagen, was ein Abgeordneter unter Vertrauen versteht, geht niemanden etwas an – es geht ja auch niemanden etwas an, was ein Kriegsdienstverweigerer unter Gewissen versteht. Doch so unqualifiziert wollte kaum jemand das Wort Vertrauen im Grundgesetz verstanden und gebraucht wissen.

Das bedeutete aber, man mußte, ausgehend von der Lage der Bundesrepublik und mit Berücksichtigung der besonderen Situation der Abgeordneten, erklären, warum das Vertrauen der Regierungsmehrheit zu ihrem Kanzler solche Instabilität aufwies und das entsprechende Abstimmungsverhalten zu respektieren war. Auch mußte bedacht werden, welche Auswirkung diese Praxis, zur Auflösung des Bundestages zu gelangen, für das Parlament haben würde.

Die Entscheidung über die Neuwahlen lag beim Bundespräsidenten. Dieses Mal aber nicht nur, was die vom Grundgesetz vorgeschriebene Abfolge mit der Auflösung des Bundestages nach gescheiterter Vertrauensabstimmung anging, sondern schon insofern, als keineswegs sicher war, ob überhaupt der Bundespräsident den Weg über Artikel 68, den die Union zu beschreiten gedachte, als gangbar anerkennen würde.

Der Bundespräsident war Karl Carstens. Er hatte sich zwar nach seiner imponierenden Beamtenkarriere im Bundestag als energischer Wortführer der CDU/CSU-Fraktion bewährt, und man konnte ihm zutrauen, die Pläne Kohls, wenn er sie für richtig und rechtens hieß, nach Kräften zu unterstützen, soweit das in den Wirkungsmöglichkeiten des Bundespräsidenten lag. Nur: eben da mochte das Problem liegen. Was Kohl wollte, konnte richtig, aber mußte damit noch nicht rechtens sein. Carstens hatte auch als Professor in Köln Staatsrecht gelehrt. Die Entscheidung, die er zu treffen hatte, mußte nicht nur politisch – was die Rolle des Bundespräsidenten betraf – korrekt sein, sie mußte auch juristisch – da er sich als Gelehrter herausgefordert fühlen durfte – unanfechtbar sein.

Die Tatsache, daß Carstens zur CDU gehörte, die Parteimitgliedschaft – die im übrigen während seiner Amtszeit als Bundespräsident ruhte – für ihn aber keine Rolle spielte, wenn er eine sachliche, dazu noch juristische Frage zu entscheiden hatte, war für Kohl und seine Mitstreiter jedoch auch von Nutzen. Obwohl die SPD Neuwahlen selbst früh und laut gefordert hatte und jetzt gleichsam mit im Boot saß, aus dem sie nun auf hoher See nicht hinausspringen konnte, ohne unterzugehen, obwohl die Neuwahlen auch von der FDP, die dabei das größte Risiko trug, gewollt wurden, obwohl also alle Parteien im Bundestag die Auflösung des Parlaments, die freilich das Grundgesetz auf direktem Wege nicht vorsieht, anstrebten, war zu erwarten, daß einige Abgeordnete von ihrem Recht Gebrauch machen würden, das Bundesverfassungsgericht anzurufen. Wenn durch ein unzulässiges Verfahren die Legislaturperiode, für die sie gewählt worden waren, verkürzt wurde, so mochten sie darin eine Beeinträchtigung ihrer Rechte sehen und dagegen klagen. Wenn indes ein Mann wie Carstens zuvor das Verfahren für hinnehmbar erkannt und ihm zugestimmt, ja, sich bereit gefunden hatte, seinen Part in der Inszenierung der indirekten Parlamentsauflösung durch die – wie dieses Mal: fast hundertprozentige – Mehrheit des Deutschen Bundestages mitzuspielen, dann war die Sache wenigstens so astrein, daß man einem Gang nach Karlsruhe etwas ruhiger entgegensehen durfte.

Carstens entschied, daß Kohl über das Stellen der Vertrauensfrage und ihre Ablehnung in einem Parlament, in dem er über eine sichere und komfortable Mehrheit verfügte, Neuwahlen ansteuern dürfe; er werde den Bundestag auflösen, wie es der Artikel 68 des Grundgesetzes beschrieb. Carstens hat später aber auch diese Entscheidung als die schwerste seiner Amtszeit bezeichnet.

Am 7. Januar 1983 löste er den Deutschen Bundestag auf. Am Abend desselben Tages sagte er in einer Fernsehansprache: »Ich stehe vor einer Situation, in der alle im Bundestag vertretenen Parteien – wenn auch aus unterschiedlichen Gründen – Neuwahlen für nötig halten.« Diese – zutreffende – Darstellung des Sachverhalts hätte allein noch keinen Grund abgeben können dafür, dem vom Grundgesetz nicht vorgesehenen Selbstauflösungsbegehren des Parlaments zu entsprechen. Was den Ausschlag gegeben haben mochte, sagte der Bundespräsident wenig später: »Mehrfach ist gesagt worden, der Bundeskanzler hätte zurücktreten und dadurch den Weg für

Neuwahlen freimachen können. Dies jedoch wäre ein komplizierter Weg gewesen.« Kompliziert insofern, als er mehrere Wahlgänge erforderlich gemacht hätte.

Ist das Staatsoberhaupt dazu da, die Dinge, die, um das mindeste zu sagen, hinter dem Rücken des Grundgesetzes geschehen, gegebenenfalls einfacher zu machen? Was Carstens den Fernsehzuschauern vortrug, war verklausuliert das Eingeständnis, daß der Bundespräsident – Verfassung hin, Verfassung her – den Gang der Dinge, wenn sich genügend Parlamentarier einig waren, ohnehin nicht aufhalten konnte. Nach Artikel 68 brachte eine solide Mehrheit für Kohl sich ins Spiel, um den Kanzler absichtsvoll und hilfreich mit seiner Vertrauensfrage scheitern zu lassen. Aber wenn Kohl zurückgetreten wäre, hätte sich Kohls Mehrheit im Parlament auch weigern können, die für die Prozedur nach Artikel 63 erforderlichen Mehrheiten zur Wahl eines Kanzlers beizubringen. Und schließlich konnte auch die SPD, die eindeutig genug nach Neuwahlen gerufen hatte, schlecht einen der ihren mit einfacher Mehrheit zum Kanzler wählen und ihn dem Bundespräsidenten präsentieren.

Das alles heißt, das Staatsoberhaupt wollte sagen: ich renne hier mit meinen verfassungsmäßigen Rechten doch vergeblich gegen die Macht des Faktischen an, wie sie durch den Willen der fast hundertprozentigen Mehrheit im Parlament verkörpert wird. Wenn bei den dortigen Mehrheitsverhältnissen die Verweigerung des Vertrauens für den Kanzler Manipulation bedeutet, dann würde auch die Weigerung, mit vorhandener konservativ-liberaler Mehrheit nach einem Rücktritt Kohls einen anderen zu wählen, Manipulation bedeuten. Und ebenso gälte dies für eine Weigerung der durch die SPD zu be-

sorgenden einfachen Mehrheit, einen Kanzler zu wählen, den der Bundespräsident dann ernennen könnte.
Und den dann die absolute Mehrheit von Kohls Leuten
sofort wieder mit dem konstruktiven Mißtrauensvotum
stürzen könnte. An dem entschiedenen Willen des Parlaments, mit seinen Instrumenten rein pragmatisch und
nicht dem Sinn ihrer Einrichtung nach zu verfahren,
scheitern die verfassungsmäßigen Möglichkeiten des
Staatsoberhaupts. Das war die Botschaft von Carstens.

Man kann einwenden, er hätte so nicht entscheiden
müssen. Er hätte auf die Unberechenbarkeit in den
menschlichen Verhältnissen setzen können, die auch in
kürzeren Fristen – in denen, die das Grundgesetz für
diese Prozeduren vorsieht – überraschende Veränderungen zeitigen. Wenn Carstens nein gesagt hätte, wäre Kohl
gezwungen gewesen, zurückzutreten oder sich für seine
erste Regierungszeit mit der zweiten Hälfte der laufenden Legislaturperiode zufriedenzugeben. Außerdem
hätte seine Regierung bei schwierigen Maßnahmen immer den Vorwurf einstecken müssen, dafür nicht vom
Volk gewählt zu sein. Wenn Kohl zurücktrat, verzichtete
er darauf, den Wahlkampf aus dem Kanzleramt führen
zu können, er stellte damit sichtbar die Gestaltungsmög-
lichkeit zur Disposition, die in seine Hände zu bekommen er zuvor als ein so dringliches Erfordernis der deutschen Politik hingestellt hatte. Kohl hätte sich ein wenig
lächerlich gemacht, was seinem Wahlkampf nicht gut
bekommen wäre.

Wenn Carstens nein gesagt hätte, wäre zu einem Zeitpunkt, da der Konsolidierung des Haushalts im Inneren
und der Nachrüstung in der Außen- und Sicherheitspolitik – beides in der Bevölkerung höchst umstritten –

oberste Priorität gebührte, ein Schauspiel aufgeführt worden, bei dem entweder das Ansehen des Staatsoberhaupts oder die Autorität der Regierung aufs Äußerste strapaziert worden wäre. Kohl hatte alle Verfahrensbeteiligten in eine Lage gebracht, wo sie ohne hohes Risiko für das Gemeinwohl nicht seinen Plänen entgegentreten konnten, so brüchig deren rechtliche Konstruktion auch sein mochte. Es war eine Zwangslage – und Kohl wußte das. Wenn man zur Erledigung einfacher Dinge Juristen herbeiruft, werden sie schwieriger, denn sonst wüßten Juristen nicht, warum sie ihren Beruf erlernt haben. Wenn man zur Behebung einer Zwangslage nicht umhin kommt, Juristen zu beschäftigen, braucht man nur dafür zu sorgen, daß die Juristen von den drohenden Übeln mitbetroffen sind, dann findet sich schon eine Lösung. Nach dieser Weisheit handelte Kohl.

Was nach wie vor gegen die Entscheidung des Bundespräsidenten einzuwenden war, lag in nichts Geringerem als im Geist des Grundgesetzes begründet. Wenn ein Selbstauflösungsrecht des Deutschen Bundestages in der Verfassung nicht vorgesehen war, dann konnte man fragen: warum nicht? Hatten es die Väter des Grundgesetzes vergessen oder hatten sie es nicht gewollt? Die Frage kann beantwortet werden, und die Antwort lautet: sie hatten es nicht gewollt. Vieles von dem, was in die Bestimmungen des Grundgesetzes eingeflossen ist, hat seinen Ursprung in der Erfahrung des Scheiterns der Weimarer Republik. Damals war es leicht, Neuwahlen herbeizuführen. Das hatte zur Folge, daß der Druck im Parlament auf die Parteien, sich so weit zu einigen, daß sie die konstruktive Politik einer handlungsfähigen Regierung ermöglichten, gering war. Das sollte sich nicht wiederholen. Die Fraktion im Deutschen Bundestag sollte sich einigen müssen, der Weg zu Neuwahlen, der sie von dieser Pflicht befreite, sollte schwierig sein.

Dem Geist des Grundgesetzes gehorchend, hätte Carstens also entscheiden müssen: keine Neuwahlen. Und er hätte das so begründen können: Ihr habt in dieser Legislaturperiode bisher Mehrheiten zusammengebracht und Regierungen gebildet – rauft euch zusammen und tut es wieder! Dazu seid ihr gewählt, und alle vier Jahre reicht das Wählen. Mehrheitsverändernde Partei- oder Fraktionswechsel wie 1972 hatte es nicht gegeben. Carstens hatte aus staatspolitischer – nicht parteipolitischer – Verantwortung heraus anders entschieden. Doch damit waren die verfassungsrechtlichen Einwände noch nicht erledigt. Vier Bundestagsabgeordnete erhoben in Karlsruhe beim Bundesverfassungsgericht Klage gegen die Parlamentsauflösung.

Die Klage wurde abgewiesen. Die Richter des Zweiten Senats erkannten mit 6 zu 2 Stimmen die Notlage der konservativ-liberalen Koalition an. Man hatte, so kann man vielleicht vereinfacht deren Darstellung der Notlage in Karlsruhe wiedergeben, genug Vertrauen zu Kohl gehabt, um mit ihm die dem Wohl des Volkes abträgliche Regierungszeit Schmidts zu beenden und einige unaufschiebbare Sofortmaßnahmen durchzuziehen. Aber für das, was unverzichtbar noch vor einer verantwortungsbewußten Regierung liege, brauche man einen Kanzler, der eine stärkere Legitimation habe.

Das Bundesverfassungsgericht erwähnte in seinen Bemerkungen zu seinem Urteil die »politischen Kräfteverhältnisse«, die wohl einmal die Handlungsfähigkeit des Bundeskanzlers »so beeinträchtigen oder lähmen, daß er eine vom stetigen Vertrauen der Mehrheit getragene Politik nicht sinnvoll zu verfolgen vermag«. Und es befand: »Ob eine Lage vorliegt, die eine vom stetigen Vertrauen der Mehrheit getragene Politik nicht mehr sinnvoll ermöglicht, hat der Bundeskanzler zu prüfen, wenn er beabsichtigt, einen Antrag mit dem Ziel zu stellen, darüber die Auflösung des Bundestages anzustreben.«

Das Wort Vertrauen im Grundgesetz wurde zwar inhaltlich ernst genommen, aber so, daß es einer Überprüfung nach der Quantität und Qualität des Vertrauens zugänglich gemacht wurde, nach Vertrauen jetzt oder später, oder: Vertrauen dann – wenn, wobei das Kriterium für die Vertrauenswürdigkeit nicht bei dem liegen mußte, dem man Vertrauen aussprechen oder verweigern wollte. Bildlich gesprochen: Vertrauen für diesen Kapitän? Ja, aber mit diesem Schiff nur bei ruhiger See. Bei stürmischer See nein, solange er kein besseres Schiff hat. Prüfen muß das der Kapitän.

Das Urteil, das mit den Stimmen des späteren Präsidenten des Bundesverfassungsgerichts, Wolfgang Zeidler, damals Vizepräsident und Vorsitzender des Senats, und des ebenfalls späteren Präsidenten dieses Gerichts, Ernst-Gottfried Mahrenholz – beide verdankten der SPD ihre Wahl in den Kreis der Verfassungshüter – gefällt wurde, war gleichwohl so formuliert, daß es nicht als Freibrief für Bundestagsauflösungen in der Zukunft mißverstanden oder mißbraucht werden konnte.

Das interessierte Kohl durchaus nicht. Als er am 17. Dezember 1982 im Deutschen Bundestag die Vertrauensfrage stellte, verschwendete er keinen Gedanken daran, ob er dergleichen wohl noch einmal würde wiederholen müssen oder ob ein anderer in die Lage kommen könne, das zu tun. Er war einer Forderung nachgekommen, die Helmut Schmidt eindringlich an ihn gestellt und die er für richtig erachtet hatte: Neuwahlen. Und er hatte diese Neuwahlen aus einigen Gründen als Bundeskanzler und mit der FDP als leidlich gesichertem Koalitionspartner angehen wollen. Das hatte Priorität gehabt, dafür waren politische Entscheidungen notwendig gewesen, die für sich genommen schon eine ganze Menge Mut erforderten. Den aufzubringen und politisch eine klare Linie vorzugeben, ihr unbeirrt zu folgen, dazu war er da. Die Auseinandersetzungen darüber, ob das alles seine verfassungsrechtliche Ordnung habe, was er tat, weil es ihm sinnvoll und geboten zu sein schien, die konnten andere führen. Hatte nicht Forsthoff von einer »flexiblen Verfassung« geschrieben?

Es liest sich allerdings wie ein Kommentar zu dem allen, was Ernst Forsthoff zehn Jahre, nachdem Kohl bei ihm im Rigorosum gesessen hatte, und fünfzehn Jahre, ehe das Bundesverfassungsgericht über seine Kanzlerschaft urteilte, am Schluß seines Aufsatzes zur Festschrift für Carl Schmitt resümiert hatte: »Die politische Einheit der Bundesrepublik hat ihren alleinigen Grund nicht mehr in der Verfassung und der verfassungsmäßigen Ordnung. Sie kommt vielmehr durch das Zusammenwirken zahlreicher staatlicher und gesellschaftlicher Faktoren zustande, die sich einer systematischen Verfassung entziehen.«

Am 6. März 1983 gewinnt Kohl die Bundestagswahl. Die Unionsparteien erhalten 48,8 Prozent der abgegebenen Stimmen. Die FDP schaffte es, in den Bundestag zu kommen, die Grünen aber auch. Die SPD fiel mit ihrem Ergebnis auf den Stand von 1965 zurück.

Sie werden, hatte Helmut Schmidt ehedem gesagt, als er Kohl aufforderte, Neuwahlen zu erzwingen, »dem Volk vorher sagen müssen, was sie anders machen wollen«. Auch das hatte Kohl getan. Aber bei dem die Öffentlichkeit am tiefsten aufwühlenden Thema wollte er gar nichts anders machen. Die Nachrüstungspolitik setzte er fort, wie er sie von Schmidt übernommen hatte. In der Außenpolitik sorgte Genscher für Kontinuität. Doch das war das Gebiet, auf das Kohl mit seinen wichtigsten Aktivitäten nun zusteuerte, obwohl man hier am wenigsten von ihm erwartet hatte.

11. Kohlwitze

In der Bundesrepublik Deutschland gibt es seit den siebziger Jahren drei Typen von Witzen, die etwas Charakteristisches gemeinsam haben. Es sind dies – in der historischen Folge ihres Auftretens – die Ostfriesenwitze, die Kohlwitze und die Blondinenwitze. Gemeinsam ist ihnen allen, daß sie an einer herausgehobenen Einzelperson oder an einer konkret bezeichneten Gruppe jeweils einen besonderen Grad von Dummheit anschaulich machen. Charakteristisch ist für diese Witze zweierlei. Das Lachen über sie ist fast nie auf eine auffällige Bosheit des Lachenden zurückzuführen. Nicht Neid oder Schadenfreude, auch nicht der Wunsch, andere auszugrenzen, lassen die Verspotteten zu Zielscheiben der Witze werden. Vielmehr gibt es in ihnen nicht selten einen Ton von Gutmütigkeit, der das Erlebnis des Hohns zu einem Teil des gemeinsamen Behagens macht. Das Komische versuchen diese Witze durch die Drastik der Beispiele von Dummheit zu erreichen, und die Drastik wird erreicht durch die Geschmacklosigkeit der Fabel.

Diese Geschmacklosigkeit aber – und das nimmt den Witzen ihre Schärfe – entspricht exakt der Schamlosigkeit derer, die sie erzählen und die dafür ein Publikum bilden. Das nämlich ist das andere Charakteristische an diesen Witzen: die, auf deren Kosten sie gemacht werden, können trotz der Geschmacklosigkeiten darin eine Art Sympathiebeweis erkennen, wenn sie wollen. Bemerkenswert ist noch, daß diese Witze überall in der alten Bundesrepublik populär waren, obwohl die *Geographie des deutschen Witzes*, um den Titel eines nicht genug zu empfehlenden Buches von Herbert Schöffler zu zitieren, beim Humor der Deutschen bedeutsame landsmannschaftliche Unterschiede aufweist. Für Ostfriesen- und Blondinenwitze gelten sie nicht. Und nicht für Kohlwitze.

Kohl haben diese Witze nicht geschadet. Etwas anderes ist, ob er sie selbst gern gehört hat. Politisch haben sie ihm vielleicht sogar genützt, insofern sie ihm zu einer Popularität verholfen haben, die ihm das Kleinbürgerlich-Provinzielle beließ, das fast alle anderen Bundeskanzler abzustreiten sich mit mehr oder minder großem Erfolg bemüht hatten. Adenauer verbarg das hinter den Masken und Gesten des Alters. Erhard wirkte linkisch und flüchtete sich in die Identifikation mit einem Markenzeichen, die Zigarre. Kiesinger wählte den traditionellen Weg und gab sich als Bildungsbürger – er mußte erleben, daß ihm dies gründlich mißlang und als Schauspielerei übelgenommen wurde. Brandt war kein Kleinbürger und nie provinziell, aber der Geruch des sozialdemokratischen Stalls, dem er seine Nachkriegskarriere verdankte und den er ertragen mußte, wo er am aggressiv-spießigsten war, in Berlin, versuchte er zu entkommen, indem er sich mit Künstlern und Intellektuellen umgab. Helmut Schmidt modernisierte den Kleinbürger und hielt ihn damit für überwunden – daß dies ein Irrtum war, wird aus nichts anderem so deutlich wie aus der Tatsache, daß er als Bundeskanzler fast sprichwörtlich mit dem militärischen Rang bezeichnet wurde, der in der wilhelminischen Epoche, an die er seine Kritiker wegen der Aufdringlichkeit seines Selbstbewußtseins ständig erinnerte, das soldatische Karriereziel des Kleinbürgers war: der Feldwebel. Bei Kohl wurde das Kleinbürgerliche zu einem Auffangnetz für sympathische Regungen, die ihm entgegengebracht wurden. Man zeigte in freundlichem Spott, was man in schlichten Worten zu sagen sich nicht traute. So, wie manch einer sich mit selbstironischen Ausflüchten Gartenzwerge unters heimische Tann stellt, sie in Wahrheit aber nur ganz reizend findet.

Eine satirische Monatszeitschrift karikierte Kohls äußere Erscheinung als fleischige Birne und zeigte ihn immer wieder in diesem Bild, bis die Redakteure merkten, daß dies Kohlfreunden durchaus gefiel. Lächerlichkeit war hier nicht Waffe der Kritik, sondern ein Vehikel geworden, mit dem sich viele Leser den Kritisierten gegen die Intention des Kritikers auf harmlose Weise vertraut machten. Mit diesem Konterfei des Kanzlers ließ sich leben, irgendwie dann doch wohl mit dem Kanzler auch. Kabarettisten verzeichneten zunächst stürmische Begeisterung für ihre Kohlimitationen, bei denen die sprachlichen Schwächen des CDU-Politikers, der hier zur Schwerfälligkeit der Artikulation drängende Dialekt, mehr noch die stereotypen Wendungen zur Voranmeldung von Aussagesätzen, die unzusammenhängenden Gedanken- und Bilderfolgen in zerdehnten Perioden, die Intonation der Selbstvergewisserung hinreichend Gelegenheit zur Parodie boten. Aber die Kabarettisten mußten bald bemerken, daß auch die schonungsloseste Zurschaustellung der Schwächen Kohls den Ton der Zustimmung, die solche Darbietung im Publikum fand, nicht veränderte. Zum einen genoß man die Virtuosität der Persiflage, zum anderen erkannten viele sich fröhlich wieder: Ja, so sind wir. Sei es, daß wir ihn trotzdem wählen, sei es, daß wir, wenn wir uns nicht zusammennehmen, genauso daherreden, wenigstens unser Chef, Onkel, Freund, Schwiegervater, Vereinsvorsitzender, Nachbar tut das.

Tatsächlich offenbart Kohls Sprechen ein Fehlen von intellektueller Selbstkontrolle bei der Formulierung der Sätze und Wahl der Bilder, wie es in der öffentlichen Rede bis dahin unvorstellbar gewesen war. Das Muster, nach dem die Sprache hier entgleiste und Fehlleistungen produzierte, war den meisten Hörern dennoch nicht unvertraut. Sie mochten es nur als höchst ungewöhnlich empfinden, daß ein hochgestellter Politiker derart drauflos redete, nicht aber mußte sich ihnen notwendigerweise der Eindruck aufdrängen, daß dies etwas Beklemmendes oder gar Bedrohliches verhieß. Wenn der Kabarettist Jürgen von Manger den Ruhrpottkumpel Adolf Tegtmeier schwadronieren ließ, erzielte er die komische Wirkung der Auftritte mit ähnlichen Entgleisungen. Tegtmeier, ein schlichtes Gemüt und Ergebnis einer Sozialisation, wie sie auf dem Lande üblich ist, lebt in der hochtechnisierten Industrieregion, in der er sich allerdings ganz und gar zu Hause fühlt und kein bißchen unsicher. Da geraten ihm im Zuge seiner Artikulation unentwegt Ausdrücke aus seinem familiären Kontext, praxisnaher Berufswelt und einer abstrakten Verwaltungssprache durcheinander. Dies geschieht aber so, daß er im Sprechen gleichsam immer einem Ziel nahekommen will, nämlich den Einfall auszudrücken, mit dem er den Sachverhalt, um den es ihm geht, besonders treffend vor die Augen seiner Zuhörer stellen kann. Dabei zieht er alle Worte und Wen-

Helmut Kohl / Adolf Teghusers

dungen, Bilder und Pointen, die ihm in den Sinn kommen, wie mit einem Schleppnetz hinter sich her und bedient sich aus seinem sprachlichen Material mit der Unbefangenheit, die ihm der feste Blick verleiht, der nur auf das gerichtet ist, was er sagen will. Die Lage des Sprechenden wird noch dadurch verschärft, daß der Einfall, dem er zu sprachlichem Ausdruck verhelfen möchte, in der Zeit, die er zum Sprechen braucht, einige Anreicherungen erfährt, die nicht alle zusammenpassen und also zum Teil sehr heterogenes Sprachmaterial anziehen. Dieses wird nun in einen unfreiwilligen Satzbau integriert, der dem Ganzen einen anderen Schwerpunkt des Verständnisses gibt als zunächst beabsichtigt.

Was bei Jürgen von Manger bejubelt wurde, konnte bei Kohl kaum als fremd empfunden werden. Über den Verlust der Distanz zwischen Umgangssprache und Politikerdiktion machten sich nur wenige Gedanken. Diese war ja auch in den meisten Fällen zum exklusiven Jargon, wo nicht zur Fremdsprache geworden.

Gleichwohl bleibt erstaunlich, daß die Sprache, über die man sich im Kabarett amüsiert, über längere Zeit als Sprache eines führenden Staatsmannes hingenommen wird. Bald wurde eher das Entsetzen der Kritiker Kohls über diese Sprache als überständig empfunden, als ein unzulässiger Versuch, eine Politik, an der es sachlich wenig zu beanstanden gab, über die Art, wie sie von höchster Stelle vertreten wurde, herabzusetzen. Kritik an der Redeweise Kohls geriet in den Vorverdacht, Ausfluß hilfloser Arroganz zu sein. Sogar Fernsehauftritte, Sendungen mit spontanen Bekundungen Kohls, die anfangs auch von zuverlässigen Freunden und unbeeinflußbaren Bewunderern des Kanzlers mit Sorge ob der Wirkung in der Öffentlichkeit erwartet wurden, verloren ihren Schrecken. Die Empfindlichkeit schien hinzuschwinden, die Grenzen der Zumutbarkeit veränderten sich. Die Kritiker Kohls trafen allmählich in der deutschen Wirklichkeit ein.

Helmut Kohl ist ein gebildeter Mensch. Das bezeugen auch für einen größeren Kreis der Öffentlichkeit manche seiner Reden entweder durch die Art, wie er sie vorzutragen vermochte, so die Rede in Bergen-Belsen, oder durch die Präsenz, die er bei nicht vorzubereitenden Ansprachen zeigt, etwa, als er im Dezember 1989 unter freiem Himmel zu den Wartenden in Dresden sprach. Da hing viel von dem Redner ab, und Kohl traf nicht nur den richtigen Ton, er fand auch, was wegen der vielen zum Teil mißtrauischen Beobachter im Ausland wichtig war, die richtigen Worte.

Kohl, der keine Buchmesse ausläßt und durch die Gänge schreitet wie der emsigste Konsument, hat Bildung vorzuzeigen, was nicht heißen muß, daß er sie gegenüber jedermann vorzeigen kann. Aber die Bildung, die Universitätsbildung zumal, verkörpert sich nicht mehr in Kohl.

Das geistige Bild Europas – nicht nur Deutschlands – zu Beginn des zwanzigsten Jahrhunderts war geprägt durch die Universitäten vorzüglich in den protestantischen Ländern. Die Hochschulen katholischer Provenienz hielten mühselig Schritt. In Deutschland wurde zur Zeit seiner größten neuzeitlichen Gelehrten Ende des neunzehnten Jahrhunderts sogar ernsthaft darüber gestritten, ob ein Katholik überhaupt geistig unabhängig genug sei, um als Wissenschaftler arbeiten und Professor werden zu können. Der erste deutsche Nobelpreisträger für Literatur, der Althistoriker Theodor Mommsen, war nicht dieser Meinung und gab ihr vehement Ausdruck. Aus vielen Gründen, zu denen der Bedeutungszuwachs der technisch orientierten Naturwissenschaften und die Depravation der Disziplinen in den Pflichten der Berufsausbildung ebenso gehören wie die Auswirkungen der ethischen Verheerungen in und nach zwei Weltkriegen auf die Geisteswissenschaften, hat die Universität mit ihrer Bedeutung für das Bildungsniveau der akademisch ausgebildeten Bevölkerung an Bedeutung verloren. Ebenso ist Bildung allgemein, sowohl ihr erzieherischer Wert als auch ihre intellektuelle Leitbildprägung an den Rand gedrängt worden. Das alles gehört in eine als Niedergangsgeschichte zu schreibende Bildungsgeschichte dieser Zeit, die besonders in Deutschland etliche deprimierende Kapitel aneinanderzureihen hätte.

Gegen diesen Niedergang stemmten sich nach dem Zweiten Weltkrieg anfänglich CDU- und CSU-Politiker heftiger als andere und in katholisch geprägten Ländern erfolgreicher als anderswo. Das mochte damit zusammenhängen, daß die Tradition humanistischer Bildung – mochte sie auch zeitweilig an protestantischen Hochschulen besser vertreten sein – in der katholischen Welt nie an Rang verloren hatte und auch unbestritten blieb, als man sich anderswo auf Legitimationsdebatten einließ, bei denen deutsche Protestanten sich nur ungern auf die Tradition beriefen, deren Pervertierung sie soeben erlebt hatten. Als dann der Heidelberger Religionsphilosoph Georg Picht in den sechziger Jahren die »Bildungskatastrophe« beschwor und die Kultuspolitiker der Länder daran gingen, möglichst viele Abiturienten und Studenten pro Jahrgang zu produzieren, riß die hastig und in unedlem Wettlauf durchgezogene Bildungsreform zahlreiche schulische und universitäre Verpflichtungen zur Wahrung solider und europakompatibler Bildung fort. Kultusminister aus den Unionsparteien wehrten sich noch am längsten, aber zumal in der CDU war das Begehren, wie die anderen progressiv zu erscheinen, so stark, daß auch hier zerstört wurde, wo alle Kräfte zum Aufbau von Neuem fehlten.

Nicht zurückhaltend war die Union bei der Unterstützung aller Bemühungen, dem öffentlich-rechtlich organisierten Deutschen Fernsehen Privatsender an die Seite zu stellen. Das war sicherlich eine Frage der Wirtschaftsmacht, die damit verbunden war, das gehörte zur Aufgabe der Politik, künftigen Entwicklungen beizeiten Aufmerksamkeit zu widmen, um sie beeinflussen zu können. Es gab jedoch auch ein näherliegendes Interesse. Unionspolitiker fühlten sich vom Fernsehen, vom Ersten Programm besonders, schlecht behandelt. Zu viele Leute, argwöhnten sie, ließen sich ihr Bild von der Wirklichkeit und die sie bestimmenden Persönlichkeiten kritiklos vom Fernsehen ins Haus liefern. Ein Sender, sagten sie sich, ist gefährlich, zwei Sender sind noch nicht ungefährlich genug. Viele Sender aber sind allesamt beliebige Sender. Da kann schwerlich ein Politiker zum Helden stilisiert werden oder, was aktueller war, ein anderer unaufhörlich als Trottel hingestellt und um sein Ansehen gebracht werden.

Noch bedeutsamer indes war die Fülle der Fernsehprogramme für den Rückgang alter Formen kritischer Intelligenz, wie sie lange Zeit politische Gespräche mitbestimmt hatte. Die seither ständig steigende Bedeutung elektronischer Unterhaltungsmedien, deren Funktionieren hohe Verwandtschaft aufweist zum Funktionieren der Apparate, die das Berufsleben verändern, hat diese Entwicklung noch beschleunigt. Das heißt keineswegs, daß die Menschen, die sich darauf einlassen – und zum Teil einlassen müssen –, den traditionell gebildeten Menschen intellektuell unterlegen oder weniger urteilsfähig wären als sie. Es heißt nur, daß die Wege der Vermittlung urteilsleitender Faktoren – Meldungen, Schwerpunktsetzung bei den Themen, Stimmungen – unübersichtlicher geworden sind. Das alles ist Kohl zugute gekommen. Es würde auch die Rolle der Volkspartei, wie Biedenkopf sie konzipiert hatte, wichtiger machen. Aber diese Rolle hat die CDU bei Kohl nicht.

Die Medienlandschaft hat sich so verändert, daß Kohl mit seinen Schwächen im öffentlichen Auftreten kaum noch besonders auffällt. Mit seinen Eigentümlichkeiten aber, die hier und da mit seinen Schwächen verbunden sind, kann er sogar günstig wirken. Das gilt dann auch für seine Sprache, die jetzt vor allem unangepaßt erscheint. In einer Zeit, da viele Menschen mehrere Stunden täglich mit irgendwelchen Medien zubringen, wächst einem Politiker, der Macht und Authentizität verkörpert, Autorität wie von selbst zu. Vertrauen weckt, wer unverwechselbar ist. Unverwechselbar ist Kohl.

Zur Unverwechselbarkeit gehört Ungeniertheit, sie setzt sie vielleicht sogar voraus. Das ganz und gar Eigene, dessen Sichtbarkeit den Unverwechselbaren auszeichnet, ist ja nicht jedesmal vorteilhaft. Das nicht zu verstecken, dazu braucht es Mut und Ungeniertheit. Kohl ist ein sehr uneitler Politiker. Das wirkt sich bei der Wahrnehmung repräsentativer Aufgaben nicht als Mangel aus, weil er ein hohes Gefühl für die Würde seines Amtes, aber auch seiner Person besitzt. Doch es wird schmerzhaft sichtbar, wenn er sich leger gibt. Das gilt für seine Redeweise noch stärker als für sein äußeres Erscheinungsbild. Allerdings gibt er mit seinem uneitlen Wesen auch den Blick frei auf eine überzeugend in sich ruhende Persönlichkeit. Wenn Kohl unfreiwillig demonstriert, wie zufrieden er mit sich ist, so glaubt man ihm das mit Wohlwollen, ohne neidisch zu sein. In einer Zeit, in der das höchste Ziel des einzelnen Selbstverwirklichung ist, lebt Kohl vor, wie weit man damit gehen, aber auch damit kommen kann.

Selbstverwirklichung hat in der Bundesrepublik viel mit Ungeniertheit, ja mit Geschmacklosigkeit zu tun. Kaum jemand noch stellt sich bei der Wahl seiner Kleider etwa die Frage, was er mit seinem Anblick anderen zumutet. Längst und mit Selbstverständlichkeit haben Jogger, die allen Gesellschaftsschichten angehören, die öffentlichen Parks, die bevorzugten Waldwege in Beschlag genommen und ächzen dort zu jeder Tageszeit ihre Meter herunter. Es ist ihnen gleich, wenn sie dabei absurd aussehen, häßlich und verzerrt. Das Joggen ist eine Form der Selbstverwirklichung und gesellschaftlich akzeptiert. Hinter dem bleiben Einzelzüge zurück, die doch die allermeisten aus Schamgefühl zurückschrecken lassen würden, wenn ihnen klar wäre, welches Bild sie bei ihrer Tätigkeit abgeben. Das Leben in der Öffentlichkeit ist voll von Beispielen dieser und schlimmerer Art. Die Talkshows sind voll von Menschen, die sich selbst verwirklichen und keine Armut der Sprache und keine Geschmacklosigkeit des Beispiels scheuen, wenn sie die Möglichkeit bekommen, sich selbst vorzuzeigen. Und sie können der Bewunderung vieler sicher sein.

Das erklärt nicht Kohl, aber die Kohlwitze. Das erklärt auch, warum wie bei den Ostfriesen- oder den Blondinenwitzen eine Steigerung des Lacheffekts vor allem durch eine Steigerung der mit dem Witz zugemuteten Geschmacklosigkeit angestrebt wird. Denn um die geht es. Diese Witze sind Selbstdarstellungen in der befreiten Zone, die sie dadurch schaffen, daß sie erzählt werden können. Darum verfallen die hier Verspotteten auch nicht boshafter Verachtung. Ihnen verdankt man doch, da man sie vorschieben kann, die Freiheit zur Geschmacklosigkeit, die immer in der Konkurrenzsituation steht, andere, schon konventionell gewordene Geschmacklosigkeiten übertreffen zu müssen. Darum auch werden Witze dieses Genres so rasch wieder vergessen. Kohlwitze nicht ausgenommen.

12. Kohls politische Ziele

»Adenauer war Parteivorsitzender, weil er Kanzler war«, schreibt Alexander Gauland, ein intimer Kenner der ersten Ära Kohl. »Helmut Kohl ist Kanzler, weil er Parteivorsitzender ist.« Richtig daran ist, daß Adenauer eher Bundeskanzler war, als er Vorsitzender der CDU Deutschlands sein konnte, denn als 1949 der erste Bundestag zusammentrat, gab es die Bundespartei CDU noch nicht. Aber schon seit dem 1. März 1946 war er CDU-Vorsitzender in der britischen Besatzungszone gewesen, die von Flensburg bis Bonn reichte und in der das neue Bundesland Nordrhein-Westfalen lag, das volkreichste Land der künftigen Bundesrepublik und zugleich die Heimat der beiden stärksten und für lange Zeit einflußreichsten CDU-Landesverbände Rheinland und Westfalen. Kohl war fast zehn Jahre lang Parteivorsitzender und sechs Jahre lang Chef der CDU/CSU-Bundestagsfraktion, ehe ihm der Sprung an die Spitze der Bundesregierung gelang. Das scheint wenig zu der prägnanten Formel, die Gauland in seinem Buch *Helmut Kohl. Ein Prinzip* zur Charakterisierung des Politikers notierte, zu passen.

Richtig ist, daß die Bundes-CDU sich unter Adenauer sehr viel Zeit ließ beim Aufbau einer zentralen Organisation. Kohl dagegen widmete sich von Bonn aus in ganz anderer Weise der Partei. Er gab ihr durch seinen Generalsekretär Kurt Biedenkopf eine moderne, leistungs-

157

starke Organisation, und, als die Organisation stand, gab er ihr mit seinem alten Mainzer Mitstreiter Heiner Geißler einen Generalsekretär, der es verstand, die Partei mit kämpferischem Geist zu erfüllen. Die CDU verdankt es gewiß zu einem beträchtlichen Teil ihrer Parteireform, daß sie 1982 wieder den Bundeskanzler stellen konnte. Aber in der Kunst, über Parteifreunde und Parteigliederungen innerparteiliche Macht zu erlangen und zu verteidigen, stand Adenauer Kohl in nichts nach. Allerdings waren innerparteiliche Vorgänge in der organisatorisch weniger entwickelten CDU auch weniger transparent als später.

Ein Jahr, nachdem Kohl CDU-Vorsitzender geworden war, löste Helmut Schmidt den populären Willy Brandt als Bundeskanzler ab und Brandt blieb SPD-Vorsitzender. Es ist oft spekuliert worden, ob es falsch von Schmidt gewesen sei, nicht zu versuchen, auch den Parteivorsitz zu übernehmen. Vielleicht wäre ihm das gelungen. Sicher aber wäre er kein Parteivorsitzender vom Schlage Adenauers, Brandts oder Kohls gewesen. Zur Disziplinierung, Motivierung, schon zur Kontrolle zahlreicher selbstbewußter und geriebener Parteiführer auf unterschiedlichen Organisationsebenen und in konkurrierenden Gliederungen gehören nicht nur brillante Sachkompetenz, gerechtfertigtes Überlegenheitsgefühl und ein Stück Brutalität, um Führungsanspruch durchzusetzen. Es gehört dazu auch die Fähigkeit, belastbare emotionale Bindungen zu schaffen, die ihre Ursache nicht in nachrechenbaren Leistungen haben. Man muß, wenn es erforderlich ist, uneitel sein können, den Dingen ihren Lauf lassen, ohne daß das wie Desinteresse wirkt, den Mitarbeitern vertrauen, ohne dabei herablassend zu er-

scheinen, und die Gegner auf respektvolle Distanz halten, ohne unentwegt drohend auf die Gegensätze anzu-
spielen.

Helmut Schmidt hat einmal gesagt, er sei nach dem
Krieg zur SPD gegangen, weil ihm dort die Solidarität,
die Kameradschaft gefallen habe. Das wird so gewesen
sein. Kameradschaft paßt zu der Art von Führung, wie
er sie im Krieg als Offizier erlebt und ausgeübt hat. Aber
beim Militär, wo Kameradschaft zählt, sind auch viele
Dinge geregelt, die im Zivilleben selten ganz und nie auf
Dauer zuverlässig geregelt sind. Zivilisten wie Adenauer,
Brandt und Kohl wußten das. Schmidt wollte davon
nichts wissen. So trat er auf – und die meisten Deutschen
seiner Generation, innerhalb und außerhalb der SPD, be-
wunderten ihn dafür. Er nahm sie für sich ein, weil er
nicht wie ein Politiker, ein Parteipolitiker wirkte und es
auch nicht war. Doch als die Kinder der Bundesrepublik
anfingen, den Ton anzugeben, war es mit Schmidts Aura
vorbei.

Daß Helmut Kohl ein Parteiführer von hohen Fähig-
keiten ist, steht außer Zweifel. Daß er seine politischen
Erfolge seiner herausragenden Stellung an der Spitze der
CDU und der Bereitschaft verdankt, das, was für die
Führung einer Partei taugt, auch zur Führung der Staats-
geschäfte einzusetzen, ist jedoch kaum die ganze Wahrheit. Was zur ganzen Wahrheit gehört, ist etwas, das bei
Kohl oft unbeachtet bleibt, weil nur wenige intelligente
Menschen gern hinhören, wenn er darüber spricht. Das
liegt nicht daran, daß ihnen davor graust, was er sagt,
sondern davor, wie er es sagt.

Aber auch ein Politiker, der das Richtige nicht angemessen in Worte fassen kann, ist gleichwohl in der Lage,

das Richtige zu tun. Die Lektion, die in dieser Hinsicht Kohl den Intellektuellen in Deutschland erteilt hat, ist bitter. Diese müssen, wenn sie die Lektion annehmen, das in Frage stellen, worauf sie gewohnt sind, ihre Urteile, ja, ihre Urteilsfähigkeit aufzubauen: die Überzeugung, daß die Begabung, die dazu gehört, ein politisches Problem auf demokratische Weise zu lösen, einhergeht mit der Begabung, das Problem in einem Text diskursiv darzustellen auf einem Niveau, das politische Entscheidungen literaturfähig macht für die Geschichtsschreibung und die Philosophie. Das war schon von Adenauer nicht und ist von Kohl erst recht nicht zu haben. Doch welche Rückschlüsse auf die Substanz eines Politikers läßt ein solches Defizit zu? Man kann Kohls Politik nicht studieren wie ein wissenschaftliches oder literarisches Buch. Was hatte Kohl zu bieten?

Niemand kann in einer freien Gesellschaft auf Dauer politisch Erfolg haben, wenn das, was er will, nicht das ist, was dieser Gesellschaft guttut. Und nicht durch pragmatische Anpassungsleistungen schafft man es, auf Dauer als glaubhafter Protagonist der richtigen Politik zu erscheinen und mit Regierungsgewalt betraut zu werden. Es gehören dazu schon Grundentscheidungen für erwünschte Entwicklungen, deren gedeihliches Voranschreiten bei etlichen Rückschlägen nur über große Zeiträume hinweg den, der sie trifft und beharrlich weiterverfolgt, bestätigen. Dies tut einer, der politisch wirken will, nicht unabhängig von der Lage des Volkes, in das er hineingeboren ist, aber unabhängig von der Partei, in der er tätig sein will.

Grundsätzliche Entscheidungen zur Bundesrepublik Deutschland zu treffen, war Kohl nie aufgegeben. So blieben ihm Diskussionen, die dort ihren Ausgang nahmen, fremd. Grundsätzliche Entscheidungen, was die Richtung seines politischen Weges anging, konnte er sehr wohl und mit Folgen für seine Wirkungsmöglichkeiten treffen. Und die traf er.

Für einen jungen, wenig mit irdischen Gütern gesegneten Menschen war nach dem Zweiten Weltkrieg Ludwigshafen kaum die Stadt, in der politischer Betätigungswille zuerst zur CDU führen mußte. Ludwigshafen ist eine Arbeiterstadt, und auch Kohls Karriere, im Verlauf derer er von 1960 bis 1970 dem Stadtrat von Ludwigshafen angehörte, bis 1968 als Fraktionsvorsitzender, änderte nichts daran, daß dort die SPD das Sagen hat. Raschen Aufstieg hätte er sich von einer Mitgliedschaft in der SPD eher versprechen können. Und in einer Zeit, da überall in Deutschland, Rheinland-Pfalz nicht ausgeschlossen, Christdemokraten, Sozialdemokraten und Kommunisten in zahllosen Gremien bis hinauf zu Landesregierungen zusammenarbeiteten, war auch die CDU nicht die Partei, die einem jungen Mann zur Entfaltung seines Oppositionsgeistes eine Heimat gegeben hätte. Die Entscheidung für die CDU, die Kohl schon als Sechzehnjähriger traf, läßt vermuten, daß ihr dauerhafte Überlegungen zugrunde lagen. Seine Herkunft aus einem katholischen Elternhaus wird kaum von großer Bedeutung dabei gewesen sein. Wäre dies der Fall gewesen, wäre das an einer Reihe anderer Lebensentscheidungen ablesbar.

Auch Gespräche mit Gleichaltrigen und Älteren werden die Hinwendung zur CDU begleitet haben, jedoch kaum für das Festhalten an der Entscheidung verantwortlich sein. Gewiß darf man vom Werdegang des Vaters, vom bäuerlichen Hintergrund der Familie her vermuten, daß der Weg zur CDU der nähere war als zur SPD, doch dann hätte es noch näher gelegen, zur FDP zu gehen. Ausschlaggebend mag die Faszination gewesen sein, die für den jungen Menschen von der Tatsache ausging, daß die CDU eine Neugründung war. Und diese neue Partei bot auch etwas Neues. Was das Neue war, sagt Gustav Heinemann in einem einzigen Satz, der sich in dem Aufruf findet, den er als Oberbürgermeister von Essen 1947 zur ersten Landtagswahl in Nordrhein-Westfalen so formulierte: »Die Union vereinigt in sich Menschen aller christlichen Bekenntnisse und aller sozialen Stände. Sie ist der große Zusammenschluß des Ausgleichs.«

Sätze dieser Art konnten auch schon dem jungen Helmut Kohl gefallen. Was sie beschrieben, konnte er als Wirklichkeit erleben, und für solches Erleben waren seine Empfindungen stark. Nicht aus abstrakten Zusammenhängen kamen die Fragen, die ihn politisch beschäftigten, sondern aus seiner nächsten Umgebung. Nicht der Entwurf der Weltgeschichte, wie er dem marxistisch argumentierenden Sozialismus zugrunde liegt, ließ ihn nach politischen Anknüpfungspunkten für die Gegenwart suchen, sondern einfachen Verhältnissen waren einfache Regeln angemessen: jeder weiß selbst am besten, was für ihn gut ist. Dem einen muß man, wenn nötig, helfen, das zu tun. Dem anderen muß man Grenzen setzen, damit die Aktivität zur Selbsthilfe auch Platz hat, sich zu entfalten. In der katholischen Soziallehre hieß das mit einem schwierigen Wort Subsidiaritätsprinzip. In der CDU von Adenauer und Erhard hieß das sehr viel einfacher soziale Marktwirtschaft. In der Geschichte der

Bundesrepublik Deutschland gehört dies zu den Faktoren, die sie zu einer Erfolgsgeschichte machten und zu Kohls Erfolg beitrugen.

Ein anderer Faktor, vielleicht der wichtigere für die Herausbildung des inneren Zusammenhalts in der Union, war die Politik der Westintegration, die aus dem Europagedanken herauswuchs. Das bedeutete mehr als das Bemühen, mit den westlichen Nachbarn in friedlicher Nachbarschaft zu leben, wenn es dieses auch zur Voraussetzung hatte. Die angestrebte Zugehörigkeit zur westlichen Staatengemeinschaft, die dabei war, sich unter der Bedrohung durch den sowjetischen Machtbereich zusammenzufinden, erforderte einen deutschen Beitrag zur militärischen Verteidigung Westeuropas. Das war das Motiv zur Politik der Wiederbewaffnung. Die junge Bundesrepublik konnte im Kreise ihrer westlichen Nachbarn nicht damit beginnen, sogleich eine Sonderrolle zu spielen – und eine höchst bequeme dazu. Es mutet immer noch befremdlich an, daß bis in die jüngste Zeit der Widerspruch gegen die christlich-demokratische Bündnispolitik, sobald konkrete Entscheidungen zu treffen sind wie zuletzt angesichts des bosnischen Bürgerkriegs, mit Argumenten gespeist wird, die für Deutschland wegen der Verbrechen im Zweiten Weltkrieg eine moralisch begründete Sonderrolle verlangen. Wobei die freilich zugleich den Vorzug in sich birgt, daß die Deutschen sich aus gefährlichen oder unangenehmen Affären heraushalten können. Die jungen Holländer und Norweger, deren Väter nicht an den Verbrechen eines Diktators beteiligt waren, müssen dagegen den Kopf hinhalten.

Der Widerstand gegen den Aufbau einer im westlichen Bündnis integrierten Bundeswehr hatte seine Ursache indes nicht nur in moralischen Bedenken, sondern auch in der Sorge um die deutsche Einheit. Viele Patrioten meinten auch noch in den fünfziger Jahren, es könne Sache einer glaubwürdigen und beherzten Politik sein, die russische Seite dazu zu bewegen, einer deutschen Wiedervereinigung zuzustimmen. Sie waren überzeugt, daß Adenauers Politik der Westintegration und der Wiederbewaffnung jede Chance dazu zerstörte.

Adenauer und die meisten Politiker in den Unionsparteien sahen eine Chance zur Wiedervereinigung kurzfristig nicht. Sie wollten deshalb zunächst nur zwei Ziele erreichen: dort, wo sie es konnten, einen demokratischen Staat zu schaffen, der nach dem Charakter seiner Institutionen und nach dem Lebensgefühl seiner Bewohner von den anderen demokratischen Staaten Westeuropas ununterscheidbar war. Und durch eine Tatsachen schaffende Bündnispolitik den Prozeß der politischen Zivilisierung der Deutschen in der Bundesrepublik unumkehrbar zu machen.

Daß dieser Politik der Union Erfolg beschieden war, zeigte sich zuerst – und sehr zu ihrem Unwillen – in der Studentenbewegung, als viele junge Menschen und nicht wenige ihrer Eltern an einer gesellschaftlichen Aufbruchstimmung partizipierten, die seit der Mitte der sechziger Jahre die ganze westliche Welt von Kalifornien bis Schweden, von Berkeley bis Westberlin erfaßte. Kampfformen von Bürgerrechtsbewegungen hatten die Studenten als Austauschschüler in Amerika kennengelernt. So kamen die Deutschen zu »go ins« und »teach ins«. Das hatten sich die Väter der Westbindung so nicht vorgestellt.

Das zweite, die Unumkehrbarkeit der Einbindung der

Bundesrepublik fast mehr noch in die mentale als in die organisatorische Gemeinschaft der westeuropäischen Länder, wurde, wenn schon nicht von allen, so doch von einigen Ländern, richtiger ihren Regierungen, anerkannt, als die Chance einer Wiedervereinigung wirklich in greifbare Nähe rückte. Jetzt zeigte sich, welches Vertrauenskapital der Staat Konrad Adenauers tatsächlich in vierzig Jahren angehäuft hatte. Man darf sagen, daß die vielberedete und vielgeschmähte Politik der Stärke den westeuropäischen Selbstbehauptungswillen in einer Zeit bewahrte, als viele der Sowjetunion jede Aggression und unbegrenzte militärische Macht zutrauten. Mit eigener Stärke und der Hilfe der Vereinigten Staaten kamen die Europäer über die Zeit der eingebildeten, übertrieben dargestellten oder realistisch eingeschätzten Bedrohung – wie immer das einer heute noch beurteilen will. Aber die Wiedervereinigung ihres Landes verdanken die Deutschen dem Vertrauen, das die Bundesrepublik in den Hauptstädten Europas und der Welt genießt. Dies als Ergebnis jahrzehntelanger Politik unterscheidet die politische Schöpfung Adenauers von der Bismarcks.

Hier liegt auch die Ursache für die quälenden Spannungen, welche die Innenpolitik der Bundesrepublik auch noch nach Abschluß der Ostverträge bis in die achtziger Jahre beherrschten. Die Ostpolitik der sozialliberalen Koalition war ein – erfolgreicher – Versuch gewesen, die Folgen der deutschen Teilung und der Spannungen, die sich daraus entwickelten, zu überwinden. Dazu gehörte, daß die Bundesrepublik auch über den Eisernen Vorhang hinweg, der nach einem Wort Churchills Europa seit Ende des Zweiten Weltkriegs teilte, zu normalen Beziehungen mit den osteuropäischen Staaten, nicht nur mit der Sowjetunion, kommen mußte. Dazu war in gewissem Umfang die Anerkennung der durch Krieg und Nachkriegszeit geschaffenen faktischen Verhältnisse in Europa notwendig – also die Anerkennung der Annektion deutscher Gebiete östlich von Oder und Neiße durch Polen und Rußland. Dazu war aber auch überhaupt eine Politik erforderlich, mit der der Versuch gemacht wurde, den Kalten Krieg, wie das Ost-West-Verhältnis spätestens seit dem Korea-Krieg, der ein sehr heißer gewesen war, genannt wurde, zu überwinden. Und dazu war eine Politik der Aussöhnung und der eigenen Entkrampfung, was den Umgang mit kommunistischen Machthabern anging, vonnöten.

Für die deutsche Bitte um Aussöhnung steht den Menschen dieser Epoche eindrucksvoll und unvergeßlich das Bild Willy Brandts vor Augen, als er, der Bundeskanzler, der soeben den Warschauer Vertrag unterzeichnet hatte, vor dem Denkmal zur Erinnerung an die Vernichtung des Warschauer Ghettos niederkniete. Das war am 7. Dezember 1970. Brandt schrieb später: »Unter der Last der jüngsten Geschichte tat ich, was Menschen tun, wenn die Worte versagen; so gedachte ich der Millionen Ermordeter.« Ein Augenzeuge kommentierte das Ereignis: »Da kniet er, der das nicht nötig hat, für alle, die es nötig haben, aber nicht knien.«

Die Ostpolitik der sozialliberalen Koalition wird oft als das notwendige Gegenstück zur Westpolitik Adenauers bezeichnet. Soweit damit gemeint ist, daß sie eine Ergänzung zu ihr darstellt, die notwendig war, damit der Westen, ohne die Bundesrepublik als Störenfried, sein Verhältnis zum Osten entspannen könnte, ist das richtig. Etliche CDU-Politiker meinten jedoch in dem Ehrgeiz der Sozialdemokraten ein anderes Motiv zu spüren. Sie hielten Brandt und seine engsten Mitarbeiter für Nationalisten, die mit der Ostpolitik die Erfolge der Westintegration aufs Spiel setzten und diese teilweise rückgängig machen wollten. Sie empfanden Unbehagen bei dem Gedanken, die Bundesrepublik könne sich wieder einmal in die Lage bringen, zwischen Ost und West ein eigenes Spiel zu spielen. Richtig daran ist, daß die wortmächtigsten Politiker der Union von Adenauer bis Strauß entschieden keine Nationalisten waren und dies ehedem auch von seiten der SPD versteckt als Vorwurf gegen die Unionsparteien und ihre Politik erhoben worden war.

Doch paradoxerweise änderte sich das während der Auseinandersetzungen um die Ostverträge. Für die Union ließen sich jetzt Parteigänger vernehmen, die üble nationalistische Töne nicht scheuten und nach häßlichen Vorbildern von einst, die man längst überwunden geglaubt hatte, sozialliberale Politiker als Vaterlandsverräter schmähten. Seit der Zeit gab es einen unübersehbaren nationalkonservativen Flügel in der Union, den der CDU-Vorsitzende Kohl im Auge behalten mußte, wollte er nicht das Entstehen einer lebensfähigen Partei im rechten Spektrum der politischen Palette riskieren. Auch hier bemühte sich Kohl, die Union als Partei des Ausgleichs zu bewahren, was freilich dazu führte, daß manche seiner mit Bedacht gewählten, aber gleichwohl in ihrer Wirkung auf die Öffentlichkeit mißverständlichen politischen Gesten so gedeutet werden konnten, als gehe es ihm dabei um einen Kotau vor den Rechten. Sicherlich hat Kohl mehr als seine Vorgänger getan, um die artikulationsfähige deutsche Rechte der CDU ein wenig geneigter zu machen, als sie es früher war. Wenigstens seine Politik vertrauensvoller Zusammenarbeit mit europäischen und außereuropäischen Staatsmännern hat er dadurch nicht gefährdet.

Es gibt Politiker, die haben so viele Schwierigkeiten mit ihrer Partei, daß sie tun müssen, was sie können. Und es gibt Politiker, die können als Parteiführer so viel, daß es für sie mitunter schwierig wird, klar zu sehen, was sie tun müssen. Kohl, der das Glück hatte, in der anfechtungsreichen Geschichte der Bundesrepublik stets mit den richtigen und erfolgreichen Entscheidungen der großen Politik übereinzustimmen, was gewiß nicht nur Glück war, brauchte nie einen Kurswechsel seiner Partei mitzumachen oder gar zu veranlassen. Er gilt als ein Mann, der die Partei auf allen Ebenen über unzählige, zumeist enge persönliche Bindungen beherrscht. Man kann sagen, er hatte, bei soviel Erledigtem in Sachfragen, Zeit und Energie genug, um in Personalfragen sich Einfluß zu sichern, wo immer und wann immer er ihn auszuüben wünscht. Oft sieht es so aus, als habe er genau das mit Erfolg getan.

Um so spektakulärer sind Beispiele, die zeigen, daß er keineswegs überall eingreift – oder eingreifen kann. Es muß offenbleiben, was jeweils der Fall ist oder welchen Eindruck er sich davon erhofft. Als 1976 in Rheinland-Pfalz sein Nachfolger im Amt des Ministerpräsidenten CDU-intern zu wählen war, hieß Kohls erklärter Favorit Johann-Wilhelm Gaddum. Doch Bernhard Vogel wollte Regierungschef in Mainz werden und kämpfte darum. Der Finanzminister verlor, der Kultusminister gewann. War es Kohl letztlich gleichgültig gewesen, oder hatte er verloren? Ernster war es 1988. Vogel regierte in Mainz schon zwölf Jahre, und der junge, sehr umtriebige Ernst-

Otto Wilhelm hatte eine starke innerparteiliche Opposition gegen ihn aufgebaut. Zuletzt strebte er eine Trennung von Parteivorsitz und Ministerpräsidentenamt an, um selber Parteivorsitzender zu werden. Vogel widersetzte sich, unterlag und trat zurück. Wilhelm wurde Parteivorsitzender, mußte die Führung der Landesregierung jetzt aber konsequenterweise einem anderen überlassen. So wurde Ernst Ludwig Wagner, zuvor Finanzminister, überraschend Regierungschef in Mainz und verlor bei der nächsten Landtagswahl das Amt an Rudolf Scharping. Zum ersten Mal seit Bestehen des Landes Rheinland-Pfalz regierten nun die Sozialdemokraten, und sie tun es zehn Jahre später, jetzt mit Scharpings Nachfolger Beck, immer noch. Das konnte Kohl nicht gleichgültig sein. Oder doch?

Jedenfalls, verhindert hat er die Selbstexekution seiner Partei in seinem Stammland auch nicht. Sicherlich, 1988 war eines der verdrießlichsten Jahre für ihn, was sein Ansehen als Kanzler in der eigenen Partei betraf. Er konnte da nicht allzu viele Konfliktfelder zugleich beackern, ohne die Kontrolle über die Dinge zu gefährden, die unmittelbar für ihn wichtig waren. Auch mag er miterwogen haben, daß Wilhelms Ambitionen denen, die ihn selbst einst vorangetrieben hatten, so unähnlich nicht waren. Also mochte er hier den Lauf der Dinge vielleicht sich selbst überlassen. Es ging für die CDU schief. Doch zuletzt konnte das Beispiel, das er der Partei dieses Mal durch seine Nichteinmischung gegeben hatte, für das nächste Mal und woanders hilfreich sein, wenn er sich kräftig einmischte. Da gibt es kein Schema, und wer Parteiarbeit kennt, weiß das.

Hans-Peter Schwarz, der Biograph Adenauers, überschreibt den wichtigen Abschnitt seines Buches, der seinen Helden ohne Staat und Staatsamt schildert, mit »Der Parteiführer«. Etwas anderes konnte er für die CDU bis 1949 nicht sein. Zehn Jahre später wurde die Partei als Kanzlerwahlverein verspottet. Kohl und der CDU sollte es in den neunziger Jahren genauso gehen. Aber es ist besser, die Regierungspartei degeneriert, weil die Politik ihres Parteiführers im Staatsamt erfolgreich ist, als umgekehrt. Allerdings sorgen demokratische Verhältnisse in einem Land wohl dafür, daß, wenn das Gemeinwohl Schaden leidet, die Regierungspartei, die dabei gedeiht, nicht lange Regierungspartei bleibt.

13. Balancen, Blamagen und Bilanzen

Wer eine Geschichte von ihrem Ende her erzählt, läuft stets Gefahr, ihre Helden dümmer oder schlauer zu machen, als sie unterwegs waren oder sein konnten. Sicherlich kann man oft vorher sagen, was vernünftig ist und was nicht. Und ebenso gewiß kann ein Staatsmann unterscheiden zwischen Vernunft und Unvernunft. Aber wenn das schon die ganze Geschichte wäre, läse niemand die Bücher, in denen sie aufgeschrieben ist.

Historiker wissen, daß es nie nur einen einzigen oder wenige, überschaubare Gründe für eine Entwicklung gibt, in deren Mittelpunkt sie den Staatsmann stellen – oft nur, weil er da ist und zumindest das, was er tut oder läßt, sorgfältig erforscht werden kann. Aus der Perspektive der Handelnden muß man dann gelegentlich sagen: Glück gehabt oder Pech gehabt. Und selbst das muß nicht stimmen. Bei etwas mehr Einsicht wäre man vielleicht auf das Glück nicht angewiesen, und was als Pech hingestellt wird, ist manchmal einfach Unvermögen. Umgekehrt läßt die Unkenntnis der auf ein Geschehen einwirkenden Faktoren die Beteiligten oft von einer kompetent erbrachten Leistung sprechen, wo besser unterrichtete Beobachter sagen würden: Das ist gerade noch einmal gutgegangen. Hingegen den ärgerlichen Satz: Das habe ich gleich kommen sehen, wenn etwas schief gegangen ist, kennt jedes Kind, schon bevor es das Schulalter erreicht hat, aus dem Mund der Erwachsenen.

Der Historiker kann aber immerhin zeigen, welche Überzeugungen, welche Mittel, welche Tatkraft und welches Terrain einem Staatsmann zur Verfügung standen, als er handeln mußte, und sodann erzählen, was geschah. Doch was er weiß und was er sichtbar macht, ist zumeist noch weniger als die Spitze eines Eisbergs, und je weiter er fortschreitet, um so größer wird der Anteil an der Wirklichkeit der Geschichte, von dem sein Buch nicht berichtet und er selbst nichts weiß. Deshalb werden die bedeutenden Werke der Geschichtsschreibung auch der Literatur zugerechnet, und alle Gelehrsamkeit vermag den Vorsprung nicht aufzuholen, den die Geschichtsschreibung vor der wissenschaftlichen Forschung hat. Es ist allerdings diese keineswegs überflüssig. Geschichtsforschung verhält sich zur Geschichtsschreibung wie die Kunst der Instrumentenbauer zur Aufführung einer Sinfonie. Wer den Fortschritt bei den Instrumenten ignoriert und die Fertigkeit, die dazu gehört, sie zu bauen und zu spielen, geringachtet, wird nie eine Partitur zum Klingen bringen.

Die Anatomie eines Erfolgs, zu der die erstaunliche und ehedem von kaum jemandem für möglich gehaltene Leistungsbilanz des Politikers Helmut Kohl gehört, unternimmt den Versuch, die Frage zu beantworten: Wie hat er das eigentlich gemacht? Gebildete Menschen, die von Berufs wegen über Politik im Horizont der Geschichte, der Philosophie nachdenken oder als politisch interessierte Zeitgenossen auf den verschiedensten Gebieten des kulturellen Lebens tätig sind, geben sich oft entgeistert, wenn sie mit der intellektuellen Physiognomie Kohls Bekanntschaft machen. Und Kohl macht keinen Hehl daraus, daß er Ansichten von Intellektuellen zur Politik, insonderheit zu seiner Politik, durchaus geringachtet. Er scheint sich sogar darüber zu freuen, daß es zwischen ihnen und ihm eine Kluft gibt, unter deren Vorhandensein die Intellektuellen naturgemäß mehr leiden als Kohl.

Doch ebenso naturgemäß müssen die Intellektuellen über die bloße Wahrnehmung ihres Leidens hinausgehen und versuchen herauszubekommen, wie das Mißverhältnis zu erklären ist, das besteht zwischen der politischen Leistung des Parteiführers und Bundeskanzlers einerseits und seiner Distanz zu den Formen der intellektuellen Repräsentation des Politischen. Das ist eben nicht nur eine Frage der Sprache, sondern wesentlich eine seines geistigen Habitus.

So muß die Frage: Wie hat er das eigentlich gemacht? natürlicherweise bei seinen Erfolgen ansetzen, und eine Erörterung des Materials, das herangezogen werden muß, um sie zu beantworten, kann den Eindruck nicht vermeiden, hier werde auch über Kohls Bedeutung für den Gang der Geschichte der Bundesrepublik Deutschland nachgedacht. Indes, das ist nicht beabsichtigt. Sonst müßten auch Kohls Mißerfolge untersucht werden und manche Erfolge daraufhin, ob sie nicht in Wahrheit Mißerfolge waren.

Kohls Mißerfolge wären kein Thema. Zum einen fehlte ihrer Analyse wahrscheinlich jedes überraschende Element: Mißerfolge wurden von ihm erwartet, seit er begann, in der Bundespolitik unübersehbar zu sein, und wer wollte sich zutrauen, mit seinem Urteil das zu übertreffen, was Strauß einst in seiner »Wienerwald«-Rede sagte. Zum anderen verbindet sich nun einmal mit dem Namen dieses Bundeskanzlers eine Erfolgsgeschichte, die als persönliche Kohls unbestreitbar ist, als nationale des Landes, das er regiert, zumindest wahrscheinlich und als europäische von einer genügend großen Zahl kompetenter Leute so ernst genommen wird, daß man das als *factum brutum* der Geschichte des ausgehenden zwanzigsten Jahrhunderts nicht leugnen kann. Um diesen Erfolg geht es.

Von Kohls Erfolg her müssen auch seine spektakulären Mißerfolge in den Blick genommen werden, wenn man verstehen will, warum sie ihm nicht nachhaltig schadeten. Kohls Versuch, den sächsischen Justizminister Steffen Heitmann 1994 der Bundesversammlung als Kandidaten für das Amt des Bundespräsidenten und – wie die Kräfteverhältnisse damals waren – sicheren Nachfolger für Richard von Weizsäcker zu präsentieren, stieß nicht nur auf Unverständnis in der Öffentlichkeit, sondern erregte auch Unwillen in der Union. Zuletzt mußte der Bundeskanzler froh sein, daß Heitmanns Ungeschick und eine darauf reagierende steigende Mißstimmung in der Diskussion den allzu unbedacht Benannten veranlaßten, auf eine Kandidatur zu verzichten. Gewählt wurde dann Roman Herzog, Präsident des Bundesverfassungsgerichts und einst von Kohl für die Politik entdeckt. Aber er hatte ihn nicht vorgeschlagen.

Kohl hatte geglaubt, es werde dem Prozeß der Vereinigung der alten und der neuen Bundesländer guttun, wenn eine Persönlichkeit aus der früheren DDR so früh wie möglich Staatsoberhaupt des wiedervereinigten Deutschlands würde. Bundespräsidenten waren in der Bundesrepublik meistens hoch angesehen, zuweilen sogar populär. Das hing und hängt damit zusammen, daß sie nichts zu entscheiden haben, dann jedoch, wenn sie etwas zu sagen wissen, eindrucksvoll Figur machen können. Darin war Weizsäcker ein Meister gewesen. Der Vergleich zwischen Weizsäcker und Kohl, der in den zehn Jahren der zwei Amtszeiten dieses Bundespräsidenten unermüdlich zum Nachteil des Bundeskanzlers gezogen worden war, hatte etwas Niederdrückendes für Kohl, was nicht heißt, daß er es so empfand.

Weizsäckers Stil war nicht jedermanns Sache, und zumal in der Union gab es viele, die mit der Wahl des neuen Bundespräsidenten einen Stilwechsel herbeiführen wollten. Kohl hatte sich bei seiner Politik durch Weizsäcker nicht stören lassen und beabsichtigte auch nicht, Heitmann eine Möglichkeit dazu zu geben. Dessen Wahl wäre eine Geste gewesen – wenn auch eine wichtige –, aber eben eine Geste nur, mehr nicht. Wäre Heitmann, nachdem Kohl ihn genannt hatte, bis zum Wahltag in die Sahara gefahren, wäre er vielleicht Bundespräsident geworden. Doch im Licht der Aufmerksamkeit, die ihm plötzlich geschenkt wurde, wußte er sich nicht als wählbare Persönlichkeit zu behaupten. In den sechziger Jahren hatte Rainer Barzel das Eignungsprofil des Bundespräsidenten mit den Worten beschrieben, der Bundespräsident sei der Mann, der in der Bundesversammlung die Mehrheit erhält. Bei Steffen Heitmann zeigte sich rasch, daß er der Mann nicht sein konnte. Kohl war mit einer Idee gescheitert, die einen besseren Personalvorschlag verdient gehabt hätte.

Kohl hatte seine Kanzlerschaft angetreten mit dem Versprechen einer »geistig-moralischen Wende«. Er ist zwei Jahre vor dem Ende des Jahrhunderts länger im Amt, als Konrad Adenauer es war, und genießt als Kanzler der Wiedervereinigung und als Förderer der europäischen Einigung fast schon soviel Ansehen wie der Gründer der Bundesrepublik. Aber von einer geistig-moralischen Wende war nie etwas zu merken. Kohl hatte da wohl in den siebziger Jahren aus der Unruhe weiter Teile der Bevölkerung etwas Richtiges herausgespürt – damals machte etwa ein Kongreß mit dem Motto »Mut zur Erziehung« Furore –, aber er begriff nicht, was da vor sich ging und vor sich gegangen war. Die Bundesrepublik nahm Abschied von einer geistig-moralischen Bestimmtheit wie von einer alten Jacke. Die Jacke mußte weg, sie konnte nicht mehr getragen werden. Aber es tat weh, sie demnächst nicht mehr im Schrank zu wissen. Kohl tat so, als könne er mit ihr noch zum Staatsbankett gehen. Damit fiel er auf, aber er konnte die Jacke nicht neu machen, und die Werkstatt, in der das hätte geschehen können, war abgebrannt.

Kohl hatte selber nicht kapiert, was mit der Bundesrepublik Adenauers geschehen war – und zwar nicht erst seit den umstürzlerischen sechziger Jahren, sondern von Anfang an. Der Begriff einer geistig-moralischen Verfaßtheit, in der ein Teil des Gemeinwohls daran gemessen wird, wie sehr die Institutionen, die das Geistige und das Moralische unter Kuratel haben, für jeden einzelnen erreichbar und verpflichtend sind, gehört einer protestantischen Welt an. Auf dem Höhepunkt ihrer Kraftentfaltung waren etwa an den deutschen Universitäten viele der besten Professoren überzeugt, Katholiken könnten wegen ihres Glaubens nicht vorurteilsfreie Wissenschaftler sein. Es herrschte ein universalistischer Geist mit einer sich für universalisierbar haltenden Moral. Den Menschen versprach er von den Eliten bis zu den Kärrnern eine moderne Zeit, in der über die Fähigkeit zu geistiger und moralischer Präsenz alle Fragen von Freiheit und Gerechtigkeit würden beantwortet werden können. Das sollte die moderne Gesellschaft sein. Nach dem Zweiten Weltkrieg war es für viele in Europa mit dieser Zuversicht vorbei. Vom protestantischen Universalismus und Überlegenheitsgefühl blieb – soweit es sich in kollektiver Haltung zur Geltung brachte – eigentlich nur noch die gemeinsame Verehrung für Johann Sebastian Bach. Die protestantischen Kirchen sahen sich, je weiter das zwanzigste Jahrhundert voranschritt, um so mehr in Rückzugsgefechte verstrickt.

Für die katholische Kirche ist eine geistig-moralische Wende von Staats wegen ein Unbegriff. Zunächst einmal haben für sie Geist und Moral nichts miteinander zu tun, auch wenn die geistvollen Leute natürlich moralisch einwandfrei sein sollen und die moralisch vorbildlichen Leute möglichst nicht zu einfältig. Doch was den Geist angeht, da sorgt die katholische Welt vorzüglich für die Eliten und läßt andere zusehen, wie sie zurechtkommen. Seit der Protestantismus als Bildungsmacht aus dem öffentlichen Leben – nicht nur in Deutschland – verschwunden ist, hat sich eine frappierende Umkehrung der Verhältnisse ergeben: War früher ein Bildungsgefälle von den protestantischen Regionen hinunter zu den katholischen zu verzeichnen, so sind heute die Schulen und Gymnasien für die, die sie besuchen wollen und können, in katholischen Ländern anspruchsvoller als in protestantischen. Und – was zumindest für die Kombination des Geistigen mit dem Moralischen bedeutsam ist –: Gab es seit Melanchthon einen Vorsprung der protestantischen Bildung bei den humanistischen Fächern vor dem Angebot der traditionalistischen katholischen Einrichtungen, so trifft man die alten Sprachen und die an ihnen hängende Kultur heute nur noch in den Reservaten katholisch-konservativer Bildungspolitik, wo sie, wenn möglich auch von Protestanten, dann aber als einzelne, nicht als Vertreter eines Bildungsanspruchs von universellem Rang benutzt werden.

Die Bildungsmacht der katholischen Kirche ist eine, die auf den Staat nicht angewiesen ist und in den Staat nur so weit hineinwirkt, wie sie dort ihren kirchlichen Auftrag erfüllt. Daß sie heute die einzige verbliebene traditionelle Bildungsmacht ist, läßt die staatliche – von einem Staatsmann erhobene – Forderung nach einer geistig-moralischen Wende zu einem Anachronismus werden, wohl der symptomatischste in der Geschichte der Bundesrepublik. Computerkurse und Spaziergänge im Internet mögen eine Voraussetzung dafür sein, daß die Deutschen fit werden – um ein Postulat Kohls aus jüngerer Zeit aufzunehmen – für die Erfordernisse des einundzwanzigsten Jahrhunderts, geistig oder moralisch bedeuten sie günstigstenfalls nichts.

Das Auseinanderfallen der Gesellschaft in Bildungseliten, Leistungseliten und eine intellektuell anspruchslose Bevölkerung hat Kohl nicht zu verantworten. Dem Einhalt zu gebieten, liegt weder in seiner Macht noch in seiner Kompetenz als Bundeskanzler. Bemerkenswert an seinem Appell als einem Datum seiner politischen Biographie ist, daß er eine Stimmung aufnahm, ohne einen Adressaten zu kennen. Diejenigen, die das hätten sein können, waren der Bundesrepublik schon vor ihrer Gründung verlorengegangen und ließen sich hernach nicht wieder einsammeln. Deshalb aber auch schadete Kohl das Vergebliche – wenn man so will Klägliche –

seines Appells nicht. Für die einen hätte er genausogut sagen können: Wir brauchen wieder mehr Hausmusik. Darüber kann man sich zwar lustig machen, aber auf die Dauer ist das kein Thema für Polemiken. Für die anderen sprach er aus, welchen Verlust die Gesellschaft erlitten hatte. Ob er der richtige Mann war, das auszusprechen – die Frage mochte zu oberflächlichem Spott Anlaß geben. Aber daß die Diagnose ohne Rezeptur blieb, war unerheblich, weil Diagnostiker und Patient beide einen Anachronismus verkörperten.

»Wegen einer Häufung von Affären, Fehlern und Versäumnissen«, schrieb Helmut Schmidt am 10. Februar 1984 in der Hamburger Wochenzeitung *Die Zeit*, zu der er nach seinem Sturz gestoßen war, »hat das Kabinett Kohl gegenwärtig ein ähnlich ramponiertes Ansehen wie vor knapp zwei Jahrzehnten das Kabinett Erhard. Ludwig Erhard wurde schließlich – nach bloß drei Jahren Kanzlerschaft – von seiner eigenen Partei ohne Rücksicht auf seine früheren Verdienste gestürzt. Ein Gleiches könnte auch dem gegenwärtigen Bundeskanzler geschehen, wenn er sich nicht rechtzeitig zu Entschlußkraft nach innen und außen aufraffen sollte. Wir werden das abzuwarten haben – immerhin aber muß der Kanzler wissen, daß der Fall Wörner contra Kießling im Kern ein Fall Kohl geworden ist.« Am Ende dieser Affäre bemerkte der britische *Guardian*: »Die Trennungslinie zwischen meisterhafter Untätigkeit und einem Beharrungsvermögen, das dem Ausweichen von Verantwortung gleichkommt, ist in diesem Fall so dünn, daß sie nahezu unsichtbar wird.«

Was war geschehen? Ein Vier-Sterne-General, Günter Kießling, war dem Amt für Sicherheit der Bundeswehr gemeldet worden, weil er in zwei Kölner Homosexuellenlokalen verkehre und dort bekannt sei. Das Amt sah darin ein Risiko für die Streitkräfte und unterrichtete Verteidigungsminister Manfred Wörner. Wörner kannte Kießling seit 1976. Er war damals CDU-Bundestagsabgeordneter gewesen, Kießling Kommandeur der 10. Panzerdivision in Sigmaringen. Der Minister und der General sprachen miteinander und kamen, ohne daß es ein Schuldeingeständnis gegeben hätte, überein, daß Kießling, wie ohnehin geplant, vorzeitig in den Ruhestand gehen und bis dahin aus Krankheitsgründen dem Dienst fernbleiben würde.

Dann kehrte Wörners Staatssekretär Hiehle nach langer Krankheit ins Ministerium zurück und bedrängte den Verteidigungsminister, die Untersuchung im Fall Kießling müsse wie jede andere Sicherheitsüberprüfung abgeschlossen, also zunächst einmal fortgesetzt werden. Wörner gab nach, unterließ es aber, Kießling von der Wiederaufnahme der Untersuchung Bescheid zu geben, in deren Verlauf er selbst eine Unterredung mit einem angeblichen Zeugen für die Homosexualität des Generals hatte. Die Sache zog sich über Monate hin. Im September war Wörner unterrichtet worden und durch ihn ebenso Kohl. Im Dezember trug Staatssekretär Hiehle seinem Minister einen Sachbericht vor, nach dem Kießling sofort die Sicherheitsbescheide entzogen werden müßten. Wieder unterrichtete Wörner Kohl, und der wies ihn an, die Angelegenheit sorgfältig zu prüfen und seine Pflicht zu tun. Der Verteidigungsminister handelte und schickte den General ohne Rücksprache schon zum 31. Dezember 1983, also ein Vierteljahr früher als vereinbart, in den vorzeitigen Ruhestand.

Kießling beantragte daraufhin die Einleitung eines Disziplinarverfahrens gegen sich selbst. Am Ende der Affäre stand die vollständige Rehabilitierung des Generals Günter Kießling, und der Bundestagsabgeordnete Josef Fischer von den Grünen machte sich im Plenum des Deutschen Bundestages lustig über das von ihm antizipierte Bild der Verabschiedung des verdienten Soldaten mit Großem Zapfenstreich, worin der Choral ertönt: »Ich bete an die Macht der Liebe.«

»Es ist Kanzler Kohl«, schrieb die römische Zeitung *Il Manifesto*, »der die jämmerliche Figur desjenigen abgibt, der Flickwerk betreibt und auf Zeitgewinn spielt, um Ärger mit diesem oder jenem Minister zu umgehen.« Den Deutschen freilich, die an diesen Tagen die Nachrichtensendungen des Fernsehens verfolgten, entging nicht, wie Bundeskanzler Kohl in der Bundespressekonferenz vor Journalisten, die laute Äußerungen ihrer Verachtung kaum unterdrücken konnten, Verteidigungsminister Wörner sein Vertrauen bekundete und darlegte, weshalb er ihn in seinem Amt belassen wolle. Der Satz, der damals vielen gegenwärtig war, offen verspottet, wahrscheinlich oft heimlich bewundert, lautete: »Wir lassen uns unsere Lebensfreude trotz aller Probleme, die wir zugegebenermaßen haben, nicht vergällen.« So wünschten sich die meisten Zuschauer ihre Chefs, und sie verabscheuten die Journalisten, die den Bundeskanzler dafür auslachten.

Das ist Spekulation, gewiß, aber die *Süddeutsche Zeitung* kommentierte das Ende der Affäre mit den alles andere als freundlich gemeinten Worten, nun habe sich »Kohls politischer Stil endgültig durchgesetzt«. Manfred Wörner, ein anerkannt tüchtiger Verteidigungsminister,

war fortan einer der engsten Weggefährten des Bundeskanzlers, er wurde später Nato-Generalsekretär und erwarb sich große Anerkennung bei der Auflösung des
Warschauer Paktes, des östlichen Gegenstücks zur Nord-
atlantischen Verteidigungsgemeinschaft.

In allen drei hier erwähnten Fällen zeigt sich, daß Kohl
bei jeder unabweisbaren Angreifbarkeit seines Vorgehens immer der Zustimmung eines ansonsten für politische Meinungsbildung schwer erreichbaren Teils der
Bevölkerung sicher sein kann, das Scheitern seiner Pläne –
wie im Fall Heitmann oder beim Projekt einer geistig-
moralischen Wende – ihn aber der Mühsal enthebt, mit
der unsäglichen Realisierung seiner aus dumpfem Wohl-
meinen entstandenen Vorstellungen leben zu müssen.

Im Fall Wörner/Kießling kommen die Ungeniertheit
der eigenen Geschäftsführung und die Überzogenheit
mancher Forderungen einer kritischen Öffentlichkeit zusammen. Zweifellos, Kießling war Unrecht geschehen –
in der Konstruktion des Mißtrauens gegen ihn und durch
die wechselhafte Behandlung der Angelegenheit durch
den Minister. Da waren Fragen des Stils, aber auch Fragen der Kompetenz berührt. Gleichwohl waren es Fragen gewesen, die weit entfernt waren von jedem Bereich
lebenswichtiger Entscheidungen.

Man kann sagen, darauf komme es nicht an. Bei Kohl
kam es nur darauf an. Skandale wie im Fall Kießling
konnten in jedem Ministerium jeden Tag produziert werden. Wenn dann immer der Minister hätte zurücktreten
müssen, wäre das Ende der personellen Ausstattung zur
Besetzung von Ministerposten selbst bei einer so großen
Partei wie der CDU bald erreicht gewesen. Die politische
Verantwortung des Ministers war eine Achillesferse für

jeden Ressortchef geworden, der bei seiner Amtsübernahme den Beamtenapparat seines Hauses nicht – wie Friedrich Zimmermann es im Innenministerium getan hatte – an der Spitze energisch neubesetzte. Die Union freilich hatte, als ihre Abgeordneten noch die Oppositionsbänke drückten, den angesehenen sozialdemokratischen Verteidigungsminister Georg Leber wegen einer Angelegenheit zum Rücktritt genötigt, in der die Verantwortlichkeit grundsätzlich ähnlich gelagert war wie bei Wörner.

Kohl hatte den Fall seines Ministers behandelt wie ein souveräner Hausvater, der, wenn Unruhe bei Kind und Kegel ausbricht, nur sagt: Vertragt euch. So hatte er zum Schluß den Verteidigungsminister beschieden, und der war dankbar genug, das zu tun, ganz gleich, was für ein Gesicht er dabei machen mußte. Auf das Gesicht brauchte es wohl auch nicht mehr anzukommen, nachdem der Kopf oben geblieben war.

Die CSU freilich, die so rasch nach Kohls Wahl zum Kanzler – das konstruktive Mißtrauensvotum, durch das Schmidt gestürzt worden war, lag erst ein Jahr zurück – die Hoffnung noch nicht ganz aufgegeben hatte, daß sich an der Spitze der konservativ-liberalen Bundesregierung vielleicht doch noch etwas ändern könnte, bezweifelte die Weisheit des, wie sie im *Bayernkurier* schreiben ließ, »personalpolitischen« Doppelbeschlusses, »Wörner zu halten und Kießling zu rehabilitieren«. Damit könne die Affäre doch nicht zu Ende sein, meinte sie; den »angerichteten Schaden« auf solche Weise begrenzen zu können, sei eine Hoffnung, die sich als »voreilig und trügerisch« herausstellen könne. Die CSU, befand der *Bayernkurier*, könne für Entstehung, Verlauf und Abwicklung der Affäre nicht in Mitverantwortung genommen werden. Es ist nicht bekanntgeworden, ob Kohl je vorhatte, dies zu tun.

Die Frage zur Kanzlerschaft Kohls: Wie hat er das gemacht? ist hier leicht beantwortet. Dazu muß dann allerdings noch erklärt werden, warum es funktioniert hat. Entscheidend war, daß die Leute ihm glaubten, daß er es gut meinte, wenn er Wörner noch einmal eine Chance gab, sich im Amt zu bewähren. Darüber hinaus entscheidend und von größerem Gewicht war, daß Kohl jetzt als Kanzler auch so handeln konnte – ungerührt darüber, ob andere die Nase rümpften oder spitz jede Mitverantwortung ablehnten. Abstrakt geurteilt, war das natürlich das Gegenteil von dem, was man sich nach alter Auffassung vom Ergebnis einer geistig-moralischen Wende versprochen hätte. Konkret genommen war das die Art Wende, nach der viele sich gesehnt hatten und immer wieder sehnen würden: daß es heimeliger, freundlicher und vor allem nachsichtiger zugehen möge in der neuen Zeit, die ansonsten viele Vorteile und Erleichterungen gebracht hatte.

Für den Historiker kann es nur eine Vermutung sein, aber es ist eine plausible Vermutung: das Reden von der geistig-moralischen Wende war nicht nur ein Appell gewesen, es hatte auch ein Versprechen darin gelegen. Es lautete: Ich werde es anders machen, menschlicher, menschenfreundlicher, nachvollziehbar für euch, ganz gleich, was die ewigen Herunterreißer und Bedenkenträger dazu sagen. Ich halte die Kritik schon aus – ihr auch. Das verkörperte Kohl am Ende der Wörner/Kießling-Affäre. Der Kanzler verfügt über eine eigene Ungeniertheit, Vertrauen zu gewinnen, und das Vertrauen, das er genießt, auf die, mit denen er es zu tun hat, auszustrahlen. Hier endet die Kunst des Historikers.

14. Bitburg

Bitburg ist eine Stadt in Rheinland-Pfalz, ihre Geschichte geht bis in die Römerzeit zurück, nach dem Zweiten Weltkrieg gehörte sie zur amerikanischen Besatzungszone, bekannt wurde sie über die Grenzen der Eifelregion hinaus in der Bundesrepublik zuerst wegen des Militärflughafens und der Truppen, die die Amerikaner dort unterhielten. In der politischen Biographie Helmut Kohls bezeichnet der Name Bitburg ein Datum von höchster Brisanz. Es gibt viele Interpretationen für das, was in Bitburg geschah, wie viele, kann man genau nicht sagen – aber es gibt mindestens doppelt so viele Deutungen, die bei der Frage ansetzen, warum es geschah. Außerhalb der politischen Biographie Kohls ist das Datum ohne jede Bedeutung, weshalb es schwierig ist, die Erregung verständlich zu machen, die 1985 von Washington bis Bonn, von New York bis Hamburg zu heftigen Diskussionen führte und Gegner des Bundeskanzlers bis heute den Namen Bitburg – mit seiner Person verbunden – vorwurfsvoll und verächtlich aussprechen läßt, wohingegen auch Bewunderer Kohls darauf mit ungeheucheltem Desinteresse reagieren.

Wenn Bitburg, wie es der Bundeskanzler wohl gewollt hatte, ein Symbol wurde, dann nur für die, die ein solches Symbol nicht wollten. Auch für diesen Unwillen gab es unterschiedliche Gründe, ebenso wie das Desinteresse an dem symbolischen Akt unterschiedliche Ge-

fühlslagen verdeckt. Daß dennoch dieses Desinteresse
nicht geheuchelt war, ist eine Besonderheit dessen, was
man die Vergangenheitspolitik der Deutschen in der Bundesrepublik nennen kann. Auch die müßte, wenn man
Bitburg begreiflich machen wollte, eigens erläutert werden, und auch dabei wäre jede Darstellung nur so gut,
wie es ihr gelänge, mit einer Deutung zugleich Platz zu
schaffen für eine andere, die mit ihr kaum vereinbar wäre.
Wie könnte ein Brief aussehen, den ein Beobachter des
Geschehens an einen Freund schriebe, der auf der anderen Seite des Erdballs lebte und von alledem erfahren
sollte?

Es begann damit, daß die Siegermächte des Zweiten
Weltkriegs nach vierzig Jahren daran gingen, Feiern zur
Erinnerung an ihren Sieg auszurichten. Zwischen Hitler
und Deutschland wurde in der Erinnerung nicht so genau unterschieden. Warum ausgerechnet nach vierzig
Jahren, das ist ein Geheimnis, das bis heute unaufgeklärt
ist. Die Deutschen waren bei den Feiern nicht vertreten,
sie wurden nicht eingeladen. Es gab keine gemeinsame
Zeremonie mit den im Krieg Geschlagenen, denn die
Sieger waren der Ansicht, es sei schöner, eines Sieges zu
gedenken, als der Schmerzen, die lange vorbei waren.
Und die Deutschen waren nun einmal keine Sieger gewesen. In Deutschland gab es derweil eine Diskussion,
ob man den 8. Mai 1945, den Tag der Kapitulation, als
Tag der Niederlage oder der Befreiung feiern sollte,
dürfte, könnte. Ernst Jünger hat einmal auf die Frage,
was für ihn das Schlimmste im Ersten Weltkrieg gewesen
sei, geantwortet, daß »wir ihn nicht gewonnen haben«.
Vom Zweiten Weltkrieg mochte sich vierzig Jahre nach
Kriegsende allenfalls eine winzige Minderheit gewünscht

haben, daß Hitlers Deutschland als Sieger daraus hervorgegangen wäre.

Aber damit ist man noch nicht bei den wirklichen Siegern eingereiht. So moralisch vortrefflich es klingen mag,
wenn man sich weigert, den Untergang des Dritten Reiches als beklagenswertes – wie die Worte Niederlage
oder Zusammenbruch es ausdrücken – Ereignis zu apo-
strophieren, so moralisch bedenklich ist es doch auch,
wenn man, indem man den Vorgang als Befreiung feiert,
sich auf die Seite, wo nicht der Sieger, so doch der Opfer
der Diktatur stiehlt – obwohl das in Einzelfällen auch
von Deutschen genau so erlebt worden sein mag. Als
Muster für ein kollektives Selbstbewußtsein der Nation
taugte das nicht. Wäre es das Beste gewesen, stille zu
halten, das Gesicht zur Wand zu drehen und die Sieger
feiern zu lassen, bis es vorbei war mit den Feiern?

So gedachte Kohl die Angelegenheit nicht zu behandeln. Die westlichen Kriegsalliierten waren seit Jahrzehnten Bündnispartner der Bundesrepublik, man hatte
oft gesagt, sie seien Freunde geworden, was Kohl gern
glaubte. Freunde aber gehen so nicht miteinander um,
daß wegen einer Sache von früher der eine in die Ecke
gestellt wird, während die anderen ein Fest feiern. Der
Bundeskanzler überredete den amerikanischen Präsidenten Ronald Reagan, seinen Deutschlandbesuch – in Bonn
kamen die sieben großen Industriemächte zu ihrem
Wirtschaftsgipfel zusammen – zu nutzen, um auf dem
Soldatenfriedhof in Bitburg eine gemeinsame, versöhn-
lich stimmende Feier zum Gedenken an das Ende des
Zweiten Weltkriegs zu begehen. Das paßte zeitlich genau. Die Amerikaner hatten Grund, dem Wunsch Kohls
zu entsprechen, denn der Bundeskanzler hatte sich trotz

erheblicher innenpolitischer Anfeindungen durch die SPD und die imponierend auftretende Friedensbewegung als zuverlässiger Partner der amerikanischen Aufrüstungspolitik erwiesen. Manchmal sah es so aus, als sei er der einzige zuverlässige Partner in Europa, auf jeden Fall war er der wichtigste.

Die Ausführung des Plans stand unter keinem guten Stern. Auf dem Soldatenfriedhof von Bitburg lagen keine amerikanischen Kriegstoten. Aber es befanden sich dort die Gräber von 47 SS-Angehörigen. Das erregte Anstoß, wenn auch nicht überall. Die *Neue Züricher Zeitung* etwa meinte, es »hätte sich ohnehin als absurd verbieten müssen, eine andere Gefallenengedenkstätte mit lauter unschuldigen Deutschen suchen zu wollen«. Doch als Kohls Regierungssprecher, der Journalist Peter Böhnisch, die Aufregung in den Vereinigten Staaten mit den Worten kommentierte: »Wir können nicht damit anfangen, Friedhöfe zu entnazifizieren«, bemerkte das *Time*-Magazin unter der Überschrift »The Bitburg Fiasco«: »Exakt. Das ist der Grund, wegzubleiben.« Reagan blieb nicht weg. Aber es wurde zusätzlich ein Besuch des Konzentrationslagers Bergen-Belsen in das Programm aufgenommen. Und noch ein Besuch des Grabes von Adenauer in Rhöndorf.

Kohl ersparte Reagan nichts. Fallschirmjäger der Bundeswehr trugen Kränze mit den Farben der Vereinigten Staaten und der Bundesrepublik zu dem Ehrenmal auf dem Bitburger Friedhof. Reagan, in einem hellen Mantel, wurde begleitet von General Ridgway, dem früheren Nato-Oberbefehlshaber von Europa. An Kohls Seite war General Steinhoff, ehedem Chef des Nato-Militärkommandos und Luftwaffeninspektor, das Gesicht schwer entstellt von Brandverletzungen aus dem Zweiten Welt-krieg. Die vier Männer treten zu den von den Soldaten abgelegten Kränzen und ordnen die Schleifen. Dann reichen sich die beiden Generäle wortlos die Hand. Der Präsident und der Kanzler reichen sich nicht die Hand. Das ist anders als ein Jahr zuvor in Verdun bei der Feier, zu der Kohl und Mitterrand Ernst Jünger mitgenommen hatten. Ein Trompeter der Bundeswehr spielt: »Ich hatt' einen Kameraden.« Kohl ist ergriffen, er langt mit der rechten Hand zum Augenwinkel, ehe er zu Reagan hin-überschaut. Reagan verzieht keine Miene.

Der amerikanische Präsident stand unter dem Ein-druck der Proteste in den Vereinigten Staaten. Doch Kohl wird ihm deutlich gemacht haben, daß er hier nicht ausweichen könne. Seit Übernahme der Kanzlerschaft hatte die SPD Kohl mit Fleiß und Häme als einen unbedarften Provinzler hingestellt, der – anders als Helmut Schmidt – nicht in der Lage sei, deutsche Interessen gegenüber ausländischen Staatsmännern zu wahren. Daß Kohl zumal mit der Nachrüstungspolitik die wohlüberlegte Politik von Helmut Schmidt fortsetzte, wurde verdrängt. Es war ja auch auf dem Kölner Parteitag der SPD 1983 Schmidt von den Sozialdemokraten mit diesem Teil seiner Politik in einer Weise desavouiert worden, für die es in der deutschen Parteiengeschichte keine Parallele gibt. Dem Bundeskanzler Schmidt hatte die SPD eine Politik erlaubt, für die nach seinem Sturz nur noch wenige Parteitagsdelegierte das Handzeichen abgeben wollten.

Sozialdemokraten und Friedensbewegung hatten eine Stimmung aufkommen lassen, in der viele Menschen glaubten, Reagan und Kohl seien nicht willens oder unfähig, den Frieden mit der Sowjetunion und den Staaten des Warschauer Paktes zu wahren. Diese Sorge ergriff auch Familien, in denen es Väter und Brüder gab, die in der Bundeswehr dienten. Das waren nicht selten Familien, in denen Väter und Großväter und deren Brüder im Zweiten Weltkrieg gekämpft hatten – ob als Soldaten der Wehrmacht oder in der Waffen-SS war den Hinterbliebenen bis zu einem gewissen Grad gleichgültig. Gegenüber der Pflicht, Soldat werden und gegebenenfalls in den Krieg ziehen zu müssen, fühlten sich die meisten von ihnen damals wie heute als Untertanen. Dem hatten die Alliierten bei Adenauer Rechnung getragen, als sie, die Wiederaufrüstung Deutschlands in der Bundesrepublik auf dem Programm, reihenweise Kriegsverbrecher vorzeitig aus der Haft entließen beziehungsweise erlaubten oder anregten, daß das geschah – oder viele gar nicht erst anklagten. Dem könnten, war Kohl überzeugt, die Amerikaner auch jetzt Rechnung tragen – und es war kraß weniger als damals, was ihnen zugemutet wurde, wenn man denn die Anwesenheit von Gräbern von SS-Angehörigen auf einem Friedhof überhaupt als Zumutung betrachten wollte.

Kohl hatte diesen Irritationsfaktor sicherlich nicht im Auge, als er den Plan zu seiner Inszenierung faßte. Aber er wußte, daß es falsch gewesen wäre, seinetwegen den gemeinsamen Auftritt abzusagen. Mit solchen Differenzierungen kann man über die Erfahrungen des Krieges hinweg nicht zu Bemühungen um Versöhnung kommen. Wollte man die Versöhnung, durfte man zufällig ins Blickfeld geratene Gräber von mutmaßlich zwanzigjährigen SS-Leuten nicht ausgrenzen, weil davon Ungemach drohte. Das hätte die Inszenierung als oberflächlich entlarvt. Umgekehrt wurde sie jetzt zu einer ernsten Bewährungsprobe.

So war das nicht zu planen gewesen. Es hätte Kohl auch wenig gebracht. Die deutsche Rechte war für Versöhnungsgesten gegenüber den Amerikanern nicht zu haben. Noch in den Tagebüchern des hundertjährigen Ernst Jünger findet sich ein antiamerikanischer Affekt, den der kaum entnazifizierte Martin Heidegger schon in den fünfziger Jahren bei offiziellen Anlässen zu artikulieren nicht verschmähte. Mit Franzosen und Engländern konnten sich nationalistische deutsche Konservative leichter wieder vertragen als mit Amerikanern. Hier lebte der alte Groll, der aus der schwer zu beantwortenden Frage kam, weshalb die Vereinigten Staaten überhaupt in den – Ersten – Weltkrieg eingegriffen hatten. Dafür konnte es nur sinistre, unehrenhafte Gründe geben, und die deutsche Rechte sparte nicht an Phantasie, sich diese auszumalen.

In den achtziger Jahren war das Ressentiment durch den Antiamerikanismus der Enkel, der neuen Linken, längst wieder aufgefrischt worden, und zuletzt waren die Anklagen islamischer Fundamentalisten dazu gekommen, der *american way of life* zerstöre die traditionellen Lebensweisen alter Kulturvölker. Wer immer halbmilitärische Schauspiele wie das von Bitburg als Erfüllung seines geistig-moralischen Gefühlslebens ansehen wollte, tat sich schwer damit, Amerikanern einen Platz darin einzuräumen. Um der deutschen Rechten – der Stahlhelmfraktion in der CDU, wie die Linke klagte – einen Gefallen zu tun, war die Aktion verschwendet.

Doch es war nicht die letzte Aktion dieser Art. Nach dem Fall der Berliner Mauer gab es den Großen Zapfenstreich am Brandenburger Tor – zu dessen Ende, wie Traditionskundige peinlich berührt registrieren mußten, Kohl Beifall klatschte – und die Überführung der Gebeine Friedrichs des Großen nach Potsdam. Stets ging es dem Kanzler dabei um ein die Gemüter bannendes Bild, geeignet, seine Kanzlerschaft zu symbolisieren.

Hatte Reagan in Bitburg seinen Ansprüchen genügt? Man darf sagen: mehr als das. Der frühere Filmschauspieler aus Kalifornien wußte, daß in dieser Situation jedes Chargieren von Übel war. Sicherlich, Kohl konnte nicht anders – er war ergriffen und mußte es zeigen. Reagan zog es vor, seine Züge zu einer undurchdringlichen Maske erstarren zu lassen. Ihm war klar, daß die Bilder von Bitburg viele Male im Fernsehen wiederholt werden würden, und Hollywood hatte ihn gelehrt, daß die Darstellung tiefer Gefühle bei häufiger Wiederholung das, was sie anstrebt, verfehlt. Bilder, die weniger vor als in der Geschichte, also für die Geschichte bestehen sollen, müssen etwas Unnahbares haben, gerade was die Gefühle derer angeht, die sie zeigen.

Um solche Bilder nun zum Namen Bitburg ging es Kohl. Wie zuvor in Verdun, wie hernach in Berlin. Allerdings – und darin war er Reagan unterlegen –, er konnte diese Bilder nur als Betrachter und sich selbst in diesen Bildern nur als denjenigen denken, der sie staunend ansehen würde, wenn sie ihm im Geschichtsbuch oder im Museum begegnen würden. Reagan wußte, daß der enthusiastische Kinobesucher ein schlechter Schauspieler und lausiger Regisseur ist – es fehlt ihm die Distanz zur eigenen Rolle; er will alles so machen, wie es ihm irgendwo anders am besten gefallen hat; er kennt nicht den Unterschied zwischen Darstellern und Dargestelltem. Vielleicht ist das, was die Erinnerung an das Bild von Bitburg für viele Deutsche so peinigend macht: die Wahrnehmung des Gekünstelten im Projekt Kohls, veranschaulicht durch den vom eigenen Im-Bild-Sein gefesselten Protagonisten selbst, Kohl. Es war die politische Auseinandersetzung um die Inszenierung, bei der Kohls Gegner mehr unrecht hatten als Kohl recht, die zu seinem Vorteil von den allzu erkennbaren Schwächen der Aufführung ablenkte.

Von Jakob Bernays, einem der bedeutendsten Philologen des neunzehnten Jahrhunderts, gibt es das Wort: »Ranke starrt die Geschichte an.« Das heißt: Jede Geschichte ist ihm eine Oberfläche – jedes Verstehen von Geschichte ist ein Versuch, eine Oberfläche als Ganze zu erfassen. Der Historiker Leopold Ranke, sagt Bernays mithin, verzichtet darauf, unter die Oberfläche zu gelangen: er starrt die Geschichte an. Man könnte hinzufügen: wie ein Kind einen Hollywood-Film! Wenn Kohl Höhepunkte seines politischen Wirkens anstrebt, will er dazu Bilder zum Anstarren produzieren, Bilder fürs Museum, für die Geschichtsbücher.

Es gibt solche Bilder für Geschichtsbücher, für Museen. Die Fotografie, die Bundeskanzler Brandt kniend vor dem Ehrenmal für die Toten des Warschauer Ghettos zeigt, ist eines davon. Zu inszenieren sind diese Bilder nicht. Und ihre Kraft beweisen sie dadurch, daß niemand sie ansehen kann, ohne nachdenklich zu werden über die Geschichte, in die sie den Betrachter hineinziehen wie in ein Gespräch. Kohl inszeniert Bilder zum Anstarren, wenn man denn über die erste flüchtige Wahrnehmung hinaus weiter hinschauen mag. Solche Bilder werden im günstigen Fall durch die Erfolgsgeschichte beglaubigt, die sie von einem Augenblick her dokumentieren, bei ausbleibendem Erfolg werden sie vergessen wie Schnappschüsse fürs Familienalbum. Kohls symbolische Geste in Bitburg war kein Erfolg.

Aber was man nur anstarren kann, das ist auch ohne Geheimnis, ohne Tücke, ohne die dahintergesteckte Absicht, die man in Deutschland Politikern so gern unterstellt, um die Ansprüche ihrer Politik mit gutem Gewissen unterlaufen zu können. Kohls Geschichtsbildern ist auf den ersten Blick anzusehen, daß sie gutgemeint sind. Sie zeigen: er ist mutig, und er ist guten Mutes.

Für ein Gespräch über den Auftritt in Bitburg bedeutet das: Die Kritik an der Inszenierung war folgenreicher als das Schauspiel selbst. Nachdem Kohls Gegner anfangs ästhetisch argumentierten und Kohl, der Lächerlichkeit preisgegeben, als Risiko für deutsche Interessen auf dem internationalen Parkett hingestellt hatten, war es nun die moralische Integrität, mit deren Infragestellung am Beispiel des Umgangs mit der deutschen Vergangenheit Kohl diskreditiert werden sollte. Das mißlang vollständig. Weder die Deutschen noch die politisch Interessierten im Ausland ließen sich Kohl als Mann der Rechten einreden. Bitburg, bis heute von der Linken als Tiefpunkt der Kanzlerschaft Kohls zitiert, bezeichnet in Wahrheit den Punkt, an dem die deutsche Linke endgültig ihre Kompetenz zur Kritik Kohls verloren hatte, weil sie den CDU-Politiker in einen historisch diskreditierten Kontext von nationaler Romantik zu bringen suchten, in den er eindeutig nicht gehört. Von dorther drohte dem Bundeskanzler seither nie mehr irgendeine Gefahr. Daß vielen das damals schon ahnungsvoll bewußt war, machte vielleicht den Kern der Aufregung aus.

15. Aufstand gegen Kohl

Es gibt in der deutschen Politik der Jahre, in denen sich Helmut Kohls Aufstieg zum Bundespolitiker andeutete, in denen er als Bundesvorsitzender der CDU und schließlich als Bundeskanzler amtierte, eine Reihe von Politikern, deren Einstieg in die Politik, deren Karrieren und deren Lebensleistung so eng mit Kohls Wirksamkeit verbunden sind, daß man sie als eine – freilich sehr heterogene – Gruppe ansehen kann: Kohls Leute, obgleich sie dies nie alle zur selben Zeit waren und nur wenige überhaupt für längere Zeit. Richard von Weizsäcker, der selbst dazugehörte, erwähnt in seinen Memoiren *Vier Zeiten*, »um nur einige zu nennen, Heiner Geißler, Bernhard Vogel, Hanna-Renate Laurin, Norbert Blüm, später Walter Hallstein und Roman Herzog«. Der Bundespräsident von 1984 bis 1994, bei seiner Wiederwahl zu einer zweiten Amtszeit von der SPD eher nominiert als von der Union – schon bei der Wahl für die erste Amtszeit hatten viele Sozialdemokraten, die selbst keinen Kandidaten aufgestellt hatten, für ihn gestimmt –, bemerkt dazu: »Natürlich wußte jeder, daß Kohl bei alledem durchaus und sehr direkt die eigene politische Zukunft im Auge hatte. Warum auch nicht? Die Anziehungskraft seines Landesverbandes war sein persönliches Verdienst. Er strebte nach bundespolitischem Einfluß für seinen Verband und zugleich für sich selbst. So ist der demokratische Wettbewerb gedacht. Weil er die ja zum Teil sehr unterschiedlichen Ansichten seiner Angeworbenen niemals irgendwie einebnen, sondern im Gegenteil so zur Geltung bringen wollte, wie sie waren, entstand ein Landesverband, der in seiner Aufgeschlossenheit und Lebendigkeit ganz aus dem Rahmen fiel.«

Kohl hat das auf Bundesebene fortgesetzt. Bis zu einem Zeitpunkt, den man vielleicht mit dem Bremer Parteitag vom September 1989 bezeichnen kann – wobei allerdings offenbleiben muß, ob ein durch dieses Datum angedeuteter Kausalzusammenhang tatsächlich existiert –, war es Kohl gelungen, seine politische Durchsetzungskraft durch kluge Personalentscheidungen zu potenzieren. Das galt für die Berufung Biedenkopfs zum Generalsekretär, aber auch, zum rechten Zeitpunkt, für die Bestallung von dessen Nachfolger Geißler. Und es galt für seine ersten Kabinettsergänzungen in Bonn. In der Union muß ein Kanzler auf Ansprüche und Empfindlichkeiten von Landesverbänden und Parteigliederungen Rücksicht nehmen, wenn er Ministerposten vergibt. Auch Konrad Adenauer konnte da nicht frei schalten und walten, lediglich etwas Bosheit war ihm möglich, um anderen ihren Willen bitter werden zu lassen.

Kohls Handlungsfreiheit bei der Zusammensetzung der Regierung war seither nicht größer geworden. Doch bei Kabinettsergänzungen oder -umbildungen gelangen ihm respektable Erfolge. Schäuble holte er aus der Fraktion, Klaus Töpfer, der in Mainz bei Bernhard Vogel Umweltminister gewesen war, ging in dieser Funktion nach Bonn. Rita Süssmuth kam von einer unbedeutenden Hochschule und wurde Familienministerin, bevor sie als Bundestagspräsidentin unter die wichtigsten Repräsentanten der Bundesrepublik aufrückte.

Alle diese Persönlichkeiten sind nicht nur von sehr eigenem Profil, sie unterscheiden sich auch in jeweils eigener Weise von Helmut Kohl. Was immer von Kohls Harmoniestreben gesagt wird – in der Förderung dieser Leute hat man das denkbar am wenigsten überzeugende Beispiel dafür. Und einer der ältesten Mitstreiter aus diesem Kreis, auch gerade derjenige von ihnen, der ihm noch am ehesten freundschaftlich verbunden zu sein schien, sollte sein entschiedenster Gegenspieler in einer der schwierigsten Phasen seiner Kanzlerschaft werden: Heiner Geißler. Der aus Oberndorf am Neckar stammende Katholik war schon von 1965 bis 1967 Mitglied des Bundestages gewesen, bevor er auf Kohls Initiative hin Sozialminister in Rheinland-Pfalz wurde, zunächst noch unter Peter Altmeier, dann unter Kohl, zuletzt unter Bernhard Vogel. Der 25. Bundesparteitag der CDU in Düsseldorf wählte ihn im März 1977 mit 746 von 812 Stimmen zum Generalsekretär. Kohl hatte bei seiner Wiederwahl 767 Stimmen erhalten. Geißler, der soeben 47 Jahre alt geworden war und einen guten Ruf als Sozialpolitiker genoß, bezeichnete das Amt, in das er auf Vorschlag Kohls gewählt worden war, als »eines der wichtigsten politischen Ämter in Deutschland«. Von 1982 bis 1985 leitete der schwäbische Jurist, der mit einer Arbeit über das Recht auf Kriegsdienstverweigerung promoviert worden war, auch das Bundesfamilienministerium.

Auf die organisatorische Aufrüstung der CDU folgte nun die programmatische. Kohl hatte rechtzeitig erkannt, daß die innere Balance der Volkspartei nicht zu halten sein würde, wenn die Union sich von Feldern traditionell linker Politik zurückzog. Aber diese Felder hatten sich verändert, und das war in der CDU früher erkannt worden als in der SPD. Die Industriearbeiter und ihre Interessen verloren an Bedeutung. Einerseits ging es ihnen gut, andererseits wurden sie immer weniger. Die Umstrukturierung industrieller Regionen schuf keine Not, aber Angst. Als Ludwig Erhard Anfang der sechziger Jahre im Ruhrgebiet öffentlich erklärte, künftig werde Öl ein wichtigerer Energieträger sein als Kohle, leitete er damit das Ende der CDU-Dominanz im Bundesland Arnolds und Adenauers ein. Zwar benötigte die SPD 1966 wieder ein konstruktives Mißtrauensvotum im Landtag von Düsseldorf, um zum zweiten Mal nach 1956 an die Regierung zu kommen. Aber dieses Mal sollte sie dranbleiben. Sie hatte bei den Landtagswahlen 1966 die absolute Mehrheit knapp verfehlt, das Ergebnis der CDU war desaströs gewesen.

Historiker haben gemeint, darin einen Beginn der Auflösung christlich-demokratischer Mehrheiten in den Hochburgen des katholischen Milieus sehen zu können, die das Ruhrgebiet wie ein Kranz umgeben: Sauerland, Rheinland, Niederrhein, Münsterland, Ostwestfalen. Wenn das stimmte, dann doch nur zum Teil. Schon 1970 gewann die CDU ihre Stellung als stärkste Partei in Nordrhein-Westfalen zurück, und sie konnte sie bei den Landtagswahlen 1975 noch ausbauen. Erst unter dem Eindruck der Kanzlerkandidatur von Franz Josef Strauß mußten die Christdemokraten im bevölkerungsreichsten Land der Bundesrepublik erneut einen Rückschlag hinnehmen, der die SPD wieder an ihr vorbeiziehen ließ. Nach fünfzehn Jahren ununterbrochener Regierung mit der FDP, länger als die CDU vor ihr, erzielte sie die absolute Mehrheit der Mandate, weil die Liberalen nicht mehr in den Düsseldorfer Landtag zurückkehrten. Und 1985 landete die CDU bei den Landtagswahlen mit fast doppelt so vielen Prozentpunkten unterhalb der 40-Prozent-Grenze, wie die Sozialdemokraten über 50 Prozent erreichten. Der Abstand war gigantisch geworden. Dennoch schien es Kohl nur am Rande zu berühren. Er hatte die Dinge in Nordrhein-Westfalen in einer Weise schleifen lassen, die fast schon an Mißachtung grenzte. Man konnte meinen, es sei ihm ganz recht, wenn das, was in dem ehemaligen Industrierevier an der Ruhr vor allem zu tun war, von der SPD getan werde.

Die Industriearbeiter wurden weniger, ihre Interessen waren jetzt weniger wichtig. Die CDU erschloß neue Themenfelder linker Politik: kinderreiche Familien, neue Formen der Armut, wie sie aus veränderten Sozialstrukturen hervorgegangen waren; überhaupt kümmerte sie sich darum, ein Forum für jene technische Intelligenz zu schaffen, die keine akademische Ausbildung genossen hatte, aber der einfachen Arbeiter- und Angestelltenschicht entwachsen war. Die gab es in großer Zahl überall in Deutschland. Geißler, der einige Modelle in Rheinland-Pfalz schon erprobt hatte, war hier mit der CDU allein auf weitem Feld. Die Sozialdemokraten pflegten mit den Gewerkschaften die traditionellen Reservate linker Politik.

Wo aber nicht unmittelbar Themen organisierter Arbeitnehmer angesprochen waren, beherrschten zumal in der Zeit der Kanzlerschaft Helmut Schmidts die Akademiker die innerparteilichen Diskussionen, die im Anschluß an die Studentenbewegung zur SPD gestoßen waren. Der entsprechend auffallende Mangel an akademischem Nachwuchs bei der CDU in diesen Jahren sollte zwar auch die Partei Helmut Kohls verändern – keineswegs nur zu ihrem Vorteil –, doch aktuell bedeutete die veränderte Konstellation eine Stärkung der innenpolitischen Kompetenz der Union.

Wiederum nur etwas überspitzt könnte man sagen, daß die Studentenbewegung der SPD die linken Themen verdorben habe, und als daraufhin in der SPD realpolitisch nur noch Altbackenes und gesellschaftspolitisch nur noch Utopisches diskutiert wurde, gingen neue Arbeitnehmerschichten zur CDU. Und ein nachwachsender Akademikerschub, verbunden mit Teilen der Protestbewegung und anschlußfähig für ältere, meist am rechten Rand des politischen Spektrums angesiedelte Teile einer diffusen ökologischen Bewegung, nutzte das Generalthema der umstrittenen Kernenergie zu neuer Mobilisierung und spaltete aus dem linken Komplex eine neue Partei ab: die Grünen.

Mitte der achtziger Jahre gab es sozialdemokratische Regierungschefs zunächst nur noch in Bremen, Hamburg, Hessen und Nordrhein-Westfalen. Die Union regierte in Baden-Württemberg, Bayern, Niedersachsen, Schleswig-Holstein und Rheinland-Pfalz mit absoluter Mehrheit. Im Bundesrat hatte sie eine Mehrheit von 41 gegenüber 15 Stimmen der sozialdemokratisch regierten Länder.

Die ersten Veränderungen, die beide Parteien betrafen, spiegelten ihre veränderte Kompetenz wider: Die SPD gewann – mit Oskar Lafontaine – das Saarland, eine katholische Industrieregion mit den Problemen bei Kohle und Stahl, wie sie auch Nordrhein-Westfalen hatte, wo die SPD mit Johannes Rau 1985 52,1 Prozent der Stimmen erreichte, das höchste Ergebnis, das eine Partei dort je für sich hatte verbuchen können. Umgekehrt konnte die CDU 1987 in Hessen, wo in den großen Städten die bei Dienstleistungen Beschäftigten den Ton angaben, wieder stärkste Partei werden, und da es diesmal mit der FDP zur Mehrheit reichte, konnte sie mit Walter Wallmann den Ministerpräsidenten stellen. Vorausgegangen war das erste Scheitern einer rot-grünen Koalition auf Landesebene in Wiesbaden. Dieses Scheitern – oder das für manche befremdliche Bündnis mit Holger Börner und Joschka Fischer an der Spitze – mußten die Sozialdemokraten mit dem Verlust von sechs Prozent ihrer Stimmen bezahlen, allerdings gegenüber den für sie erstaunlich erfolgreichen Neuwahlen von 1983.

Die neue Stärke der Union in den achtziger Jahren trug nicht dazu bei, das Ansehen ihres Kanzlers zu mehren. Man sprach damals, um sich die Ergebnisse der Bundestagswahlen zu erklären – 1983: Kohl siegt gegen Hans-Jochen Vogel, 1987: Kohl siegt gegen Johannes Rau –, von einem Partei-Bonus und einem Kanzler-Malus. Das sollte heißen: Kohl verliert nicht, weil die Leute eine CDU-Regierung haben wollen. Das war auch ein Umkehrschluß, der von der Situation her gezogen wurde, wie sie zuvor bestanden hatte: da hatten die Leute einen Kanzler Schmidt haben wollen, aber keine sozialdemokratische Regierung. Die CDU allerdings war das, was ihr Vorsitzender Kohl und seine beiden Generalsekretäre Biedenkopf und Geißler aus ihr gemacht hatten.

Geißler aber wurde jetzt immer ungeduldiger. Er hatte das Pferd gefüttert und trainiert, dem Reiter in den Sattel geholfen, den Startplatz für ihn planiert und erwartete nun, daß das Rennen losgehen und über alle auf der Bahn befindlichen Hindernisse führen würde. Statt dessen schienen Roß und Reiter mehr als einmal im Sumpf zu versinken. Die Flick-Affäre brachte auch den Kanzler in Bedrängnis. Der Industrie-Erbe Flick hatte, um Steuererleichterungen zu erhalten, den Parteien hohe Spenden zukommen lassen. Die Sache wurde in parlamentarischen Untersuchungsausschüssen erörtert, und es kam der Verdacht auf, Kohl habe vor einem solchen Gremium, ausgerechnet dem Untersuchungsausschuß in Rheinland-Pfalz, die Unwahrheit gesagt, als er behauptete, von einer bestimmten Transaktion nichts gewußt zu haben. Geißler sprang ihm hilfreich bei und verkündete, da habe der Kanzler wohl einen »Blackout« gehabt. Das Wort wurde sogleich sehr populär in Deutschland. Indes, Hilfe solcher Art bekommt dem Helfenden in aller Regel nicht gut, und Kohl ist nicht der Mann, schmerzhafte Nebenwirkungen zu vergessen bei den Wohltaten, die er von anderen empfängt.

Geißler wurde jedoch von ganz anderen Sorgen umgetrieben. Die Einheit des Regierungslagers, die in den Oppositionsjahren die Parteiarbeit in der CDU so angenehm hatte sein lassen, war zerfallen, seit in Bonn ein CDU-Kanzler regierte – oder, wie die ehrgeizigen Wortführer gegensätzlicher Interessen höhnten: hätte regieren können. Die Konservativen und Wirtschaftsliberalen wollten, daß jetzt endlich mit reformverschuldeten Mißständen der früheren SPD/FDP-Regierung aufgeräumt werde.

Die älteren, christlich-demokratischer Tradition verpflichteten Sozial- und Gesellschaftspolitiker – bald als Partei-Linke apostrophiert – wollten, daß nun richtig gemacht werde, was die Sozialdemokraten leider falsch angefaßt hätten. Geißler zumal war der Prototyp eines

CDU-Mannes, der mit der Überzeugung in der Politik seinen Platz gesucht hatte, daß es bei der SPD zwar die Politiker gebe, die trefflich sagen könnten, was getan werden müsse. Wenn man es dann aber tun wolle, halte man sich besser an die CDU, bei der es dann doch eher zustande käme. Solange die Unionsparteien in Bonn in der Opposition waren, durften ihre Sozialpolitiker die Sozialdemokraten beschämen, so eifrig sie wollten. Als die CDU/CSU-Fraktion die Regierungsmehrheit besaß, zeigten sich plötzlich überall Kräfte, die ihrem Tatendrang Grenzen setzten.

Seit Geißler das Amt des CDU-Generalsekretärs verlor – auf dem Bremer Parteitag 1989 ersetzte Kohl ihn durch Volker Rühe –, seit er nicht mehr in dem politischen Kraftfeld des Parteivorsitzenden und Bundeskanzlers verankert ist, spielt er mehr und mehr den Part des Bußpredigers, der die CDU an ihr Gewissen erinnert und sie in jeder umstrittenen Frage mahnt, nicht so sehr den Machterhalt als vielmehr ernste Prinzipien zu beachten. Das billigt ihm immer noch eine große Mehrheit in der Partei und auf Parteitagen zu, auch wenn die Erinnerung an die große Zeit der Kämpfe in der Opposition, als er der kühlste Stratege und hitzigste Haudegen zugleich war, verblaßt und bei Jüngeren gar nicht vorhanden ist. Doch daß Geißler Gehör findet, auch wenn er mit seinen aggressiven Interventionen scheinbar den politischen Gegnern Material in die Hände gibt, verdankt er nicht Amt und Rang, sondern der Tatsache, daß er, wie überzeugende Bußprediger es müssen, mit seiner eigenen Ungehobeltheit und Fehlerhaftigkeit beim Publikum Vertrauen in die Ehrlichkeit seiner Kämpfe weckt. Mit diesen Kämpfen ist er zu einer Einheit verschmolzen. Jeder, der ihm zuhört, erinnert sich an eine Geschichte, in der er ihn geliebt oder gehaßt hat.

Von den christlichen Grundtugenden hat Geißler alle mißachtet bis auf eine – die Tapferkeit. Er war nicht klug bei der Schätzung seiner Mittel und Möglichkeiten. Er war nicht gerecht bei der Beurteilung seiner Gegner – solange sie seine Gegner waren. Er ließ es an Zucht und Maß fehlen, wenn er meinte, einen Kampf mit großer Härte führen zu müssen. Und er war nicht immer ehrlich. Seltsamerweise denken viele Politiker, das gehöre zum Geschäft, und mit der Übernahme eines politischen Amtes werde das Lügen – der Verantwortung halber – automatisch zu einer läßlichen Sünde. Nun darf ein katholischer Politiker, den Überlegungen eines der großen Lehrer seiner Kirche folgend, bei jeder Antwort, die er geben muß und bei der er sich fragt, wie wahrheitsgemäß er sie geben darf, in Erwägung ziehen, welchen Anspruch derjenige, der da Antwort fordert, auf die Wahrheit hat. Wo bei dem Fragenden aus sittlichen Gründen kein Wahrheitsanspruch besteht – etwa, weil man durch wahrheitsgemäßes Antworten mitschuldig würde am Unglück eines Unschuldigen –, sollte Klugheit die Antwort diktieren.

Diese Klugheit freilich versteckt man dann besser. Sie taugt nicht dazu, Hochmut zu füttern, was einem Christen ohnehin wenig ansteht. Heiner Geißler aber läßt gern durchblicken, wie schlau er ist. Er verbirgt nicht seine Genugtuung, wenn um des Zweckes willen die Mittel einmal unfein sein durften, der Zweck jedoch erreicht wurde. Das alles formte ihn zu einem furiosen Streiter – aber doch einen, dem Parteisoldaten und Offiziere zujubeln, wenn er an der Spitze des Haufens voranstürmt, den sie indes etwas unbehaglich mustern, wenn sie ihn an ihrer Seite auftauchen sehen. Auf persönliche Verläßlichkeit ist bei einem wie Heiner Geißler kein Verlaß.

Für den Machtkampf innerhalb der Partei war der Generalsekretär deshalb schlecht gerüstet. Und sollte es gegen den Parteivorsitzenden Kohl gehen, so war er hoffnungslos unterlegen. Und gerade gegen Kohl wandte sich Geißler nun in seiner Ungeduld angesichts der offensichtlichen Defizite der CDU-Politik bei so großen Mehrheiten und dem moderaten wirtschaftlichen Aufschwung, der in den achtziger Jahren die Regierungspolitik begünstigte. Geißler setzte auf seine eigene Beliebtheit beim Parteivolk und auf des Kanzlers geringes Ansehen in den Führungsgremien der CDU, vor allem im Parteipräsidium. Natürlich wollte er Kohl nicht als Bundeskanzler stürzen – wenigstens nicht gleich. Kohl sollte den CDU-Vorsitz abgeben. Der Wechsel an der Spitze der Partei, so ist es hernach zu rekonstruieren, sollte auf dem Bremer Parteitag der CDU herbeigeführt werden.

Die Aufzählung der möglichen Helfer bei der Durchführung eines Plans, den es allerdings nicht gab, ließ den schönsten Erfolg erwarten. Der schleswig-holsteinische CDU-Vorsitzende Gerhard Stoltenberg, Finanzminister in Kohls Regierung, galt seit den siebziger Jahren als ein zumal in konservativen Kreisen bevorzugter Aspirant auf das Kanzleramt. Er hatte gleich 1982 seine Staatskanzlei in Kiel verlassen – manche meinten, um bei dem von vielen in kürzester Zeit erwarteten Scheitern Kohls als Nachfolger schon am Ort zu sein. Tatsache ist, daß Stoltenberg mehr als andere durch seine Arbeit in der Bundesregierung zum Erfolg ihres Kanzlers beitrug. Gleichwohl war natürlich auf ihn als auf einen Konkurrenten Kohls zu rechnen. Der niedersächsische Ministerpräsident Albrecht hatte seine 1982 errungene absolute Mehrheit im Landtag verloren und regierte seit 1986 in Hannover nur noch an der Spitze einer Koalitionsregierung (mit der FDP), die im Parlament über eine Mehrheit von einer einzigen Stimme verfügte. Seit seiner gescheiterten Kanzlerkandidatur mochte er bereit sein, Kohl für manches Mißgeschick verantwortlich zu machen, das ihn betraf. Der baden-württembergische Ministerpräsident Lothar Späth, der seit dem Sturz Filbingers von der Spitze der Landesregierung her das Abbröckeln des ehedem so mächtigen Vorsprungs der CDU im Lande hinnehmen mußte und seit 1988 gezwungen war, die Liberalen als Partner in sein Kabinett zu nehmen, vermeinte gar, fern von Bonn könne man zugunsten der Union nur noch reüssieren, wenn man gegen Bonn sei. In Nordrhein-Westfalen war nach dem Zusammenschluß der beiden Landesverbände Rheinland und Westfalen Kurt Biedenkopf der stärkste Mann des nunmehr weitaus größten Landesverbandes geworden – aber von der Macht in Düsseldorf war hier die CDU weiter entfernt als je zuvor. Und Biedenkopf kannte genug Gründe, die Schuld dafür bei Helmut Kohl zu suchen, wobei Kohls Schuld in der Tat darin gelegen haben könnte, Nordrhein-Westfalen parteipolitisch so konsequent jeder abträglichen Entwicklung überlassen zu haben.

Norbert Blüm, Arbeitsminister und Vorsitzender der Sozialausschüsse, beklagte den Bedeutungsrückgang der Sozialausschüsse. Rita Süssmuth, die 1985 Geißler als Familienminister nachgefolgt und unterdessen zu einer charismatisch bedeutenden Persönlichkeit in der Bundesrepublik aufgestiegen war, beklagte, was Heiner Geißler beklagte. Auch andere waren wenig glücklich. Die Hamburger hatten 1987 gegenüber der SPD wieder kräftig verloren, nachdem sie ein Jahr zuvor mit ihr gleichgezogen waren. Und Ende Januar 1989 verlor die CDU den Regierenden Bürgermeister in Westberlin. Hier – wie zuvor schon in Saarbrücken – lag es ebenfalls nahe, die Schuld daran der Bundespolitik zu geben, deren Richtlinien Kohl bestimmte. Das deprimierende Bild wurde abgerundet – und seine Interpretation bestätigt – durch den Ausgang der Wahlen zum Europaparlament: die SPD verlor, aber nur 0,1 Prozent. Die Unionsparteien verloren auch, aber sie verloren 9,3 Prozent und lagen mit 37,8 Prozent jetzt nur noch hauchdünn vor den Sozialdemokraten. Das traf Kohls Politik im Kern.

Und das war die Chance, die entschlossene Politiker hätten nutzen können, Kohl eine innerparteiliche Niederlage beizubringen. Es war einer jener Anlässe, die sich ihre Protagonisten suchen, um eine Entscheidung herbeizuführen, auf die jedermann wartet. Der CDU-Vorsitzende und Bundeskanzler spürte das. Schon früh ließ Kohl durchsickern, daß er in Bremen Heiner Geißler dem Parteitag nicht zur Wiederwahl vorschlagen würde. Dagegen konnte Geißler nichts unternehmen, denn das Vorschlagsrecht lag allein beim Parteivorsitzenden. Er konnte lediglich versuchen, darauf hinzuwirken, daß im Parteipräsidium eine solche Stimmung gegen Kohl entstand, daß dieser in die Defensive geriet. Um Kohl dahin zu bringen, hätten die Präsidiumsmitglieder aber ein gemeinsames Ziel haben müssen, von dem sich sagen ließ, wann es erreicht war oder nicht. Den Generalsekretär zu stärken, war zu wenig für die Organisation eines gemeinsamen Vorgehens. Kohl zum Verzicht auf den Parteivorsitz zu drängen, war zu viel für ein Unternehmen, bei dem zunächst nur der Generalsekretär der Motor war. Die Aufgaben der Präsidiumsmitglieder genauer festzulegen, wie Blüm, Späth und Rita Süssmuth es forderten und zur Voraussetzung ihrer weiteren Zugehörigkeit in diesem Gremium machen wollten, das klang schon fast wie ein Kapitulationsangebot an den mutmaßlich erzürnten Kohl.

Es ist viel über Pläne und Absprachen, Züge und Gegenzüge im Vorfeld des Bremer Parteitags spekuliert worden. Doch es waren die Gegner Kohls, die mit ihren Hoffnungen und Bedenken eine Geschichte aus dem Versuch werden ließen, Kohl zu entmachten. In dieser Geschichte indes spielten nur sie mit – soweit sie mitspielten. Für Kohl war die Angelegenheit beendet, als er sich entschloß, auf Geißler als Generalsekretär zu verzichten. Von allen seinen Gegnern hatte nur Geißler das Format, ihn in der offenen Feldschlacht eines Parteitages zu stürzen. Geißler kannte wie sonst nur er die Partei von Flensburg bis Konstanz, nur bei Geißler konnte Kohl nicht wissen, wo überall er Verbündete hatte. Nur Geißler konnte eine Partei mit so vielen unterschiedlichen Gesichtern zu einem Kraftakt zusammenbringen und mitreißen. Nur Geißler, der Akademiker und Volkstribun, der hemdsärmelige Süddeutsche, der Katholik auf Modernisierungskurs, der unbequeme Sozialpolitiker und zugleich meistgehaßte Mann bei der SPD, der volksnah kämpfende und doch unnahbar kalkulierende Stratege aus dem Konrad-Adenauer-Haus hätte dem Kanzler im offenen Kampf um die Gunst der Partei gefährlich werden können.

Doch der von Kohl geschaßte Generalsekretär hätte dabei nur für sich kämpfen können – und allein kämpfen müssen. Das wußte Kohl so gut wie Geißler. Stoltenberg war in der Partei hoch respektiert. Aber man hätte sich verwundert die Augen gerieben, wenn man ihm auf einem Parteitag als Frondeur begegnet wäre. Albrecht hatte, das wußte Kohl längst, Schwierigkeiten genug, in der niedersächsischen Partei einigermaßen akzeptiert zu sein; über Pattensen und Peine hinaus erschien er dem Unteroffizierstyp, der inzwischen das Rückgrat bei den einfachen Funktionsträgern und Delegierten der CDU bildete, vollends als ein blasser Karrierist. Blüm war in der Partei beliebt – aber nicht als Alternative zu Kohl. Rita Süssmuth wäre eine Alternative zu Kohl gewesen, aber sie war in Teilen der CDU äußerst unbeliebt, außerdem war sie zu frisch in der Führungsspitze. Andere hochrangige Parteiführer gehörten nicht zu denen, die Geißler an Kohls Stelle gewünscht hätten oder die sich Hilfe von Geißler wünschten.

Blieb nur Lothar Späth. Der entsprach mit seinem Aufstiegswillen, seiner Behendigkeit und seiner Biographie – kein Abitur, Karriere in der Wirtschaft – dem neuen Typus des CDU-Politikers seit jener Wende, die in konservativem Sinn keine geistig-moralische gewesen war. Doch Späth – daheim »Cleverle« genannt – hatte allzu flink nach dem Erbe des in ungeschickter Verteidigung gegen Vorwürfe wegen seiner Vergangenheit als Marinestabsrichter gestürzten Hans Karl Filbinger gegriffen und seither von Wahl zu Wahl mehr CDU-Stimmen verloren. Die Konservativen mochten ihn nicht, aber er hätte der Mann sein können, der von Wirtschaftsliberalen und CDU-Linken gemeinsam auf den Schild gehoben würde.

Doch das war als Protegé Geißlers eine unsichere Sache. Die anderen Landesfürsten, das gesamte Präsidium hätte dafür eintreten müssen. Aber die sahen nicht, weshalb sie wegen eines wuseligen Thronerben wie Späth eigene Ambitionen mißachten sollten, auch wenn sie nicht vorhatten, sie offen anzumelden.

Geißlers Kraft reichte nicht, die Parteigrößen nächst Kohl auf eine personelle Alternative einzuschwören. Jeder wollte den Apfel fangen, wenn er vom Baume fiel, aber keiner wollte auf den Baum steigen und versuchen, ihn zu pflücken, da er mit dem brechenden Ast hätte abstürzen können – und ein anderer wäre an den Apfel gekommen.

Späth besaß nicht den Mut, den 1971 Kohl gezeigt hatte, als er gegen Barzel kandidierte und verlor. Hätte Späth in Bremen kandidiert, hätte auch er verloren. Doch er hätte sich damit in der CDU als nächste Alternative zu Kohl etablieren können – mit erheblichen Konsequenzen für seine bundespolitischen Möglichkeiten. So verabschiedete sich der baden-württembergische Ministerpräsident in Bremen aus der Bundespolitik. Wenig später mußte er sich auch aus der Landespolitik und der Staatskanzlei in Stuttgart verabschieden, weil dem *Spiegel*, jener illustrierten Wochenschrift aus Hamburg, die Kohl nicht zu lesen vorgibt, Material zugespielt wurde, das Bedenkliches über Späths fremdfinanzierte Reisefreudigkeit offenlegte.

Zu seinem Verhältnis zu Geißler sagte Kohl auf dem Bremer Parteitag, er habe nicht die Absicht, darüber zu sprechen, was sich »in einem speziellen Vertrauensverhältnis« zwischen beiden entwickelt habe. »Wie immer im Leben liegt die Schuld nicht nur auf einer Seite. Ich sage das bewußt, auch an meine eigene Adresse.« Geißler war als Konkurrent für den Parteivorsitz keine Gefahr. Er hatte zwölf Jahre lang als Generalsekretär in der Zentrale der Bundespartei gearbeitet. In den Landesverbänden hatte er sich folglich keine Hausmacht schaffen können. Er war zwölf Jahre lang – mal mehr, mal weniger geschätzt – der Mann Kohls gewesen. Er konnte nicht so bald der Mann gegen Kohl sein, dem die Parteitagsdelegierten in dieser Rolle ihr Vertrauen schenkten. Doch auch Kohl wußte, was er Geißlers Eigentümlichkeit in dieser Konfrontation schuldig war. »Ich bin dafür«, sagte er in dieser Rede in Bremen auch, »daß Heiner Geißler in einer wichtigen Funktion in der Partei mitarbeitet: er ist ein guter Mann, und wir brauchen ihn. Aber, meine Damen und Herren – das füge ich hinzu, weil auch das gesagt worden ist: Wir haben viele gute Leute, und ich bin der letzte, der das nicht bei jeder Gelegenheit herausstellt: ich bin auch einer der ganz wenigen, liebe Freunde, die ihre Freunde in der Partei öffentlich zu loben pflegen. Das ist übrigens ein Beispiel, wo viele noch Nachholbedarf haben.«

Bei der Wahl zum Parteivorsitzenden erhielt Kohl nur 571 von 738 Stimmen. Gegen ihn stimmten 147 Delegierte. Das war das schlechteste Ergebnis in seiner Zeit als CDU-Vorsitzender. Aber Gegner in der CDU, die ihm seine führende Stellung hätten streitig machen können, gab es jetzt nicht mehr. Schon Monate zuvor hatte er in einer Kabinettsumbildung Stoltenberg das mächtige Finanzressort weggenommen und ihn zum Verteidigungsminister gemacht. Der Baden-Württemberger Schäuble war Innenminister geworden.

Und Ungarn hatte seine Westgrenzen geöffnet.

Am 10. September, einen Tag vor Beginn des Bremer Parteitags, hatte Ungarn ein Abkommen mit der DDR annulliert, nach dem das Land verpflichtet war, DDR-Bewohner nicht in den Westen ausreisen zu lassen. Auch das hatte Helmut Kohl auf dem Parteitag vortragen können, der wie ein neuerlicher Tiefpunkt seiner politischen Biographie ausgesehen hatte, und wieder zeigte der Fortgang der Geschichte, daß die Wahrnehmung trügerisch gewesen war. Fünfzehn Monate später fanden die Wahlen zum ersten Deutschen Bundestag nach der Wiedervereinigung statt. Nie war Kohl stärker, als auf dem Weg dorthin.

16. Deutsche Einheit für Europa

Vierzig Jahre lang hatte Westberlin wie eine Insel inmitten der DDR gelegen. Ein politisches Kabarett war »Die Insulaner« benannt worden, und im Auftrittslied der Gruppe hieß es: »Der Insulaner hofft unbeirrt, daß seine Insel wieder schönes Festland wird.« Ende der achtziger Jahre allerdings setzte zunächst eine andere Entwicklung ein. Infolge der Arbeit der Konferenz für Sicherheit und Zusammenarbeit in Europa – ohne Zweifel das wichtigste Produkt der Ostpolitik, die mit der sozialliberalen Regierung Willy Brandts in der Bundesrepublik begonnen hatte – waren in den osteuropäischen Ländern Emanzipationsbewegungen entstanden, die nicht mehr einfach zu unterdrücken waren. Aber auch wirtschaftliche Schwierigkeiten bedrängten die kommunistischen Regierungen, und bald war es eher möglich, gegenüber dem Unmut der Bevölkerung ideologisch nachzugeben, als eine Befriedung durch Vorweisen ökonomischer Fortschritte anzustreben.

Auch die Sowjetunion befand sich, seit Michail Gorbatschow an die Spitze des Staates gerückt war, auf Reformkurs, der mit seinen Schlagworten Glasnost und Perestroika rasch auch in Westeuropa populär wurde. Politische Konsensbereitschaft konnte natürlich auf die Dauer wirtschaftliches Wohlergehen nicht ersetzen, und um das zu erreichen, mußte man näher an den Westen heranrücken. Es lag plötzlich im Interesse der Staaten des

Warschauer Paktes, daß der Eiserne Vorhang, der Europa nach einem Wort Churchills seit Kriegsende teilte, durchlässiger würde. Die Militärbündnisse hatten ein Gleichgewicht angedrohten Schreckens aufrechterhalten, aber bei der Organisation gemeinsamer Märkte hatte es ein solches Gleichgewicht nie gegeben, mehr noch: die Europäische Wirtschaftsgemeinschaft hatte ihr östliches Gegenstück Comecon weit hinter sich gelassen. Gegenüber den Vorteilen, die eine wirtschaftliche Überwindung der Bündnisgrenzen versprach, verblaßte das Feindbild, zu dem die Nato stilisiert worden war. So sah man es in Warschau, Prag, Budapest, ansatzweise auch in Moskau.

Nicht so sah man es in Ostberlin. Die kommunistischen Machthaber in der DDR hatten es mit einem Feindbild zu tun, das zugleich irrealer und gefährlicher war als die Nato. Das war das Gespenst namens Wiedervereinigung. Die forderte seit dem 24. Mai 1949 das Grundgesetz, die Verfassung der Bundesrepublik, in der Präambel. Zwar hatte es längst auch den Grundlagenvertrag zwischen Bonn und Ostberlin gegeben, durch den im Zuge der Ostpolitik versucht wurde, das Verhältnis der beiden deutschen Staaten zueinander zu normalisieren, aber die von der Union erzwungene juristische Begleitmusik dazu hatte doch Töne hervorgebracht, die anders klangen. Das Bundesverfassungsgericht hatte gesprochen, und Ausland war die DDR für die Bundesrepublik jedenfalls nicht, auch eine eigene DDR-Bürgerschaft konnte Bonn keinesfalls anerkennen. Daran hätte sich niemand zu stören brauchen, denn die meisten von denen, auf die es in der Bundesrepublik ankam, wollten, wenn die Rede von der DDR war, vor allem eines: sie wollten lästiges Theater vermeiden.

Kohl hatte Honecker in Bonn empfangen und dabei einige Spitzen gegen das formuliert, was damals wie heute DDR-Unrecht hieß. Aber er hatte Ostberlin auch einen Milliarden-Kredit zukommen lassen, der es Honeckers Land erlaubte, sich als erfolgreicher aufzuspielen als andere Ostblockländer. Doch das Amt in Salzgitter, in dem Staatsanwälte alle für sie erreichbaren Beweise für Straftaten, die von Amts wegen in der DDR begangen wurden, in dicke Ordner abhefteten, blieb erhalten.

Die Sozialdemokraten wollten es abschaffen. Von der SPD regierte Bundesländer stellten die Zahlungen für Salzgitter ein. Wäre, wie es Mitte 1989 allgemein erwartet wurde, bei der nächsten Bundestagswahl eine sozialdemokratische Regierung in Bonn ans Ruder gekommen, hätte die Stelle in Salzgitter das nicht überstanden. In der SPD waren die Stimmen immer lauter geworden, die den, wie sie behaupteten, angeblichen, auf jeden Fall aber realitätsfremden Wunsch nach einer Wiedervereinigung als Lebenslüge der Bundesrepublik bezeichneten. Viele in den Unionsparteien gaben ihnen zumindest heimlich recht. Noch wurden Vorstöße in der CDU, den zugrundeliegenden Sachverhalt auch einmal parteioffiziell laut aussprechen zu dürfen, abgeblockt.

Hans-Jochen Vogel, in den achtziger Jahren Oppositionsführer für die SPD im Bundestag und ihr Parteivorsitzender seit dem Rücktritt von Willy Brandt, schreibt in seinen Erinnerungen *Nachsichten* dazu: »Zentrale Bedeutung hatten für mich die Demokratisierung und Liberalisierung der Verhältnisse in der DDR. Franz Josef Strauß dachte übrigens in diesem Punkt ganz ähnlich. Noch zwei Jahre vor seinem Tod äußerte er, daß für ihn die Wiederherstellung demokratischer Zustände in allen

Teilen Deutschlands im Vordergrund stehe. In früheren Zeiten hat er sogar den Nationalstaat mehrfach als anachronistisch bezeichnet und hinzugefügt, er glaube nicht an die Wiederherstellung eines deutschen Nationalstaates. Das war eine Position, die ich zu keinem Zeitpunkt teilte.« Kohl hatte zu einer Zeit, als Sozialdemokraten ihn als nationalistischen Scharfmacher hinzustellen pflegten, den geschäftstüchtigen Bayern mit der Abwicklung des Milliardenkredits beauftragt. Für die Union war es seit ihrer Veränderung in den Jahren des Streits um die Ostverträge schwer geworden, sich von dem abzuwenden, was man abfällig Wiedervereinigungsrhetorik nannte, auch wenn die nun führenden Leute – Kohl als Bundeskanzler, Richard von Weizsäcker als Bundespräsident und andere – zu denen gehörten, die auch schon damals der Intention der Politik Willy Brandts zugestimmt und ihr Scheitern nicht gewollt hatten.

Entscheidend aber wäre gewesen, das Wiedervereinigungsgebot des Grundgesetzes aus dem Verfassungstext zu streichen. Dieses Gebot ist dort – in der Präambel – fest verkoppelt mit dem Ziel eines vereinigten Europas. Das mochte, als das Grundgesetz beraten wurde, in noch größerer Entfernung gelegen haben als die Wiederherstellung der Einheit Deutschlands. Aber das Reden darüber war für die Christlichen Demokraten bedeutend mehr als bloße Rhetorik gewesen. Die Geschichte der Bundesrepublik als die Geschichte der CDU und die Geschichte der CDU als das Korsett der politischen Biographie Helmut Kohls ist die Geschichte der pragmatischen Vorbereitung eines vereinigten Europas – den Bedingungen jener Jahre gehorchend: Westeuropas. Einst war der CDU vorgeworfen worden, um dieses Zieles willen verbaue sie den Weg zur Wiedervereinigung. Jetzt waren es nur noch Politiker der Unionsparteien, die wenigstens rechtlich am grundgesetzlich definierten Ziel der Wiedervereinigung festhielten, und es wurde ihnen vorgeworfen, sie täten dies, weil sie sich weigerten, die Ergebnisse des Zweiten Weltkriegs anzuerkennen.

Was die Unionsparteien wollten oder was man ihnen als finstere Absichten unterstellen konnte, war unterdessen aber für die DDR weniger wichtig geworden als das, was ihre östlichen Nachbarn wollten. Die glaubten nicht mehr an das alte Lied von der revanchistischen Bundesrepublik, sie wollten nach Westeuropa. Doch auf dem Weg dorthin lag die DDR quer im Gelände, nicht nur geographisch, sondern erst recht politisch.

Den kommunistischen Politikern in Ostberlin wurde es mulmig. Die Anerkennung als souveräner Staat durch die internationale Staatengemeinschaft hatten sie längst. Die Hallstein-Doktrin, die nach dem Europapolitiker Walter Hallstein benannte Maßgabe, nach der einst kein Staat mit der Bundesrepublik und der DDR zugleich sollte diplomatische Beziehungen unterhalten dürfen, war längst gescheitert und aufgegeben worden. Die Bundesrepublik störte die anderen nicht mehr. Aber die anderen störten auch nicht die Bundesrepublik bei der – von manchen als kurios empfundenen – Pflege von Denkmälern des Vorbehalts gegen eine restlose Anerkennung der DDR, eben etwa durch die Nichtanerkennung einer eigenen Staatsbürgerschaft für ihre Bewohner oder eine Stelle wie die in Salzgitter. Daran konnte aber nun Ostberlin nichts mehr über internationalen Druck ändern, denn in einen Streit um solche innerdeutschen Kleinigkeiten wollte sich niemand ziehen lassen.

In mehreren internationalen Verträgen waren die Nachkriegsgrenzen in Europa garantiert worden. Damit konnte es genug sein, dachten sie in Prag, Paris, Warschau und Rom.

Doch so dachte man nicht in Ostberlin. Das von allen Seiten gewünschte Aufeinanderzugehen der ost- und westeuropäischen Länder hatte eine Demokratisierung und Liberalisierung in den kommunistisch beherrschten Staaten zur Voraussetzung – und das nicht nur, weil der Westen das verlangte, sondern mehr noch, weil in der Folge dieser Entwicklung die Menschen im Osten kaum noch zu disziplinieren waren, wie das während des Kalten Krieges zumindest noch oberflächlich möglich gewesen war. Wenn aber die totalitäre Herrschaft gelockert werden würde, was viele Menschen in Osteuropa ersehnten – auch in den oberen Rängen der regierenden Parteien –, dann würde, so fürchtete man in der DDR, bald kein Halten mehr sein. Die Kommunisten aus Deutschland, dem Land, dessen Denker einst der Welt das Danaergeschenk des wissenschaftlichen Sozialismus gemacht hatten, waren stets die Musterschüler der Sowjetunion gewesen und hatten den Nachbarn mit ihrer DDR wenig Freude bereitet. »Von der Sowjetunion lernen, heißt siegen lernen«, hatten sie ehedem auf Spruchbänder geschrieben.

Jetzt wollten sie von der Sowjetunion nichts mehr lernen. Schließlich wurde in der DDR sogar die freche russische Jugendzeitschrift *Sputnik* verboten.

Die DDR, die vierzig Jahre lang die Insel Westberlin, die drei Sektoren der westlichen Siegermächte in der geteilten Hauptstadt des besiegten Deutschen Reiches, hatte ertragen müssen, war nun selber eine Insel geworden, umgeben von Ländern, die erkennbar sofort und viel enger als bisher abgesprochen miteinander in Beziehung treten würden, wenn nur die DDR zu stören aufhörte. Die DDR konnte aber nicht aufhören zu stören. Für ihre Nachbarn mochte das eine Frage des guten Willens oder dessen Nichtvorhandenseins sein. Für sie selbst war das eine Überlebensfrage. Polen, Ungarn, Tschechen würden mit ihren Ländern immer Polen, Ungarn und Tschechen bleiben, ob ihre Regierungen nun dem wissenschaftlichen Sozialismus huldigten oder nicht. Wenn aber der Kommunismus in der DDR abgeschafft würde, wozu brauchte es dann noch einen eigenen Staat mit eigenen Deutschen?

Die Politik in Ostberlin bemühte sich heftig, soviel Anerkennungsfakten wie möglich zu schaffen, soviel Souveränitätssymbole wie gerade noch erträglich zu kreieren. Sie hatte dabei viele und einflußreiche Helfer in der Bundesrepublik – und keineswegs nur Freunde der kommunistischen Ideologie. Die gegenwärtige Lage, die Ostberlin so in Panik versetzte, war das Ergebnis der langfristig operierenden Ostpolitik. Die Ostpolitik war das Ergebnis der Anerkennung der DDR und der in Osteuropa geschaffenen Fakten gewesen. Es lag nicht auf der Hand, wann damit Schluß zu machen war. Eines der Dogmen der Ostpolitik lautete: das wichtigste ist der Weltfriede. Der Weltfriede war nur dann ungefährdet, wenn die Verhältnisse in Osteuropa stabil waren.

Stabil bedeutete indes, stabil für die Regierenden. Und eben damit hatte die Ostpolitik einen Widerspruch produziert, der um so größer wurde, je erfolgreicher sie war. In stabilen Verhältnissen braucht es keine Unterdrükkung. Das wissen die Unterdrückten, und die Schergen der Unterdrücker bekommen Legitimationsprobleme. Wo die Unterdrückung nachläßt, kommen die Menschen auf den Gedanken, es wäre schön, selbst zu wählen, was man will. Und wenn man, wie es die Ostpolitik im Gegenzug zum Versprechen der Respektierung des Stabilitätsbedürfnisses getan hatte, Informationsfreiheit zugebilligt bekommt, kann man denken, es sei schön, Verhältnisse wie im Westen zu wählen. So geschah es in Osteuropa, und da war es dann aus mit der Stabilität. Die Ostpolitik hatte die Länder des real existierenden Sozialismus in einen Vergleich der Systeme gelockt, den diese nicht gewinnen konnten.

Daß etliche der eifrigsten Protagonisten der Ostpolitik in der Bundesrepublik glaubten, bei dem Vergleich schneide der Osten gar nicht so schlecht ab und besonders in der DDR werde es immer besser – nur noch ein bißchen Freiheit, und sie wäre eine Art Österreich von links –, änderte nichts an dem Dilemma.

Als die Ungarn im Sommer 1989 ihre Grenzen zum Westen öffneten, war das für die DDR der Anfang vom Ende. Die Bewohner der DDR, die in den Westen wollten und dafür zuvor entweder eine langwierige und von Schikanen begleitete Ausreisegenehmigungsprozedur oder eine gefährliche Flucht über schwer bewachte Grenzbefestigungsanlagen hätten riskieren müssen, wandten sich nun in allen osteuropäischen Ländern an die Botschaften der Bundesrepublik, um sich die Pässe ausstellen zu lassen, auf die sie als Deutsche im Sinne des Grundgesetzes einen Anspruch hatten. Polen, Tschechen und Rumänen konnten jetzt versuchen, das zu unterbinden und damit die Bundesrepublik zu brüskieren, oder sie konnten Ostberlin signalisieren: laßt uns damit in Ruhe, wenn euch die Leute weglaufen. Sie taten in der einen oder anderen Weise das letztere.

Am Vorabend der Feiern zum 40. Jahrestag der Gründung der DDR gingen aus Prag dramatische Bilder um die Welt, die zeigten, wie Hunderte von Flüchtlingen auf dem Gelände der Botschaft der Bundesrepublik kampierten und darauf warteten, was mit ihnen geschehen würde. Die DDR erklärte sich, um das für sie peinliche Schauspiel abzubrechen, bereit, die dort Wartenden ausreisen zu lassen, bestand aber darauf, daß die Ausreiseroute über das Territorium der DDR führen müsse, sie also gewissermaßen aus der DDR ausreisten. Es wurde ein Sonderzug losgeschickt, in dem hohe Beamte der Bundesrepublik mitfuhren, um die Einhaltung der Vereinbarung zu überwachen. Die Opposition in der DDR, die den ganzen Sommer über Zulauf bekommen hatte und besonders in Leipzig durch die Montagsdemonstrationen Aufsehen erregte, trat von nun an immer mächtiger in Erscheinung. Mit knapper Not erreichte die DDR Erich Honeckers das Datum ihres 40. Geburtstags.

Den ganzen Sommer 1989 über war aber auch der Satz »Die deutsche Wiedervereinigung steht nicht auf der Tagesordnung der Weltpolitik« der immer wieder gemurmelte Kehrreim der meisten westdeutschen Publizisten und Politiker. Er war ihr Morgengebet und ihr Abendgebet, und er wäre ihr Mittagsgebet gewesen, wenn es in der Bundesrepublik nicht aus der Übung gekommen wäre, vor den Mittagsmahlzeiten zu beten. Aber auch in der DDR skandierten die Oppositionellen auf den Straßen: »Wir sind das Volk.« Die Wendung zu dem Slogan: »Wir sind ein Volk«, kam erst später. Als eine neue DDR-Regierung nicht mehr verheimlichen konnte, wie schlecht die wirtschaftliche Lage des Landes war, mochten viele nicht noch weitere Jahre mit sozialistischen Experimenten – wie auch immer finanziert mit neuem Geld aus der Bundesrepublik – verbringen. Wer nicht gleich in den Westen ging – inzwischen hatte auch die DDR ihre Grenzen geöffnet –, plädierte für eine Vereinigung der beiden deutschen Staaten. »Wenn die D-Mark nicht zu uns kommt«, wurde die Alternative formuliert, »kommen wir zur D-Mark.« Wieder einmal drohten der DDR gerade die besten Leute wegzulaufen. In rapidem Tempo verlor der Staat jede Autorität. Der amerikanische Außenminister James Baker, ein Texaner, verglich die Bevölkerung der DDR mit einer durchgehenden Herde.

Das war die Lage, in der der Bundeskanzler etwas tun mußte. *Ich wollte Deutschlands Einheit*, hat Helmut Kohl das Buch überschrieben, für das er zwei Journalisten erzählte, wie er damals in die Entwicklung eingriff. Auch wenn die DDR den nach Honecker Regierenden unter den Füßen wegbrach – mit ihrem staatsrechtlichen Überbau, mit ihren Bündnissystemen und mit ihrer territorialen Lage war sie ein Thema der europäischen Politik. Dem mußte Kohl zuerst Rechnung tragen.

Es mutet an wie einer jener Scherze, die sich die Weltgeschichte sehr selten, aber doch hin und wieder erlaubt: ein langschwelendes Problem wird in einem unausweichlich komplizierten und stets von neuen Risiken begleiteten Verfahren von ausgerechnet demjenigen gelöst, der dafür am wenigsten prädestiniert zu sein schien. Es hätte, das ist damit nicht ausgeschlossen, auch ein anderer tun können, einer, der besser dafür geeignet zu sein schien. Aber der, dessen Name nun im Geschichtsbuch steht, war es nun einmal, der tat, was zu tun war.

Als Helmut Kohl nach Bonn ging, um Bundeskanzler zu werden, stand er im Rufe, ein guter Ministerpräsident zu sein. Außenpolitisch war er ein unbeschriebenes Blatt. Man traute ihm wenig zu, und die Vorstellung, wie er sich im Gespräch mit den großen Staatsmännern der Welt aufführen werde, bereitete auch Beobachtern Sorge, die sonst mit Anerkennung für ihn nicht geizten. Als Kohl 1982 Kanzler geworden war, verschmähten Sozialdemokraten sogar nationalistische Untertöne nicht, um im Wahlkampf 1983 ihre Verachtung für den international unerfahrenen Kohl im Vergleich zu Helmut Schmidt zum Ausdruck zu bringen. Die Deutschen sollten fürchten, Kohls Servilität gegenüber den Verbündeten in der Nato schade ihren Interessen. Aber es war dann Kohl, der mit der Herbeiführung der Wiedervereinigung in weniger als einem Jahr eines der glänzendsten Bravourstücke in der Geschichte der Diplomatie zuwege brachte.

Wie hat er das gemacht? Es ist hier nicht der Ort, zu erzählen, was er gemacht hat. Vieles von dem, was zu tun war, hätte ein anderer auch in Angriff nehmen können – und es hätte gelingen oder schiefgehen können. Warum ging es bei Kohl nicht schief? Das war eine Sache einiger – keineswegs aller! – Umstände, und dazu gehört, wie Kohl zuvor diese Umstände mitgeschaffen hatte und wie er sie nutzte.

Von Anfang an waren die Amerikaner bereit, eine Entwicklung wohlwollend zu begleiten, an deren Ende irgendwann ein wiedervereinigtes Deutschland stehen könnte. Die Russen dachten nicht daran – aber weniger, weil sie es entschlossen verhindern wollten, als weil sie näherhin an anderes zu denken hatten, an Grundfragen, die Existenz ihres eigenen Staatswesens, die Sowjetunion betreffend. Dazu konnte auch die Behauptung der DDR als Teil ihres Machtbereichs gehören – das mußte aber nicht so sein. Die Franzosen waren nicht dafür, weil das neue, das europäische Spiel mit der durch die Teilung gehandicapten Bundesrepublik Deutschland gerade erst so schön angefangen hatte. Die Engländer waren dagegen, weil sie an kein neues Spiel mit den Deutschen glaubten und nicht sicher waren, ob sie ein europäisches wollten. Die anderen europäischen Länder sahen zu, was passieren würde und schienen für ihre Nebenrolle dankbar zu sein. Insgesamt überwogen die Sympathie für die Bundesrepublik und das Vertrauen in ihren Kanzler.

»Ich wollte Deutschlands Einheit«, sagte Kohl. Aber zunächst war er klug genug, nicht zu sagen, nicht einmal erkennen zu lassen, wie sehr, wie schnell – und wie er sich die Einheit überhaupt vorstellte. Er war jetzt acht Jahre Bundeskanzler, vierzehn Jahre der erste Mann der Union in der Bundeshauptstadt und siebzehn Jahre CDU-Vorsitzender. Er konnte von seinen Partnern erwarten, daß sie ihn richtig einschätzten. Die Amerikaner kannten ihn seit langem als ihren verläßlichsten und belastbarsten Verbündeten in der Nato. Nato-Generalsekretär war Manfred Wörner. Die Franzosen wußten, daß Kohl nie darauf verzichten würde, zu ihnen ein besonders herzliches Verhältnis zu pflegen, was für ihn die Voraussetzung war für das wichtigste und am längsten verfolgte Ziel seines politischen Lebens überhaupt: die Einigung Europas.

Dafür bürgte nicht nur Kohls Vita, dafür bürgten auch die politischen Lebensleistungen von Kohls Vorgänger in Mainz, Peter Altmeier, der diesem Ziel zwanzig Jahre

lang als rheinland-pfälzischer Ministerpräsident gedient
hatte. Dafür stand auch das Werk Konrad Adenauers,
der die vertrauensvolle Zusammenarbeit mit Frankreich
zu einem wesentlichen Teil der Räson des Staates hatte
werden lassen, den er mit dieser Leistung eigentlich gegründet hatte – was die Klügeren unter seinen Gegnern
durchaus gespürt hatten und weshalb sie ihm vorwarfen,
die Wiedervereinigung nicht ernsthaft zu wollen.

Kohl hat nie auch nur einen Schatten auf seine sichtbare Überzeugung fallen lassen, daß er diese Politik fortsetzen wollte, und es war immer ununterscheidbar, ob es
aus Verpflichtung den Älteren gegenüber geschah oder
aus eigener Einsicht. In der Person Kohls begegnete der
Staatspräsident Frankreichs, der Sozialist François Mitterrand der Aktualität der deutsch-französischen Freund-
schaft und ihrer Tradition. Die darin erkennbare und
wirksame Kontinuität der deutschen Politik war etwas
Neues für einen französischen Staatsmann, neu für Erfahrungen aus dem neunzehnten wie aus dem zwanzigsten Jahrhundert. Kohl wußte das.

Damit waren für Kohl zwei der drei wichtigsten westlichen Partner aufgrund seiner und der Leistungen der
Bundesrepublik berechenbar, wenn auch aus unterschiedlichen Gründen. Die Amerikaner konnten sich überlegen, ob künftig die Angelegenheiten in Europa – bei
einem instabil werdenden Osteuropa – leichter zu beeinflussen sein würden, wenn man Bonn irritierte. Die Franzosen konnten sich überlegen, ob sie es angesichts einer
– wie sich rasch zeigte – unhaltbaren Situation in der
DDR sein wollten, die das, was in Europa erreicht war
und zwischen Bonn und Paris geregelt werden konnte,
gefährdeten, indem sie der Bundesrepublik die ihr ver-

fassungsmäßig aufgetragene Wiedervereinigung erschwerten. Kohl wußte, daß er beiden lediglich keinen Anlaß geben mußte, um Einwände gegen den Prozeß zu erheben, den er in Deutschland gestalten würde. Gelang das, würden die Vereinigten Staaten und Frankreich auch nur durch bloßes Danebenstehen den von ihm gewollten Gang der Dinge unterstützen. Daß der amerikanische Präsident George Bush, klug beraten von seiner Administration, einiges mehr tat, als bloß danebenzustehen, mag ihn ein wenig überrascht haben, es freute ihn, verführte ihn aber nicht, von seiner Art, das Spiel zu spielen, abzugehen.

Bei dieser Konstellation konnten die Engländer nur noch die unterlegene Position einnehmen, wenn sie sich zu irgendeinem Zeitpunkt der Wiedervereinigung widersetzten. Es war allenfalls eine Frage, wie erkennbar sie dies werden lassen wollten. Englands Premierministerin Margaret Thatcher versuchte, Bush vor den Deutschen zu warnen. Aber sie bekam den Eindruck, der amerikanische Präsident verstehe sie nicht. Doch was hätte London zu bieten gehabt, wenn die Amerikaner sich der Wiedervereinigung auf ihren Wunsch hin widersetzt hätten? Es wäre jenseits der Elbe ein großer Unruheherd entstanden, vielleicht schon jenseits des Rheins. Erfolgreiche amerikanische Bündnispolitik aus vierzig Jahren wäre diskreditiert gewesen. Kohls Gegner in der Bundesrepublik waren kaum amerikafreundlicher als die CDU. Den Engländern hatte Wirrwarr auf dem Kontinent in ihrer Geschichte immer gutgetan. Aber was hatte Amerika davon?

Amerika hatte in den Ersten Weltkrieg eingegriffen, um England und Frankreich zu helfen. Aber der maßvolle Friede, auf den es gedrängt hatte, war wegen der Rachegelüste der Europäer nicht zustande gekommen. So hatte Amerika zwanzig Jahre danach England und Frankreich noch einmal helfen müssen. Dieses Mal waren wenigstens die Westdeutschen in den Genuß eines Friedens gekommen, der zumindest die Bürger des Landes schonte und ihnen darüber hinaus die Chance gab, sich in einem neuen Staat in die Gemeinschaft der westlich zivilisierten Länder einzufügen. Vierzig Jahre hatten bewiesen, daß diese Politik richtig gewesen war. Wozu jetzt die Deutschen vor den Kopf stoßen, wo doch mit einer Verhinderung der Wiedervereinigung absehbar in Europa kein Zustand zu erreichen war, in dem man Bonn weniger gebraucht hätte als vorher. Außerdem gab es an anderen Orten der Welt genug zu tun.

Margaret Thatcher wandte sich an Mitterrand. In schwierigen Zeiten habe doch immer eine *Entente cordiale* zwischen Paris und London funktioniert. Der französische Staatspräsident widersprach nicht, aber die britische Premierministerin mußte registrieren, daß nichts geschah, was nach ihrem Sinn gewesen wäre. Was konnte die englische Politik Frankreich bieten? Frankreich hatte im Prozeß der europäischen Vereinigung gute Erfahrungen gemacht. London hatte erst beiseite gestanden, hatte ein Konkurrenzunternehmen zur Europäischen Wirtschaftsgemeinschaft gegründet, war mit dem gescheitert, hatte sich dann muffig der EWG angeschlossen und war dort oft der Bremser gewesen. England dachte nicht europäisch, war indes klug genug zu wissen, daß es nicht draußen bleiben konnte, wenn Europa funktionierte.

Mehr war aber auch nicht. Es wäre aus Pariser Sicht unklug gewesen, das mit Deutschland Erreichte zu gefährden, um sich Englands vergangenheitsverliebten Phobien in der Neuauflage eines historisierenden Spektakels anzuschließen.

Es gibt eine Geschichte, die Helmut Kohl einmal erzählt hat und die geeignet ist, die englische Politik in diesem Augenblick zu erklären. Er habe, so Kohl, zu Margaret Thatcher kurz nach einem Besuch am Grab Churchills gesagt, der Unterschied zwischen ihnen beiden sei, daß er, Kohl, in der Zeit nach Churchill lebe.

Und die Russen? Michail Gorbatschow war nicht der geborene Freund der Deutschen. Als er die Europäer mit seiner Reformpolitik begeisterte, entfuhr es Kohl, Goebbels sei auch ein hervorragender Propagandist gewesen, eine Bemerkung, für die ein weiteres Mal das Wort vom »Blackout« heranzuziehen ist. Gorbatschow scheint es nicht weiter beeindruckt zu haben, was entschieden auf seine Geringschätzung Kohls hindeutet. Doch in der Lage, in die ihn die DDR gebracht hatte, war das von untergeordneter Bedeutung. Für Gorbatschow stellte sich die Frage: was kann sich Moskau leisten – die DDR zu halten oder die DDR aufzugeben? Alle Staaten des Warschauer Paktes im Zwangsbündnis zu halten, konnte sich Moskau nicht mehr leisten. Aber die DDR war etwas Besonderes. Zum einen war sie ein neuer Staat, in dessen Existenz sich Rußlands Leistung im Zweiten Weltkrieg bezeugte. Zum anderen war es ein Staat, der, wie eine Insel durch Polen von der Sowjetunion getrennt, nur so lange lebensfähig war, wie die militärische Macht, über die Moskau verfügte, sein Überleben im Inneren und nach außen sicherte. So, wie die Nato vierzig Jahre lang Berlin gehalten hatte, so würde künftig die Sowjetunion die DDR halten müssen, richtiger – und schlimmer noch – die Regierung in einer DDR, der die Leute wegliefen.

Viel Spielraum hatte Gorbatschow nicht. Er konnte eine Zeitlang abwarten, wie sich die Europäer zu der Aussicht verhalten würden, ein wiedervereinigtes Deutschland in ihrer Mitte zu bekommen. Sollten die das nicht wollen, hatten sie vielleicht Mittel, das zu verhindern. Anschließend würde man ihnen dann auch das Problem mit der DDR aufhalsen können. Eine unabhängige DDR als Kostgänger der Europäischen Gemeinschaft, das könnte Moskau in manchen Träumen gefallen haben. Aber es hätte den Europäern nicht gefallen.

Es gab keine Existenzmöglichkeit für die DDR, wie auch immer liberalisiert und demokratisiert, weil das Leben in der Bundesrepublik für die Deutschen in der DDR, die nur nach einem Paß für das gelobte Land fragen mußten, um ihn zu bekommen, zu attraktiv war. Das wußte Kohl, weshalb er getrost über Demokratisierung in der DDR als Voraussetzung für Wirtschaftshilfe reden konnte – es würde nichts ändern. Und das wußte Gorbatschow. Der konnte sich denken, daß es gut für Kohl sei, das Spiel bald zu Ende zu bringen – wegen der zunehmenden Schwierigkeiten im Land, vor allem der Wanderung von Ost nach West, und wegen mancher Schwierigkeiten, die Kohls europäische Partner den wegen ihrer Wirtschaftskraft wenig geliebten Deutschen vielleicht doch noch bereiten könnten, Schwierigkeiten, die Geld kosten würden. Das Geld sollte besser in russische Kassen gehen. Wenn also für Moskau die DDR nicht zu halten war, galt es, die Zeit zu nutzen, so lange noch der Schlüssel zur Wiedervereinigung in Moskau lag. Das würde Gorbatschow helfen, weil es Kohl helfen würde.

Denn wenn auch Kohls Freund Mitterrand sich nicht von Margaret Thatcher auf einen Obstruktionskurs gegen die Entwicklungen bringen ließ, die auf eine Wiedervereinigung Deutschlands deuteten, so gedachte er doch nicht, untätig zu bleiben. Hier mußte Kohl aufpassen. Und hier paßte er auf.

Kohl, der seinen Platz am Tisch behauptet hatte, bis ihm die Karten für ein gutes Blatt in die Hände kamen, handelte kunstgerecht: Ein guter Spieler nimmt nicht mehr, als er braucht. Er tut nicht mehr, als er muß. Aber das tut er schnell. Bei dem Prozeß ging es darum, den Mitspielern keine Vorlage zu geben, die ihnen erlaubt hätte, mit einer Reaktion das Gesetz des Handelns an sich zu reißen. Auch wenn sich Paris oder London selbst geschadet hätten durch ein Vorgehen, das sie hernach bedauert haben würden – die Bundesrepublik und Kohl hatten dieses Mal mehr zu verlieren.

Hier bewährte sich Helmut Kohl als Meister in der Kunst des – wie es Norbert Seitz einmal in den *Frankfurter Heften* genannt hat – »retardierenden Offenhaltens«.

Zunächst sprach Bonn gar nicht von Wiedervereinigung. Auf dem Sondergipfel der zwölf Regierungschefs der Europäischen Gemeinschaft, zu dem Mitterrand kurz nach dem Fall der Berliner Mauer am 9. November 1989 eingeladen hatte, sprach er über das Selbstbestimmungsrecht der Völker und nannte Diskussionen über die Grenzen in Europa überflüssig. Das Wort Wiedervereinigung fiel nicht einmal. So lange er es nicht gebrauchte, konnten andere nichts dazu sagen. Hätten andere es angesprochen, um prophylaktisch Einwände zu erheben, wäre das ein unfreundlicher Akt gewesen und zudem hätte das dem Selbstbestimmungsrecht eines Staates widersprochen, der gar nicht mit am Tisch saß.

Aber Kohl konnte natürlich zu Hause jederzeit auf die innenpolitische Lage reagieren, und die konnte zu jeder Zeit als dramatisch verändert hingestellt werden, weil pausenlos Zuzügler über die offene Grenze aus der DDR in die Bundesrepublik kamen. Kohl reagierte am 28. November mit einem Zehn-Punkte-Programm zur Überwindung der deutschen Teilung. Dieses Programm stellt eine brillante Mischung aus aggressivem Positionsbesetzen und retardierendem Offenhalten dar. Es beginnt mit technischen Details zur neuen Art der Nachbarschaft zwischen Bundesrepublik und DDR und endet mit dem Projekt, einen »Zustand des Friedens« in Europa zu schaffen, in dem die deutsche Wiedervereinigung vollzogen werden könne.

Nichts anderes forderte das Grundgesetz seit vierzig Jahren. Zwischendurch war in den Zehn Punkten auch von der Entwicklung »konföderativer Strukturen« die Rede, »mit dem Ziel, eine Konföderation, das heißt eine bundesstaatliche Ordnung in Deutschland zu schaffen«. Ein zeitlicher Rahmen wurde nicht ins Auge gefaßt. Voraussetzung sollte die Abhaltung freier Wahlen in der DDR sein. Auch dafür wurde eine Terminvorstellung nicht einmal annähernd genannt. Es schien niemandem aufzufallen. Alle gaben sich erleichtert. Sogar die sozialdemokratische Opposition im Bundestag stimmte zu.

Den Eindruck von Entschlossenheit unterstrich Kohl dadurch, daß nur der amerikanische Präsident Bush den Redetext mit den Zehn Punkten nebst Erläuterungen des Bundeskanzlers zeitig zugestellt bekam. Die anderen Verbündeten wurden ebenso überrascht wie die Mitglieder seiner Regierung in Bonn – einschließlich Außenminister Genscher. Von Bush erhielt der Bundeskanzler die erwartete und benötigte Rückenstärkung.

Am 4. Dezember trafen sich die Staats- und Regierungschefs der sechzehn Nato-Mitgliedsstaaten in Brüssel. Hier sprach Bush von der Wiedervereinigung. Die Nato und die Vereinigten Staaten seien stets für sie eingetreten. Das Selbstbestimmungsrecht der Völker sei so zu respektieren, daß kein bestimmtes Ergebnis daraus vorweggenommen werden dürfe. Es gebe kein bestimmtes Modell für die Einheit. Ein vereintes Deutschland solle sich weiterhin zur Nato bekennen. Alles solle friedlich, allmählich und schrittweise geschehen. Für die Grenzen gälten die von der KSZE aufgestellten Prinzipien. So hätte es Kohl auch sagen können.

Kohl sagte dann auch, besser hätte den Standpunkt des Bündnisses niemand zum Ausdruck bringen können, die Sitzung solle sich vertagen. Doch der italienische Ministerpräsident Andreotti wollte noch die Warnung vor einem übertriebenen Umgang mit dem Mitbestimmungsrecht anbringen. Hier leistete sich Kohl eine spitze Bemerkung, die erkennen ließ, was er wollte, und die doch auch bei Bedarf als emotional bedingte Spontanreaktion ohne weitere Bedeutung hätte hingestellt werden können. Andreotti, sagte der Kanzler, dächte vermutlich anders darüber, wenn der Tiber sein Land teilte. Der niederländische Regierungschef Ruud Lubbers ging dazwischen und bekundete seine Zustimmung zu Bushs Ausführungen. Da meldete sich Margaret Thatcher zu Wort, äußerte Verständnis für Andreottis Warnung und empfahl, Bushs Ausführungen sorgfältig zu prüfen. Damit lag der Ball aber wieder da, wo ihn Kohl gern liegen sah, im Vorgarten des amerikanischen Präsidenten. Alle anderen Nato-Partner beeilten sich nun, ihr Einverständnis mit George Bush vorzutragen.

Andreottis Einwand hätte für Kohl gefährlich werden können. Noch war der Nato ja daran gelegen, der Politik Gorbatschows ein Debakel zu ersparen. Die Deutschen, so schien es, versteckten ihren Wunsch nach Einheit offiziell hinter der Pflicht, für das Selbstbestimmungsrecht der Völker einzutreten. Die Wiedervereinigung, so sahen es viele in Europa, konnte Deutschland zum mächtigsten Land auf der europäischen Seite des Bündnisses werden lassen. Und wenn man das Selbstbestimmungsrecht überall respektieren wollte, mußte dies das Ende der Sowjetunion bedeuten. Um die mochte es nicht schade sein. Doch es graute fast allen vor dem Chaos, das beim Auseinanderbrechen eines so großen – und so modern bewaffneten – Reiches entstehen konnte. Relativierte man das Selbstbestimmungsrecht, mußte Kohl sagen, was er wollte und warum.

Das war jetzt vermieden worden. Kohl hatte mit seiner empfindungsbetonten Replik durchblicken lassen, daß es hier auch gelte, die Gefühle seiner Landsleute diesseits und jenseits der innerdeutschen Grenze zu berücksichtigen. Aber er hatte es auf eine Weise getan, die man schlecht zur Grundlage einer sachlichen Diskussion machen konnte. Wer jetzt angefangen hätte, mit Kohl zu streiten, hätte nicht wissen können, ob er in eine kluge Erörterung oder in ein erbittert geführtes Gezänk geriet. So gut kannten alle Kohl, daß sie das letztere – zumal in Gedanken an den lange nachwirkenden Verdruß des deutschen Bundeskanzlers – vermeiden wollten. Und so gut kannten sie sich untereinander nicht, als daß sie hätten ausschließen können, daß der eine oder andere nicht doch Verständnis für die emotionale Gestimmtheit Kohls angesichts der Lage in Deutschland aufgebracht hätte.

Margaret Thatcher mag das gespürt und kalkuliert haben, es sei besonders geschickt, jetzt den Ball zurück zu Bush zu spielen. Doch da hatte sie nicht mit der Feigheit ihrer Kollegen gerechnet. Wer nach diesem Vorgang Bushs Ausführungen in Zweifel zog, brüskierte auch Kohl, hatte also beide auf dem Hals. Umgekehrt konnte man, indem man dem amerikanischen Präsidenten Respekt zollte, ein direktes Wort an den deutschen Bundeskanzler umgehen. Auf diese Weise konnte man auch noch den Amerikanern alle Verantwortung zuschieben für das, was demnächst geschah. Sollten sie also auch mit Kohl klarkommen.

Kohl, der sich der Unterstützung durch die amerikanische Politik sicher gewesen war, hatte genau das erreichen wollen, als er vorschlug, nach Bushs Ausführungen die Sitzung zu vertagen. Aufgrund der Intervention von Andreotti und der englischen Premierministerin hatte er dasselbe bekommen, nur noch viel schöner, weil die meisten George Bush jetzt noch ausdrücklich zugestimmt hatten.

Es war wieder wie am Spieltisch gewesen, wenn die Karten verteilt sind und bei einigen Unbekannten das Kräfteverhältnis ausgereizt wird. Ein bißchen hat man, ein bißchen kriegt man. Wichtig ist dann noch, daß man die entscheidenden Karten selber ausspielt.

Gorbatschow merkte, daß Kohls Politik eine Richtung eingeschlagen hatte, die ihm nicht gefallen konnte, wenn er sein Imperium zusammenhalten wollte. Er traf Mitterrand in Kiew und warnte den Westeuropäer, eine

Wiedervereinigung Deutschlands werde einen sowjetischen Marschall im Kreml an die Macht bringen. Mitterrand erwiderte trocken: »Das heutige Problem ist Deutschland.«

Mitterrand teilte dem Russen seine Absicht mit, einen Staatsbesuch in die DDR zu unternehmen. Er schlug Gorbatschow vor, zur selben Zeit auch hinzufahren. Das hätte zu einem erheblichen Prestigegewinn für die neue DDR-Regierung führen können.

Doch Gorbatschow zögerte. Er war eben erst dagewesen und hatte mitbekommen, wie die alte Regierung damit zu tun gehabt hatte, die Fassade aufrechtzuerhalten. Ein demonstrativer Besuch in der DDR konnte inzwischen zu unvorhersehbaren Ereignissen führen, und am Ende mochte ein erheblicher Prestigeverlust für die Russen dabei herauskommen. Die Grenzen nach dem Westen waren offen, und in Moskau fehlte es nicht an Vorstellungsvermögen, sich auszumalen, wie ein solcher Besuch von Kohl vorbereitet werden würde. Die Vorstellungen könnten realitätsfremd oder zumindest übertrieben gewesen sein. Aber in der Sowjetunion war man seit Jahrzehnten daran gewöhnt, mit solchen Szenarien zu arbeiten. Die beiden Herren in Kiew wußten nicht weiter.

Am 8. und 9. Dezember fand wieder eine europäische Gipfelkonferenz statt. Dieses Mal in Straßburg. Die Europäer wußten nun, wohin Kohls Politik zielte. Der Bundeskanzler sprach später selber von der eisigen Atmosphäre, die in Straßburg geherrscht habe. Hier kam es am Rande der Konferenz zu dem weitestgehenden Versuch Margaret Thatchers, mit dem französischen Staatspräsidenten zu einer gemeinsamen Linie gegen Kohl zu

finden. Doch Mitterrand wollte die deutsche Wiederver-
einigungspolitik durch sehr konkrete Maßnahmen zur
Schaffung einer europäischen Union kontern und wurde
hierbei von Jacques Delors, dem Präsidenten der Europäischen Kommission, unterstützt. Das war freilich nun
etwas, das nicht nur der Forderung entsprach, die in der
Präambel des Grundgesetzes gleichrangig mit dem Wiedervereinigungsgebot stand, es war auch Kohl aus dem
Herzen gesprochen: die Wiedervereinigung, als sie denn
möglich zu sein schien, war seine Pflicht. Die europäische Vereinigung war, seit er politisch denken konnte,
sein innigster Wunsch.

In Straßburg wurde – ein Preis, den Bonn zu zahlen
hatte – vereinbart, daß Ende 1990 eine europäische Re-
gierungskonferenz die Schaffung einer europäischen
Wirtschafts- und Währungsunion vorbereiten solle. Zugleich bekräftigte die Gemeinschaft die Haltung zur Frage einer deutschen Wiedervereinigung, die Bush in Brüssel formuliert hatte.

Es entwickelten sich in den folgenden Wochen Aktivitäten auf zwei Ebenen. Mitterrand versuchte, die Sorgen der Europäer angesichts der unaufhaltsamen Entwicklung zur Wiedervereinigung zu einer politischen
Potenz zu machen. Er sprach darüber mit Bush, und er
unterstützte Gorbatschows Bemühen, die KSZE in den
Prozeß einzubeziehen. Die Amerikaner kümmerten sich
ein wenig beunruhigt darum, was aus den Animositäten
werden mochte, die nun gegen Bonn bemerkbar wurden. Doch Bush und Baker gaben Kohl stets das Gefühl,
daß er sich auf sie verlassen konnte. Washington sah in
dem unruhiger werdenden Europa keine Alternative zu
der Zusammenarbeit mit der Bundesrepublik, und es

wäre in dieser Situation fatal gewesen, wenn Kohl gestürzt wäre.

Kohl paßte auf, daß er in dem Spiel seine Karten
rechtzeitig ausspielen konnte. Am 21. Dezember reiste
Mitterrand nach Ostberlin. Aber schon am 19. Dezember war Kohl nach Dresden gefahren. Er sprach mit
Hans Modrow über seine Zehn Punkte. Die Bevölkerung bereitete ihm einen begeisterten Empfang. Kohl
sprach zu ihr unter freiem Himmel und zeigte Beson-
nenheit und Zurückhaltung. Er konnte sicher sein, daß
die Demonstration verstanden wurde – von Modrow und
seinen Leuten, von den westlichen Staatsmännern, von
Gorbatschow, nicht zuletzt von den Bewohnern der
DDR.

Mitterrand kam zu spät – wer fragt, ob es genützt
hätte, wenn er früher gekommen wäre, müßte sich auch
fragen, was er überhaupt von der Reise erhoffte.

Der Franzose empfahl Modrow, eine engere Bindung
an Westeuropa anzustreben. Die hätte Modrow auch gern
vollzogen – und Kohl hätte das nicht mißbilligt. Aber
für Politik, wie man sie zwischen Portugal und Irland
bereden und beschließen kann, fehlte Modrow die Luft.
Er hatte erlebt, was in Dresden los gewesen war. Um die
nächsten Wochen und Monate zu überstehen, brauchte
er Geld – soviel Geld, wie es nur von der Bundesrepublik zu erwarten war, und so schnell, wie es nur eine
Bundesrepublik zahlen würde, die ein Interesse damit
verband. Außerdem brauchte er in der Bevölkerung Ruhe und Zuversicht. Die bestausgebildeten Leute durften
ihm nicht weiterhin weglaufen. Vor allem aber mußte
Modrow das Land wieder regierbar machen. Aber wie?
Mit den alten Mitteln – das wollten die Leute nicht. Mit

neuen Mitteln – dazu hatte er die Leute nicht. Die Mehrheit der Bevölkerung war ungeduldig und wollte, daß es dem Land endlich besser gehe. Das war nur von der Bundesrepublik zu erwarten. Beide Seiten in der DDR, die Regierenden und die Regierten, konnten nur auf Kohl setzen. Das hieß, Mitterrand kam nicht ins Spiel, und Kohl konnte die DDR-Bevölkerung indirekt gegen die DDR-Regierung ins Spiel bringen.

Langsam – langsamer, als es im Rückblick erscheint – schälte sich aus den Bildern, mit denen man damals das Geschehen zu fassen suchte, dasjenige vom Zug der deutschen Einheit heraus, der nicht mehr aufzuhalten war. Doch Kohls Kunst des retardierenden Offenhaltens war nicht nur instrumentell, die ihr zugrundeliegende Haltung war ihm so wesenseigentümlich, daß er sie auch ins Spiel brachte, wo sie kontraproduktiv wirkte. In der Diskussion des KSZE-Gedankens war auch die Forderung laut geworden, die Bundesrepublik, die jetzt die Wiedervereinigung anstrebe, also eine Grenzveränderung in Mitteleuropa wolle, müsse noch einmal die polnische Westgrenze garantieren. Man fürchtete wohl, daß die Deutschen im manchenorts vermuteten Überschwang der nationalen Begeisterung daran gehen könnten, mit der Wiedervereinigung gleich auch die Rückgewinnung der ehedem deutschen Länder im Osten, Schlesien und Pommern, anzustreben, die im Ergebnis des Zweiten Weltkriegs an Polen gefallen waren.

Kohl hielt dies zunächst für überflüssig. Die Bundesrepublik hatte längst alles Nötige dazu gesagt und feierlich bekräftigt. Wollte man, daß das wiedervereinigte Deutschland gleichsam als neues Völkerrechtssubjekt – was es nach Kohls Vorstellung ohnehin nicht sein sollte –

die Grenze, erst jetzt die Grenze eines von Bonn regierten Landes, noch einmal bestätige, dann wäre das nur sinnvoll, wenn das auch erst das wiedervereinigte Deutschland täte. Im Insistieren auf die Forderung an Kohl kam indes die Sorge zum Ausdruck, dann könne es zu spät sein. Mitterrand griff ein und forderte gemeinsam mit den führenden polnischen Staatsmännern Deutschland von Paris her auf, sich endlich verbindlich zur polnischen Westgrenze zu äußern.

Es war eine für Kohl peinliche Geschichte, die ihm auswärts und daheim viel böse Kritik eintrug. Sie konnte schließlich bereinigt werden. Aber daß alle Welt davon ausging, daß die deutsche Wiedervereinigung eine nur noch nicht ganz vollendete Tatsache sei, war damit auch definitiv klar geworden. Jetzt galt es nur noch, die technischen Einzelheiten auf dem Weg zur Vereinigung hinzubekommen. Dafür hatte der Bundeskanzler seine Leute.

Die Sache war gutgegangen. Mehr nicht. Kohls Karten hatten gestochen. Nationale Emotionen hatten zum Spiel gehört. Gefährlich hätten sie nur werden können, wenn er das Spiel verloren hätte. An einen nationalen Überschwang in Deutschland wegen der Wiedervereinigung aber hatte Kohl nie geglaubt.

17. Einheit für die Deutschen

Als am Abend des 9. November 1989 die DDR – mehr unterlief es ihr, als daß sie es veranlaßt hätte – ihre Grenzen zur Bundesrepublik Deutschland öffnete und in Berlin die Mauer fiel, erhoben sich im Bundestag, der passenderweise in einem provisorisch für seine Sitzungen hergerichteten Gebäude, einem ehemaligen Wasserwerk dicht am Rhein, tagte, Abgeordnete der Fraktionen von CDU/CSU, SPD und FDP von ihren Plätzen und sangen die dritte Strophe des Deutschlandliedes, die in den fünfziger Jahren – eher zufällig – die Nationalhymne des westlichen Teilstaats geworden war.

Zuvor hatten die Fraktionsvorsitzenden gesprochen, Alfred Dregger für die Union, Hans-Jochen Vogel für die Sozialdemokraten und Wolfgang Mischnick für die FDP, für die Grünen hatte Helmut Lippelt etwas gesagt. Dregger hatte im Zweiten Weltkrieg als Offizier gekämpft. Mischnick stammte aus Dresden. Und Vogel war als junger Mensch in eine SPD eingetreten, die das Gebäude für ihre Parteibüros in Bonn absichtsvoll Baracke nannte, um auf diese Weise das Provisorische des Aufenthalts in dieser Bundeshauptstadt zum Ausdruck zu bringen. Sie änderte den saloppen Gebrauch des Namens auch dann nicht, als die Immobilie längst zu stattlicher Größe erweitert worden war und die SPD schon nicht mehr daran dachte, daß der Staat Adenauers und seine Hauptstadt Bonn lediglich ein Provisorium sein könnte.

Jetzt aber standen für manche die Empfindungen der frühen Jahre machtvoll im Raum, und in der ersten Reihe der sozialdemokratischen Fraktion saß während der Reden Willy Brandt und hatte Tränen in den Augen. Am nächsten Tag auf einer Kundgebung in Berlin sollte er für das, was viele sich wünschten, Worte finden, die in der Fassung überliefert sind: »Jetzt wächst zusammen, was zusammengehört.«

Die Grünen, durch die parlamentarische Sitzordnung zwischen Union und SPD eingeklemmt, wirkten wie aufgescheucht. Sie wußten ihre Ratlosigkeit nicht zu verbergen, wie sie sich gegenüber dieser Szene verhalten sollten.

Etwas mehr als ein Jahr später fanden zu einem vorgezogenen Termin die Wahlen zum Deutschen Bundestag statt. Es waren nach dem Beitritt der DDR zur Bundesrepublik die ersten gesamtdeutschen Wahlen seit einem halben Jahrhundert. Die Grünen verpaßten den Einzug ins Parlament, nachdem sie in den achtziger Jahren bei fast jeder Wahl, ob sie sich klug verhalten hatten oder nicht, kräftig zugelegt hatten. Das heißt: sie verpaßten ihn 1990 in den westlichen Bundesländern. Für das Beitrittsgebiet galt die Fünf-Prozent-Hürde noch nicht, und so gelangten acht Abgeordnete des Bündnisses 90/ Die Grünen in den Bundestag.

Vier Jahre später, bei der Wahl zum 13. Bundestag, wurde das Mißgeschick revidiert. Die Bundesrepublik lief wieder in alten Gleisen. Neu war dann nur, daß erstmals eine Abgeordnete der Grünen, Antje Vollmer, zur Vizepräsidentin des Deutschen Bundestages gewählt wurde. Das hatte Wolfgang Schäuble, der Fraktionsvorsitzende der CDU/CSU, zusammen mit Josef Fischer von den Grünen gedeichselt. Die Sozialdemokraten waren fassungslos.

Bei den Wahlen 1990 war Kohl, was das Ergebnis seiner Partei betraf, nicht sonderlich belohnt worden für sein Einigungswerk. Vier Jahre später kam er sogar nur noch mit einem blauen Auge davon. Zwar sprach niemand mehr von einem Kanzler-Malus, aber mit einem CDU-Bonus schien es vorbei zu sein. Viele hatten schon in der ersten Hälfte des Jahres 1989 erwartet, daß Kohl als Kanzler die nächste Bundestagswahl verlieren werde. Diese meinten nun, die Wiedervereinigung habe ihn gerettet. Indes, das Rettungswerk war eben keineswegs üppig ausgefallen, zumal wenn man bedenkt, daß die SPD in der Person des Saarländers Oskar Lafontaine einen Kanzlerkandidaten aufgeboten hatte, der für die deutsche Einheit nur gedämpften Jubel übrig hatte. Die SPD fiel 1990 in den alten Bundesländern auf ein Ergebnis zurück, das noch schlechter war als das von 1961. Die Sozialdemokraten wurden bestraft, Kohl und die Christlichen Demokraten aber auch nicht belohnt. Man sprach – und wiederholte es 1994 – von der Krise der Volksparteien.

Wer sagen wollte, Kohl sei die Chance der Wiedervereinigung gerade recht gekommen, weil er wegen der Ideenarmut seiner Innenpolitik und der sich abzeichnenden Erfolglosigkeit seiner Kanzlerschaft sonst wohl kaum hätte Bundeskanzler bleiben können, dem wäre so leicht nicht zu widersprechen gewesen. Trotzdem wäre es falsch. Daß Kohl die Einheit Deutschlands wollte, lag in der Kontinuität christlich-demokratischer Politik. Dieser wurde das allerdings nicht immer geglaubt – und als es ihr geglaubt wurde, brachte es ihr keine Sympa-

thie. Die CDU selbst schien zum Schluß die unverdros-
senen Kämpfer für ein unteilbares Deutschland in eine
der hinteren Kammern ihres Hauses verbannt zu haben.
Aber immerhin hatte sie diese Kammer noch, als 1989 die
Hauptparty dort auszurichten war. Die Sozialdemokraten hatten ebenfalls noch eine solche Kammer, doch ihr
Kanzlerkandidat Lafontaine rückte den Schlüssel nicht
heraus.

Konrad Adenauer hatte Deutschlands Einheit so gewollt, wie ein Großgrundbesitzer nach einer Katastro-
phe bilanziert: das ist wahrscheinlich verloren, das kann
ich vielleicht wiederbekommen, mit dem hier kann ich
erst einmal arbeiten. Priorität kommt dem zu, mit dem
man arbeiten kann. Als sich die Möglichkeit abzeichnete, in den drei westlichen Besatzungszonen mit dem
Aufbau eines neuen Staates anzufangen, ging Adenauer
daran, das zu tun. Dieser Staat sollte der beste werden,
den er zu schaffen in der Lage war. Das hieße, es dürfte
wegen einer vagen Hoffnung nichts ungetan bleiben,
was das Gemeinwesen auf demokratische und bündnis-
politische Weise stabilisiert. Denn nur dann waren ir-
gendwelche Hoffnungen als sinnvolle überhaupt möglich. Man sollte, war Adenauers Überzeugung, nicht auf
die Zusammenfügung des eben erst zerschlagenen und
auseinandergerissenen Landes warten und dann einen
Staat bilden – umgekehrt mußte es gehen: man mußte
erst, wo man konnte, einen Staat gründen, ihn lebens-
kräftig und international handlungsfähig machen. Erst
dann konnte man sich territorialen Fragen zuwenden,
wenn das möglich war. Als die Bundesrepublik ein erfolgreicher Staat geworden war, schien es den Sozialdemokraten, die vordem Adenauer wegen angeblicher

Mißachtung des Wiedervereinigungsgebots vehement be-kämpft hatten, nicht mehr nötig zu sein. Das war dann freilich der Union auch nicht recht.

Dieses Hin und Her, das frühe Mißtrauen zumal gegen den Wiedervereinigungswillen Adenauers und des größten Teils der CDU, erklärt sich aus einer doppelten Frontstellung, aus der heraus die Christlichen Demokraten von Anfang an agierten. Zum einen wollten sie keine Rückkehr des alten, von Preußen dominierten National-staates. Das Rheinland und Westfalen waren 150 Jahre lang von Berlin aus fast wie eine Kolonie verwaltet worden. Katholiken wurden benachteiligt. Bildungspolitisch tat Preußen für das Ruhrgebiet nur wenig mehr als England für Uganda. Vor allem aber die Außenpolitik Berlins hatte über Jahrzehnte hinweg den Versuch unternommen, Westdeutschland aus dem kulturellen Raum herauszureißen, dem es jahrhundertelang angehört hatte und in dem seine Bevölkerung nicht nur durch die Kirche, sondern ebenso entscheidend durch die Politik von den Karolingern bis zum Code Napoléon geprägt worden war. Lange, bevor man mit Sinn und Verstand das Wort »deutsch« gebrauchen konnte, gab es von Köln bis Basel, von Fulda bis Aachen ein erprobtes Gefühl für politische Proportionen. Daß endlich von hier aus Politik gestaltet werden möge, die dann auch Politik für Deutschland heißen mochte, schien vielen hoch an der Zeit zu sein.

Und es waren zu den deprimierenden Erfahrungen, die alle Deutschen mit der Berliner Politik hatten verbuchen müssen, noch eigene, besondere hinzugekommen, die zumal Adenauer nicht vergessen hatte – und die nicht vergessen zu haben man Adenauer vorwarf, wenn man ihn alter separatistischer Träume, einen selbständigen Rheinbundstaat gründen zu wollen, bezichtigte. Als nach dem Ersten Weltkrieg die deutsche Außenpolitik mit Frankreich Schwierigkeiten bekam, besetzten französische Truppen das Rheinland. Berlin konnte nicht viel tun, hatte aber vorher auch wenig in Bedacht genommen, daß es nicht viel tun konnte. Die Rheinländer in Sichtweite des Kölner Doms fühlten ihre Heimat zum geostrategischen Vorfeld degradiert wie ein paar saure Wiesen zwischen Pommern und Polen.

So zögerte man nicht, das Zentrum künftiger Politik nach Westen zu verlegen, als man es konnte – und man konnte es ja nur, weil man etwas anderes nicht konnte. Auf das Wollen kam es nicht an.

Die zweite Frontstellung betraf den Kommunismus. Die alten Zentrumsleute hatten genug sozialistische Gesinnung in den Köpfen – und im Ruhrgebiet auch in den Knochen –, um gegenüber den menschenbeglückenden Verheißungen der Kommunisten nicht sentimental zu werden. Sie hatten auch, dank der Arbeit ihrer Kirche und der katholischen Soziallehre, genügend organisatorisches Fundament und intellektuelles Potential, um sich sagen zu können, das, was der Kommunismus als wissenschaftlicher Sozialismus für die einfachen Menschen leisten kann, können wir auch tun und vielleicht besser. Um so entschiedener können wir ihn wegen der Eigenschaften bekämpfen, die wir an ihm verabscheuen: den Totalitarismus, der die Familien zerstört und das Individuum Apparaten ausliefert, den Atheismus, der unsere Kirche bedrängt, die Geschichtslosigkeit, die unsere Kultur gefährdet.

Die CDU war indes nicht einfach die Fortsetzung des

Zentrums auf verbreiterter Basis. Wegen ihrer doppelten Frontstellung erhielt sie widersprüchlichen Zuzug, den sie allerdings mit jenem großen Magen, den sie wie die katholische Kirche ihr eigen nennen durfte, verkraften konnte. Wegen der radikalen Neuorientierung der deutschen Politik in der Bonner Republik strömten ihr viele traditionell partikularistische Kräfte zu, Leute, die tatsächlich mit nationalem Denken nicht viel anfangen konnten und es – nicht aus religiösen Gründen – verabscheuten, auf den Nationalstaat und seine Interessen Rücksicht nehmen zu müssen. Diese stritten aus sehr unterschiedlichen Gründen am schärfsten für den Bruch mit der Vergangenheit.

Wegen der nicht minder radikalen Orientierung gegen den kommunistischen Feind schlossen sich der Union aber auch viele Nationalkonservative an, die ihren seit 1917 geführten, vor 1933 nicht anders als vor 1945 begriffenen Kampf nun unter anderen Vorzeichen fortzusetzen gesonnen waren. Die Union und der von ihr bestimmte Staat waren da nicht wählerisch. Gut katholisch entschieden sie, daß man Ideen bekämpfe, nicht Menschen. Die Idee des Nationalsozialismus war erledigt, die Ideen des Nationalismus und Militarismus waren schwer diskreditiert. Wer so intelligent war, daß er in einer freien Gesellschaft oder in einer demokratisch kontrollierten Verwaltung Karriere machen konnte, hatte das kapiert und verhielt sich entsprechend. Wer so töricht war, daß er das nicht realisierte, würde schon aus natürlichen Gründen keine Karriere machen.

Im großen und ganzen hat sich das als richtig erwiesen, es gab allerdings Ausnahmen, die schmerzhaft auffielen. Und so präsentierte sich die CDU als eine Partei,

in der noch nach Jahrzehnten Norbert Blüm, der Mann
der Sozialausschüsse und der älteste Minister in Kohls
Kabinett, bei Gelegenheit sagen konnte, die Konzentra-
tionslager der Nazis hätten nur so lange gestanden, wie
die Front hielt, und der ehemalige Frontsoldat Alfred
Dregger, der Vorsitzende der CDU/CSU-Fraktion in der
Zeit der Wiedervereinigung, massiv empört darüber sein
durfte.

Kohl nicht anders als Adenauer befand sich mit seinem politisch-philosophischen Denken – soweit die beiden überhaupt die Zeit sich nahmen für dergleichen – irgendwo zwischen diesen Positionen und beurteilte die,
die damit bekannt wurden, und die, die das vermieden,
nach ihrer Nützlichkeit für Mehrheitsbeschaffung und
nach ihrer Effizienz bei der Bewältigung täglicher Arbeit. Für Bußübungen ging man in die Kirche, und zwar
nicht nur dann, wenn etwas Schreckliches passiert war,
sondern nach Möglichkeit jeden Sonntag.

Die entscheidende Neuorientierung für das Land durch
die Gründung und die Politik der Bundesrepublik geschah nicht durch exzessiv wachsame Personalpolitik,
nicht durch einen rigorosen Purismus bei Gesten und
Gewohnheiten, auch nicht durch Beachtung einer besonderen – Signale betonenden oder vermeidenden –
Sprache. Alles das hätte die Leute, die schließlich, ohne
daß sie etwas dafür gekonnt hätten, in den zwanziger
und dreißiger Jahren in die Schule gegangen waren, nur
verwirrt. Die entscheidende Neuorientierung geschah
durch die Gründungsakte. Peter Altmeier, Kohls Vorgänger als Ministerpräsident in Mainz – bei seinem
Rücktritt 1967 würdigte ihn für den Bundesrat der Hamburger Erste Bürgermeister Herbert Weichmann (SPD)

als das »inkarnierte Hauptbuch dieser Bundesrepublik in ihrer bald zwanzigjährigen Lebensdauer« –, hatte seinerzeit die Gründung des Landes Rheinland-Pfalz begrüßt als einen ersten Schritt zur »Rückverlegung des Schwergewichts der deutschen Politik in die Wiege des Deutschtums«, mit dem die »bedauerliche Fehlentwicklung« der deutschen Geschichte unter der Dominanz der preußischen seit dem achtzehnten Jahrhundert korrigiert werden müsse. Nichts anderes, als das zu demonstrieren, veranlaßte später Kohl, Margaret Thatcher an die Gräber deutscher Kaiser im Dom zu Speyer zu führen.

Für die CDU war die Wiedervereinigung nicht das erste Ziel deutscher Politik. Dafür gab es äußere Gründe: es lag nicht an der ersten, nächsten Stelle auf dem Weg, den man gehen konnte. Und es gab innere Gründe dafür: man dachte nicht daran, auch nur einen Schritt von dem Wege, den Männer wie Adenauer und Altmeier gewiesen hatten, abzuweichen, auch nicht, wenn damit das Ziel der Wiedervereinigung in erreichbare Nähe rücken sollte. Deshalb verließ Gustav Heinemann schon früh die CDU. Die Wiederbewaffnung entfernte die Bundesrepublik vom Ziel der Wiedervereinigung – aber sie beschleunigte, auch das schon ein wenig paradox, die Aufnahme des neuen Staates in den Kreis der westlichen Zivilgesellschaften, die sie als Nato-Staat dabei haben wollten.

Deshalb lehnte es Adenauer 1952 auch ab, Stalins Angebot freier Wahlen in ganz Deutschland und einer Wiedervereinigung um den Preis der Neutralisierung des Landes auch nur zu diskutieren. Daß Deutschland wieder in die Lage geraten könnte, zwischen Ost- und Westeuropa zurechtkommen zu müssen, ohne eindeutig Teil der westlichen Staatengemeinschaft zu sein, fürchteten CDU-Politiker mehr als alles andere auf der Welt. Als die Sozialdemokraten in den achtziger Jahren außenpolitische Vorstellungen favorisierten, die auf eine Annäherung an östliche Staaten und Parteien auf Kosten des Eindrucks absoluter Zuverlässigkeit im westlichen Bündnis hinauszulaufen schienen, deuteten Christliche Demokraten diesen Aspekt des ostpolitischen Paradoxons einseitig, aber wirkungsvoll als Versuch einer »Finnlandisierung« der Bundesrepublik. Das sollte besagen, hier werde versucht, die Bundesrepublik in eine ähnlich prekäre Lage zwischen den Blöcken in Ost und West zu bringen, wie sie Finnland unfreiwilligerweise seit Ende des Zweiten Weltkriegs einnehmen mußte.

Von Amerika her wurden auch gelegentlich Zweifel an der Politik von Kohls Außenminister Genscher laut. Bei der Wiedervereinigung bemühte sich Kohl denn auch, streckenweise ohne ihn auszukommen, sicherlich nicht, weil er ihm mißtraut hätte, sondern weil er in den entscheidenden Wochen nicht den geringsten Ansatz für Empfindlichkeiten auf dieser Seite der Verfahrensbeteiligten brauchen konnte.

Die CDU setzte, was die Hoffnungen auf eine Wiedervereinigung Deutschlands anging, auf eine Politik der Stärke. Das sollte nicht heißen, daß man daran dachte, demnächst an der Spitze der Nato-Verbände Panzer über die Elbe zu schicken, um das Mißgeschick namens DDR zu beseitigen, sondern man stellte sich auf einen Wettkampf der Systeme ein, den der sowjetische Osten allein militärisch zu gewinnen hoffen konnte. Werde Moskau der militärische Erfolg durch eigene Rüstungsanstrengungen und Kampfbereitschaft unmöglich gemacht, würde der Kommunismus den Wettkampf verlieren, weil die

Leistungsfähigkeit des Systems und die Erwartungen der Bevölkerung in den östlichen Ländern auf Dauer immer stärker auseinandergehen würden. Es gibt unterschiedliche Auffassungen darüber, für welchen Zeitraum Adenauer den Triumph seiner Politik der Stärke in Aussicht gestellt hatte. Auf jeden Fall war da Kohl mit seiner Verheißung nach der Wiedervereinigung, es würden jetzt hier bald blühende Landschaften entstehen, etwas unvorsichtiger.

Als die DDR unter sowjetischem Schutz am 13. August um Westberlin eine Mauer bauen ließ, schien die Politik der Stärke gescheitert zu sein. Das war zwar unlogisch, aber anschaulich. Jetzt bemühten sich die Sozialdemokraten, allen voran der Regierende Bürgermeister von Berlin, Willy Brandt, und seine Mitarbeiter darum, die Folgen der Teilung für die Menschen in der Stadt zu mildern, dann, als er Außenminister der Großen Koalition und Bundeskanzler der sozialliberalen Regierung geworden war, für die Menschen (und wirtschaftlichen Beziehungen) im geteilten Deutschland, im geteilten Europa. Der Erfolg dieser Politik schlug sich in den Ostverträgen nieder, mit denen allerdings nach weithin verbreiteter Ansicht die deutsche Teilung innerstaatlich und völkerrechtlich besiegelt war.

Die Union war nicht dieser Ansicht. Sie fand Unterstützung beim Bundesverfassungsgericht, was der damalige Vorsitzende der SPD-Fraktion im Bundestag, Herbert Wehner, bekannt und berüchtigt wegen seiner robusten Rhetorik, mit dem Spruch kommentierte: »Wir lassen uns doch von den acht Arschlöchern in Karlsruhe nicht die Ostpolitik kaputtmachen.« Dazu kam es auch nicht. Nach der Wahl von Brandts Außenminister, des

Liberalen Walter Scheel, zum Bundespräsidenten – als Nachfolger des Sozialdemokraten Gustav Heinemann – wurde für die FDP Hans-Dietrich Genscher mit dem Auswärtigen Amt betraut. Das Vertrauensverhältnis, das Kohl zu ihm herstellen konnte, sicherte die Fortsetzung der Ostpolitik über den Regierungswechsel 1982 hinaus. Gleichwohl war nun die CDU und mit ihr die CSU das geworden, was zu Adenauers Zeit die SPD gewesen war: die Partei, der sich die anschlossen, denen die Wiedervereinigung das wichtigste Ziel der deutschen Politik war.

Dennoch gab es, als im Zerfallsprozeß des Ostblocks – nicht nur wegen der militärischen Stärke des Westens, mehr noch wegen der Attraktivität der westlichen Lebensverhältnisse – die Wiedervereinigung plötzlich in greifbare Nähe geraten war und Kohl zugriff, keine überschwengliche Begeisterung im Westen. Die Gefühle bei den meisten CDU-Mitgliedern dürfte man am ehesten mit Genugtuung bezeichnen. Sie waren in der Ära Adenauer geprügelt worden, weil sie die Wiedervereinigung angeblich nicht wollten, und sie waren seit der Ära Brandt geprügelt worden, weil sie die Wiedervereinigung immer noch wollten. Jetzt wurde wiedervereinigt, und zwar aufgrund des Vertrauenskapitals, das infolge von Adenauers Entscheidungen angesammelt worden war, und aufgrund der rechtlichen Möglichkeiten, für deren Überleben in einschlägigen Papieren die Unionsparteien gesorgt hatten.

Das Praktische war eine andere Geschichte. Geld sollte es nicht kosten, und Kohl war klug genug, den Eindruck zu erwecken, die Einheit ließe sich aus der Portokasse bezahlen. Dafür, daß das glaubhaft war, hatten kurioserweise die Sozialdemokraten gesorgt, die zuvor gern behauptet hatten, die DDR sei mit ihrer Art Sozialismus ein wirtschaftlich ganz erfolgreiches Land. Tatsächlich war die DDR schon seit längerer Zeit zahlungsunfähig. Es ist freilich kaum die Frage, ob am Prozeß der Wiedervereinigung sich etwas geändert hätte, wenn die Westdeutschen dies gewußt und wenn die Folgen ihnen klar gewesen wären. Viele in der DDR dagegen wußten es. Sie wollten die Wiedervereinigung wegen des Geldes der Bundesrepublik, mehr aber noch wegen der Chancen, in einem Land wie der Bundesrepublik Geld zu verdienen.

Der Jubel, als die Mauer fiel, war allgemein und beträchtlich. Aber er war eine Reaktion auf das befreiende Jahrhundertereignis, wobei die Faszination durch den epochalen Charakter des Geschehens mindestens so sehr dazu beitrug wie der Eindruck, daß sechzehn Millionen Menschen die Freiheit gewannen. An einen Zuwachs nationaler Macht für die Bundesrepublik dachte kaum jemand – weder im ersten Augenblick noch in der Folgezeit. Mit dem Blick auf einige spätere Publikationen könnte man sagen, das war und blieb eine Professorenidee.

Von Kohls Heidelberger Lehrer und Förderer Dolf Sternberger stammt der Begriff »Verfassungspatriotismus«. Er läßt an ein Wort aus dem alten Griechenland denken: Das Volk muß um seine Verfassung kämpfen wie um seine Mauer, die eine Stadt gegen Feinde von außen schützt. Diesen Begriff hatte Sternberger in den Jahren 1959 bis 1982 entwickelt. Das läßt sich in einigen Artikeln verfolgen, die in der *Frankfurter Allgemeinen Zeitung* erschienen. »Das Vaterland«, heißt es in einem

Kommentar aus dem September 1959, »ist die ›Republik‹, die wir uns schaffen. Das Vaterland ist die Verfassung, die wir lebendig machen. Das Vaterland ist die Freiheit, deren wir uns nur wahrhaft erfreuen, wenn wir sie selber fördern, nutzen und bewachen.« Ende Januar taucht der Begriff zum ersten Mal auf in einem Essay, der sich mit der Frage beschäftigt, ob »unsere Verfassung nicht demokratisch genug« sei. Unter der Überschrift »Unvergleichlich lebensvoll, aber stets gefährdet«, untersucht Sternberger »gemeinsame Spielregeln«, die »einen friedlichen Austrag und Ausgleich« widerstreitender Interessen möglich machen, und das eben hänge, schreibt er, davon ab, »ob ein ausreichendes Maß von Gefühl für das gemeinsame Interesse, also altmodisch gesprochen für das allgemeine Beste, ob ein ausreichendes Maß von Verfassungspatriotismus in einer Gesellschaft vorhanden ist, ohne welches die natürliche Interessendivergenz in gewissen Lagen zum Zerfall führen muß«.

Zum dreißigsten Jahrestag der Verabschiedung des Grundgesetzes veröffentlichte die *F.A.Z.* einen Leitartikel von Sternberger, für den der Begriff »Verfassungspatriotismus« als Überschrift gewählt war, und drei Jahre später erschien in derselben Zeitung eine Rede des Autors, die wiederum nur mit »Verfassungspatriotismus« überschrieben war und in der gegen Ende vehement der Wunsch ausgesprochen wurde, »daß wir unseren Platz in dieser unserer Verfassung einnehmen, daß wir mit Krallen und Zähnen festhalten, daß wir nicht leichtsinnig und weichmütig etwa die Sicherung wegwerfen oder auch nur wegschieben, in der Erwartung, die Freiheit selber in der Hand behalten zu können. Sie ist nicht anders zu haben als in diesem Panzer! Daß wir uns auch nicht versuchen lassen, auszuziehen aus der Verfassung um der Nation und ihrer Vollständigkeit willen.«

Das ist eine andere Wahrnehmung der Verfassung, als sie von Ernst Forsthoff beschrieben worden war. Freilich haben da Pathos und Skepsis auch nicht denselben Bezugspunkt. Man muß nicht vermuten, daß Kohl den Gedankengängen der Gelehrten allzu weit nachgestiegen wäre. Er lernt nicht aus theoretischen Zusammenhängen, sondern aus dem, was man sein Erlebnis-Leben nennen kann. Was sich ihm dabei mitteilt, behält er. Auch, wenn es untereinander widersprüchlich ist. Einen einmal gewonnenen Eindruck vergißt er nicht, auch wenn das, was bei der beeindruckenden Episode zusammenkam, nichts miteinander zu tun hatte. So bezieht er sich denn auch selber widersprüchlich auf manches, was er ehedem gesagt oder zitiert hat. Eine flexible Verfassung? Gut. Eine Verfassung als Panzer? Auch nicht schlecht. Ein flexibler Panzer? Warum nicht!

Die meisten Deutschen waren mit dem Grundgesetz zufrieden. Das Glück, an dieser Verfassung teilzuhaben, gönnten sie den Deutschen aus der DDR von Herzen gern. Viele in der DDR wünschten sich eine Verfassung wie das Grundgesetz. Der Beitritt zur Bundesrepublik garantierte ihnen, daß sie es bekommen und behalten würden. Das motivierte sie, die Transparente »Wir sind das Volk« einzutauschen gegen solche mit der leicht veränderten Aufschrift »Wir sind ein Volk«. Näherhin garantierte ihnen das der amtierende und energisch handelnde Kanzler Kohl.

Kohl nutzte die Existenz der DDR-CDU und schloß sie an seine CDU an. Die Ost-CDU war übel beleumundet wegen willfähriger Pflichterfüllung als Blockpartei gegenüber der herrschenden Sozialistischen Einheitspartei, wie sich die Kommunisten in der DDR nannten, seit sie die Sozialdemokraten gezwungen hatten, mit ihnen zusammen eine neue Partei zu bilden. Doch wer in der DDR wirklich staatstreu hatte Karriere machen wollen, hatte immer noch genügend Gründe gehabt, nicht einer der Blockparteien, sondern der SED beizutreten. Im übrigen mochte sich auch hier bewähren, daß die CDU einen großen Magen hatte, in dem schon manches Platz gefunden hatte, ohne daß ihr übel geworden wäre. Mit Kohl als Übervater gewann in der immer noch staatsrechtlich unabhängigen DDR die CDU innerhalb eines demokratischen Wahlbündnisses die ersten – und letzten – freien Wahlen zu einer Volkskammer der DDR. Sie verfehlte die absolute Mehrheit nur knapp, aber dennoch konnte Kohl jetzt auch über die stärkste Partei in Ostberlin Einfluß auf den Einigungsprozeß nehmen, was insofern wichtig war, als in der Volkskammer kräftiger auf das Tempo des Verfahrens gedrückt wurde, als es der internationale Begleitzug in Konferenzen und Gesprächen zuließ.

In der DDR, in der sich noch einige hunderttausend russische Soldaten befanden, war der Wunsch, den Lauf der Dinge zu beschleunigen, ungleich größer als in der Bundesrepublik oder gar in Bonn. Da waren unangenehme Entwicklungen möglich. Kohl mußte aufpassen, daß dort nichts aus dem Ruder laufen konnte.

Als in einer der morgendlichen Beratungsrunden beim Bundespräsidenten zum ersten Mal erwähnt wurde, die Bundesregierung denke daran, die Einheit nach Artikel 23 des Grundgesetzes herbeizuführen, wischte Richard von Weizsäcker diesen Hinweis unwirsch mit den Worten weg, das sei Unfug. Der lange Zeit von Kohl protegierte, für die CDU zumal in den siebziger Jahren sehr wertvolle Seiteneinsteiger, was die politische Laufbahn betraf, hatte aus eigener Kraft Erfolge erst bei den Wählern in Berlin erzielt, da allerdings in großem Umfang. Er war, bevor er 1984 Bundespräsident wurde, einer der angesehensten Regierenden Bürgermeister in der Geschichte der geteilten Stadt. Seither hatten sich die geistigen Wege Weizsäckers und Kohls getrennt – was immer noch, vielleicht mehr denn je, höchst vorteilhaft für die CDU und Kohls Politik war. Als die Nachrüstungspolitik das Land zu spalten drohte, war es wesentlich die Art und Weise, in der Weizsäcker seine Autorität als Staatsoberhaupt zur Geltung brachte, die viele junge linke und liberale Menschen davor zurückhielt, am Staat zu verzweifeln.

Weizsäckers Rede am 8. Mai 1985 zum vierzigsten Jahrestag des Kriegsendes hatte ihm außerhalb und innerhalb Deutschlands respektvolle Zuneigung, ja Bewunderung eingetragen. Öffentlich wurde darüber räsoniert, wie viel besser es doch wäre, wenn er statt Kohl Kanzler wäre. Er selbst dachte kaum anders. Jetzt war er dafür, die Wiedervereinigung nach Artikel 146 des Grundgesetzes herbeizuführen.

Nach Artikel 23 brauchte die DDR nur zu erklären, sie wolle Teil der Bundesrepublik werden, dann war sie es. In den fünfziger Jahren war das Saargebiet nach schwierigen Verhandlungen mit Frankreich in einem längeren, abgestuften Prozeß auf diesem Weg in die Bundesrepublik gelangt. Es war klar, daß der Beitrittswillige dabei nicht viel zu sagen hatte. Genau das wollten etliche Westdeutsche, darunter auch der Bundespräsident, den DDR-Bewohnern, die sich immerhin die

Befreiung von der Diktatur bis zu einem gewissen Grade selbst erkämpft hatten, ersparen.

Nach Artikel 146 wäre eine aus beiden Teilen Deutschlands gebildete verfassunggebende Versammlung zusammengetreten und hätte über eine gemeinsame Verfassung und die Einheit geredet. Das wollten Kohl und die meisten in der CDU der Bundesrepublik, die immerhin vierzig Jahre lang einen demokratischen Staat erfolgreich bis zu diesem Punkt gebracht hatte, ersparen. Es sollte keinen neuen Staat geben. Gegenüber den Partnern im Bündnis war Kohl mit der Bundesrepublik im Wort, wie sie war – wie sie in vierzig Jahren geworden war. Die Verbündeten trauten der Bundesrepublik nicht zuerst deshalb, weil Kohl in Bonn regierte, sie trauten Kohl, weil er genau der Politiker war, der nach einer langen Zeit demokratischer Entwicklung in der Bundesrepublik hatte Kanzler werden können. Kohl, der wußte, wie wichtig es war, im Einigungsprozeß jede Irritation im Ausland zu vermeiden, hatte nur die Möglichkeit, mit dem Artikel 23 zu Werk zu gehen. Außerdem war es das, was nach dem Gründungsverständnis der CDU für die Bundesrepublik als Staat am Rhein das Gebotene war: jemand tritt bei, es bedarf keiner Neugründung. Außerdem war es die Vorgehensweise, von der er am zuverlässigsten erwarten konnte, daß er Bundeskanzler bleiben würde.

Das war allerdings wenig geeignet, bei den Deutschen Begeisterung für die Wiedervereinigung zu wecken oder zu vertiefen. Die etwas muffige Stimmung, die sich in der Bevölkerung ausbreitete, als erkennbar wurde, welche Lasten die einen, welche persönlichen Risiken die anderen künftig zu tragen hatten, ist daraus zum Teil erklärbar.

Zu einem anderen Teil erklärt sie sich aus der geringen nationalen Begeisterungsfähigkeit der Deutschen, wie sie aus den längsten Abschnitten ihrer Geschichte ablesbar ist. Sicherlich, es gab die – fast scheint es, kompensatorischen – Exzesse in der Folge der Reichsgründung 1870. Aber das war – ein Mirakel der Geschichte – mit der Gründung der Bundesrepublik verschwunden, solange es nicht um Fußball ging: der Gewinn der Fußballweltmeisterschaft 1954 war geradezu ein Gründungsakt der Bundesrepublik gewesen, was den Wiedergewinn der nationalen Selbstachtung anging. Dabei blieb es dann freilich auch, und darauf blieb es für die meisten beschränkt. Immerhin war dadurch der Bundesrepublik das gelungen, was die intellektuell ungleich glanzvollere Weimarer Republik nie geschafft hatte: ihre Bürger hörten ihre Nationalhymne mit mehr oder weniger innigem Stolz und zeigten sich gern mit den Farben ihrer Flagge Schwarz-Rot-Gold.

Es war denn auch keine Es-ist-erreicht-Stimmung, die nach der Wiedervereinigung aufkam oder etwa von Kohl nach dem Vorbild Kaiser Wilhelms II. gefördert worden wäre. Kohls wichtigstes Ziel hieß nach wie vor Europa. So hatte er bei den Bündnispartnern der Bundesrepublik die Einheit Deutschlands erreicht. Und der Blick auf Europa war auch das einzige, was er den Deutschen zu bieten hatte bei dem mühseligen Geschäft, ein Volk zu werden.

18. Kohl und seine Freunde

Für die Mächtigen dieser Welt ist immer wieder aufgeschrieben worden, was das Geheimnis der Macht ist. Auch Ernest Renan, der berühmt wurde, weil er Jesus zum Helden einer bürgerlichen Biographie machte, hat einige Zeilen in seinen später verfaßten philosophischen Dialogen darauf verschwendet. Das Böse, heißt es da, sei eine Macht und ein Vorteil in menschlichen Dingen. »Denn, das Böse fürchtet man. Die Verbreitung von Angst ist Macht.«

Über den Ursprung der Macht kann auch, wer es mit dem Politiker Helmut Kohl zu tun hat, nicht anders denken. Doch es gehört zu den besonderen Charakteristika seiner Erfolgsgeschichte, daß es die Freunde des Kanzlers sind, die seine Macht zu spüren bekommen haben, erst im guten, dann im Konfliktfall. Und man kann sie von der Bosheit sprechen hören, die in Kohls Augen lag, als er sie seine Macht spüren ließ.

Reicher Leute Kind war er nicht gewesen. Auch verbindliches Auftreten, geschmeidiges Sprechen, unauffällige Sicherheit, Unüberhörbarkeit, Unübersehbarkeit gerade in der Zurückhaltung und jene rätselhafte Weltläufigkeit, die in der natürlichen Verbindung von freundlicher Zuwendung mit Arroganz liegt, waren ihm fremd und blieben ihm fremd. Gern ruft er Mitarbeiter mit Titeln, die einen höheren Rang bezeichnen: Graf oder Baron. Er antizipiert damit spaßhaft oder spöttisch den

Anspruch auf Überlegenheit, den er bei den meisten ihm gegenüber vermutet, und zeigt, wie wegwerfend er damit umgeht. Wer von Kohl in der Sprache des täglichen Umgangs größer gemacht wird, als er ist, wird kleiner gemacht, als er ist. Anders, scheint es, kann Kohl das Herr-und-Knecht-Verhältnis, in dem er und seine Mitarbeiter sich befinden, kaum gestalten. Seine Mitarbeiter sind immer fleißiger als er – sonst wären sie nicht seine Mitarbeiter. Sie sind oft intelligenter als er – sonst hätte er sie sich nicht ausgesucht. Sie verfügen über Vorzüge, die er nicht hat – sonst wären sie nicht wertvoll für ihn.

Freundschaftlich geht es unter solchen Bedingungen wahrhaftig nicht zu. Das Wort Freunde findet bei Kohl deshalb gern Verwendung, weil es die Überprüfbarkeit der Struktur einer Arbeitsbeziehung erschwert. »Die sind alle durch mich etwas geworden«, lautet Kohls Lieblingswort, wenn er von Politikern spricht, die einmal zu seinem Kreis gehörten. Das ist richtig, und es fing schon sehr früh an, sich als richtig zu erweisen. Wie immer und worin immer sich einer Kohl überlegen fühlen durfte, das Stück Basis-Intelligenz, über das jeder verfügt, das den Lebenswillen beherrscht und das niemand ungestraft ignoriert, konnte ihm sagen, daß jetzt, in der Umgebung von Kohl, die weitere Karriere über Kohl laufen würde – oder es würde kaum noch eine Karriere sein.

Risiken gibt es in jeder Karriere. Aber die Risiken, die man eingeht, wenn man es sich mit Kohl verdirbt, nachdem man einmal in seiner Nähe gelandet ist, sind nicht von der Art, die Männern vertraut ist, die das Zeug dazu haben, in geordneten Verhältnissen Karriere zu machen. Ihre Welt ist eine überschaubare Welt, in der es Strukturen gibt, auf die man sich einlassen, die man nutzen kann und über die sich die Beziehungen zu anderen bestimmen. Sie nehmen an einem Tisch Platz, erlernen die Regeln des Spiels, studieren die Eigentümlichkeiten ihrer Mitspieler und sind es gewohnt, nach einer gewissen Zeit zu den Siegern zu gehören. Dann stehen sie auf, gehen zu einem anderen Tisch, an dem anspruchsvoller gespielt wird, und kommen dort auf dieselbe Weise voran.

Anders ist es, wenn man auf Kohl trifft. Der kann auch schon einmal den Tisch umwerfen, wenn ihm das Spiel nicht gefällt. Normalerweise geht man dann aus dem Zimmer. Aber was ist, wenn die anderen drin bleiben, den Tisch wieder aufstellen und ein neues Spiel beginnen? Das ist die Situation der Politik. Man kann sich nicht ein anderes Land suchen wie eine neue Firma. Man kann auch nicht sicher sein, wie die anderen darauf reagieren, daß hier gegen alle Regeln, ja gegen das Geltungsgesetz von Regeln überhaupt, der Tisch umgeworfen worden ist. Das weiß man weder von den Mitspielern an dem Tisch, an dem einem das passierte, noch von den anderen, zu denen man gehen könnte. Wo einer wie Kohl das Feld beherrscht, weiß man nie ganz genau, wer mit wem im Bunde ist, aus welchem Grund und mit was für einem Grad von Freiwilligkeit. Die Risiken sind unkalkulierbar.

Noch vor allen anderen ist hier das Schicksal Heiner Geißlers lehrreich. Von denen, die hoch aufstiegen und sich dann mit Kohl überwarfen, ist er sicherlich der Mann, der am ehesten wirklich mit Kohl befreundet war oder glauben durfte, das zu sein. Er hatte eine in Grenzen unabhängige Karriere als Bundestagsabgeordneter bereits begonnen, bevor er zu Kohl nach Mainz ging und Sozialminister wurde. Er hatte sie mit beachtlichen

Leistungen fortsetzen können, als Kohl Mainz verließ und in Bonn Oppositionsführer wurde. Als für Kohl nach der verlorenen Wahl von 1976 die Schwierigkeiten immer größer wurden und er sich schließlich von seinem Generalsekretär Kurt Biedenkopf trennen mußte, war nach seinen vier Jahren im Amt des CDU-Vorsitzenden Geißler der einzige CDU-Politiker mit vorzeigbarer Biographie und unabhängiger Autorität, den er bitten konnte, die Nachfolge Biedenkopfs anzutreten. Denn mit Kohl in einem Boot zu sitzen, schien inzwischen ein gefährliches Abenteuer zu sein. Kohl ließ Geißler zu einem Gespräch nach Bonn kommen.

Zerknirscht fuhr der intellektuell brillante Pragmatiker nach wenigen Stunden wieder zurück nach Mainz. Er hatte zugesagt und ahnte wohl, daß das falsch gewesen war. In Rheinland-Pfalz hatte Kohl regiert, aber kein Ministerium verwaltet. In Bonn würde der Generalsekretär mit dem Vorsitzenden der Partei eng zusammenarbeiten müssen bei etwas, das unvermeidlich Arbeit war und nicht nur Kungeln und Klotzen. Als aktenkundiger, solider Arbeiter indes war Kohl nicht bekannt.

Irgendwie muß Geißler geahnt haben, daß Kohl auch nicht willens war, das zu werden. Zwar saß er jeden Tag auf der Bank des Oppositionsführers im Bundestag, wenn Sitzungstag war, und man meinte schmeichelhaft, er tue es damit dem sozialdemokratischen Fraktionsvorsitzenden Herbert Wehner gleich, der sich so den Ruf erworben hatte, parlamentarisches Urgestein zu sein. Dies mag auch zum Teil gestimmt haben. Doch ein anderer Teil der Wahrheit, den Geißler bald mitbekam, war, daß Kohl so der Arbeit im Konrad-Adenauer-Haus, dem Parteihauptquartier, aus dem Wege gehen konnte. Er tut

262

nichts, war nachgerade der Eindruck des Generalsekretärs. Das war gewiß ein falscher Eindruck. Kohl tat von Bonn aus eine Menge für die Mehrung seiner Einflußmöglichkeiten in der Partei, doch das wurde erst nach und nach spürbar – und sichtbar wurde es erst dann, und bald schon immer dann, wenn jemand glaubte, sich in der Partei gegen Kohl stellen zu können.

Solange die CDU auf Bundesebene sich in der Opposition befand und die Partei ganz von dem Auftrag okkupiert war, den ihr das Grundgesetz gegeben hat, nämlich an der politischen Willensbildung des Volkes mitzuwirken, so lange war Kohls weitgehender Ausfall als Partner für die sichtbare Parteiarbeit nach dem Motto »Wer nicht da ist, kann nicht stören« (Dieter Eckart) noch erträglich. Geißler konnte alles selber machen, und er machte es gut. Nach der Regierungsübernahme hatte der erfahrene Sozialpolitiker genug damit zu tun, das Familienministerium in seinem Sinne zu führen. Doch als er 1985 wieder begann, sich ganz auf die Parteiarbeit zu konzentrieren – wozu jetzt auch und in zunehmendem Umfang gehörte, die Kritik aus der Partei an der Bundesregierung aufzufangen –, da wußte er auch schon, daß das größte Problem der Bundesregierung und der Unionsparteien Helmut Kohl hieß.

Kohl, der es gelassen mitangesehen hatte, wie sein Generalsekretär das Konrad-Adenauer-Haus mit Leuten füllte, die er hatte um sich haben wollen, wußte seinerseits wahrscheinlich früher als Geißler, daß es hier zum Konflikt kommen und wie er ihn lösen werde. Geißler mochte denken wie Büchners Danton: sie werden es nicht wagen. Aber Kohl wagte es. Und so, wie es aussah, erscheint fraglich, ob es überhaupt ein Wagnis war, Geißler zu stürzen. Und es muß diesem wie Hohn in den Ohren geklungen haben, als der Kanzler ihm kurz vor dem Bremer Parteitag auch noch die empfindlichen Defizite in der Parteiarbeit vorhielt.

Allerdings rückte Kohl – freiwillig oder unfreiwillig – mit seiner Art, die innerparteiliche Opposition um Geißler und Späth auf dem Bremer Parteitag zu erledigen, innerhalb der CDU ein Stück weit nach rechts, was auch die Partei veränderte. Danach tauchten CDU-Minister in seinem Kabinett auf, die er sich vorher nicht ausgesucht haben würde und die auch mehr oder weniger prompt scheiterten. Letztlich muß man sagen, hat sich mit dem kindisch vorbereiteten Aufstand gegen Kohl die CDU-Linke 1989 selbst aus dem Machtblock um Kohl weggesprengt – nicht zum Nachteil Kohls, aber zum Nachteil der CDU. Doch als ein Jahr später der erste gesamtdeutsche Bundestag gewählt wurde, war das ohne Bedeutung.

Auch Richard von Weizsäcker mußte erfahren, wie es dem Steinchen, das von Kohl aufs Brett gestellt worden ist, ergeht, wenn es plötzlich den Zug nicht machen will, den der geplant hat, der hinter dem Brett sitzt. Weizsäcker war mit seiner Karriere in der Industrie an dem Punkt angelangt, wo neue Herausforderungen kaum noch auf ihn warteten. In der Politik hingegen gab es Dinge, die ihm wichtig waren, und als Kohl ihm die Chance eröffnete, sich ihnen zu widmen, nahm er an. Damit war er aber sofort im Spiel. Und dieses Spiel spielten sie auf unterschiedliche Weise: Kohl ging es darum, zu gewinnen, Weizsäcker war es darum zu tun, der für richtig erkannten Politik zum Erfolg zu verhelfen. Das ging zunächst mit Kohl, der sich damals vor allem durch die unsinnige und immer unsinniger werdende Opposition gegen die Ostverträge nicht fesseln lassen wollte. Weizsäcker, der zumal bei dem Vertrag mit Polen zunächst in der Union etwas allein stand, konnte sich seines Rückhalts bei Kohl sicher sein. Dafür schluckte er manches hinunter, was ihm im täglichen Umgang mit dem CDU-Vorsitzenden mißfiel. Weizsäcker war alles, was Kohl nicht war – und der ließ ihn das spüren. Kohls Kennzeichnung Weizsäckers, »der aus der Oberschicht«, ist ohne jeden kameradschaftlichen Spott gemeint. Das Kohl nie verlassende Gefühl, ein anderer sei ihm geistig und von den Umgangsformen her überlegen, kommt darin ganz direkt zum Ausdruck. Kohl fühlte sich auch hier – wie immer – stärker, aber das war auch das einzige, was ihn mühsam genug Haltung bewahren ließ.

Und Weizsäcker schwamm sich frei, sobald er konnte. Mit der Kandidatur zum Regierenden Bürgermeister von Berlin entkam er dem unmittelbaren Einflußbereich Kohls. Aufgewachsen auf märkischem Sand, konnte der Sproß einer protestantischen Adelsfamilie das in Westberlin verbliebene Bürgertum leicht für sich einnehmen. In der Person des von der SPD nach Berlin entsandten Hans-Jochen Vogel fand er auch einen idealen Partner, um der Öffentlichkeit zu demonstrieren, wie nobel Politiker miteinander umgehen können, selbst wenn sie konkurrierenden Parteien angehören. In Berlin schuf sich Weizsäcker nicht nur gewaltiges Ansehen als erfolgreicher CDU-Politiker (anders als in Nordrhein-Westfalen konnte Bonn hier nicht mit Hilfe jeder Art geizen). Er legte mit seiner Sonderbeziehung zu Vogel und der sozialdemokratischen Opposition auch die Grundlage für die Strategie, mit der er Kohl die Kandidatur und Wahl zum Bundespräsidenten 1984 abtrotzen konnte.

Gleich ihm hat es nur noch Kurt Biedenkopf geschafft, Gegnerschaft zu Kohl nach früherer Verbunden-
heit (»Die sind alle durch mich etwas geworden«) politisch zu überleben. Auch Biedenkopf hatte nach einer
aufsehenerregenden Karriere im Hochschulbereich und
in der Wirtschaft eine neue Herausforderung gesucht.
Als Kohl ihm anbot, Generalsekretär der CDU zu werden, befand sich die Partei mit den Verlierern von 1969
an der Spitze in einem Zustand, den sie unbedingt überwinden wollte und von dem aus es nur noch aufwärts
gehen konnte, denn schon zeichneten sich im Lager der
sozialliberalen Koalition und Regierung die Defizite ab,
die jenseits der Ostpolitik Willy Brandts eine Abkehr
der Bevölkerung von der Partei der SPD-Kanzler einlei-
ten sollten. Kohl stand in dem – wie man am Zustand
des Landes Rheinland-Pfalz ablesen konnte – verdienten
Ruf, ein unkonventioneller, Neuem gegenüber aufge-
schlossener Politiker zu sein, der es zudem verstand, für
seine Politik bei Wahlen Mehrheiten zu gewinnen.

So mag sich Biedenkopf gedacht haben: Ganz egal, ob
er mir im Gespräch als Tölpel erscheint – so ergeht es
mir doch eigentlich mit jedem. Die Hauptsache ist, daß
er mir in einer großen Partei und später gegenüber der
Bevölkerung den Handlungsspielraum verschafft, den ich
brauche, um zu tun, was mir richtig erscheint. Zunächst
ließ sich Kohl die CDU zu einer modernen schlagfähigen
Partei umbauen. Das war eine organisationstechnische
Leistung, die Biedenkopf vollbrachte. Und dann war
Biedenkopf nicht mehr Generalsekretär. Er wurde CDU-
Vorsitzender in Westfalen und agierte unglücklich. Statt
seiner wurde 1985 der Rheinländer Bernhard Worms
Spitzenkandidat der CDU in Nordrhein-Westfalen, und

viele fragten sich, wie das möglich sein konnte in einem so großen Land. Aber dann, nach der Wiedervereinigung, ging Biedenkopf sofort nach Sachsen. Es gelang ihm, den Anfangsvorsprung der CDU im Osten zu nutzen und Ministerpräsident zu werden, und er war in den Dresdener Regierungsjahren so erfolgreich, daß er den Vorsprung für seine Partei aus eigener Kraft halten und ausbauen konnte. Jetzt kann er Kohl als Regierungschef eines Bundeslandes Schwierigkeiten bereiten. Als CDU-Politiker ist er jedoch in der Partei weiterhin isoliert, und der Zulauf, zu dem er der Union in Sachsen verhilft, nützt auch Kohl auf Bundesebene. Dafür, daß Biedenkopf, wovon manchmal gemunkelt wurde, seiner sächsischen Partei einen Status wirklicher Unabhängigkeit verschafft, wie ihn die CSU gegenüber der CDU besitzt, ist die Zeit zu weit vorangeschritten und das bayrische Vorbild, historisch legitimiert, zu spezifisch.

Tatsächlich haben in allen drei Fällen Kohl, die CDU und die deutsche Politik erheblich davon profitiert, daß diese Männer von Kohl herangezogen und gefördert wurden. Was sie dabei litten, ist die eine Sache, was sie dabei erreichten, die nie zu unterschlagene andere Sache. Auch sie waren keine engelsreinen Gestalten im täglichen Geschäft und in manchem, was sie für ihre politische Karriere – auch in ihrer Zeit nach der unmittelbaren Zusammenarbeit mit dem CDU-Vorsitzenden – unternahmen, heben sie sich keineswegs so vorteilhaft von Kohl ab, wie sie wohl gelegentlich glauben machen möchten. Was sie jedoch grundsätzlich von Kohl unterscheidet, ist dies: auf einem Segelschiff gilt die Maxime, eine Hand für sich selbst, eine Hand für das Schiff. Kohl gebraucht beide Hände für sich selbst, seit er Kapitän und Steuermann ist. Für den Kurs, denkt er, hat Adenauer gesorgt, für den Kram hat er seine Leute, und so kann er beide Hände gebrauchen, um Kapitän und Steuermann zu bleiben. Geißler, Weizsäcker, Biedenkopf wollten immer auch bestimmen, wohin die Reise ging. Solange sie dabei Kohl Arbeit abnahmen, war dem das recht, und er unterstützte sie dafür, was ihren Platz an Deck betraf. Sie waren aber auch immer daran zu messen – und wenn es sein sollte, ungerecht zu messen –, was ihre Leistung für das Schiff betraf. Das ging umgekehrt gegenüber Kohl weniger leicht. Ihre Leistung war ja auch seine Leistung. Und es hatte wenig zu sagen, denn über Kohls Leistungen entschieden Wahlen, vor allem Bundestagswahlen.

Es hat, wer etwas geworden ist bei Kohl, wenig Freude daran, sich vorzustellen, was er sein würde ohne Kohl. Wer Kohl verläßt, kann sich des Grolls des Verlassenen sicher sein. Sofort läßt Kohl ihn spüren, daß die Zeit für Freundlichkeiten vorbei ist. Es ist, als verlasse ein angeheirateter Teilhaber Frau, Firma und Familie. »Reisende soll man nicht aufhalten«, lautet des Kanzlers Formel dafür, und was sie besagt, hat Geltung bis ins Kabinett. Schon das Spielen mit Möglichkeiten, das Andeuten einer Absicht kann Nichtwiedergutzumachendes bei Kohl anrichten. Darum denken viele lieber gar nicht erst über das Reisen nach. Das ist für intelligente Menschen gerade in der Umgebung Kohls sehr schwer. Aber es ist nicht leicht, die Frage zu beantworten, welcher der Schrecken größer ist, und ob nun die Fluktuation in den Regierungen seit 1982 als groß oder als gering zu betrachten ist.

In den Kreis enger Mitarbeiter kann durchaus aufgenommen werden, wer ihm vorher eher fern stand. Kohl nimmt niemandem übel, daß man ihn erst kennenlernen muß. Der kenntnisreichste Mann in Kohls Küchenkabinett war lange Zeit – bis sein Ruhestand nicht mehr aufzuschieben war – Eduard Ackermann, für die Presse zuständig, soweit das Kanzleramt sich um die Presse kümmert. Er war zuvor ein Mann Barzels gewesen und mußte schwer dafür arbeiten, das Vertrauen Kohls zu gewinnen. Aber es gelang ihm, ohne daß die Bonner Journalisten, denen in solchen Beziehungen schwerlich etwas entgeht, Anlaß gefunden hätten, ihn hernach mit weniger Respekt zu behandeln. Ackermann wurde und blieb ein von Kohl wie von der Presse hochgeachteter Mitarbeiter des Kanzleramts – noch heute werden ihm die besten Kenntnisse von dort zugetraut, und als er nach seinem Ausscheiden daran ging, seine Erinnerungen zu schreiben, kursierte für das erwartete Buch bei den Journalisten der mutmaßliche Titel »Die ehrbare Birne«. Auch der spätere Innenminister Rudolf Seiters, der ebenfalls ein Mann Barzels gewesen war, fand in den Kreis Kohls. Und Manfred Wörner war als politisches Ziehkind Kiesingers Anfang der siebziger Jahre ins Lager Barzels gegangen, als der obsiegte, und hatte in dessen Schattenkabinett 1972 als Verteidigungsminister fungiert. Kohl ist nicht der Mann, der das vergißt. Verteidigungsminister wurde Wörner nur, als 1982 niemand anderes für dieses Ressort zu finden war. Erst die Wörner/Kießling-Affäre schuf die Voraussetzung für eine loyale Zusammenarbeit nach Kohls Ansprüchen.

Nach 25 Jahren als Parteivorsitzender und 16 Jahren als Bundeskanzler darf man Kohl zugeben, daß dies ein Führungsstil ist, der sich nicht leicht verschleißt, wenn er auch Opfer kostet, die erkennbar werden, sobald man sich ansieht, welche Arbeit am Ende noch getan wird und welche nicht mehr. Das Schiff sinkt nicht, aber es droht zum Gespensterschiff zu werden.

19. Kohl und der Osten

Am 16. Juli 1990 verkündete Helmut Kohl noch in der Sowjetunion, die Wiedervereinigung Deutschlands könne in diesem Jahr erreicht werden, und das vereinte Deutschland werde weiterhin Mitglied der Nato sein, es werde ansonsten frei über Bündnisse, die es einzugehen wünsche, entscheiden. Wenn man in den Tagen davor oder danach in den Schubladen Bonner Ämter nach Plänen suchte, was denn zu geschehen habe, wenn es zur Wiedervereinigung komme, fand man gar nichts. Mehr als vierzig Jahre lang hatte man darüber gesprochen, daß die Wiederherstellung der deutschen Einheit das oberste Ziel der Politik der Bundesrepublik Deutschlands sei. Doch nichts war vorbereitet worden für den Augenblick, da dieses Ziel erreicht sein würde.

Warum das so war, darüber läßt sich trefflich spekulieren. Der wahre Grund jedoch für die Untätigkeit in all den Jahrzehnten liegt wohl in dem schlichten Pragmatismus des CDU-Staates Bundesrepublik, den niemand so vollkommen verkörpert wie Kohl. Die Formel dazu lautet: es lohnt sich nicht, über das nachzudenken, was man nicht gleich tun kann. Und was man gleich tun kann, darüber braucht man dann auch nicht erst lange nachzudenken. So war es bisher immer gut gegangen. Im großen und ganzen mußte der Kurs stimmen, und das tat er, seit Adenauer ihn festgelegt und in der Bevölkerung durchgesetzt hatte.

An dem zentralen Satz in der täglichen Befehlsausgabe zur Beschreibung dieses Kurses hatte sich nichts geändert: die Bundesrepublik Deutschland ist ein Staat, der sich der westlichen Staatengemeinschaft zugehörig fühlt und mit seinen Partnern dort ein vereintes Europa schaffen will. Daran gedachte vor allem Kohl festzuhalten, und damit blieb er in einem starken Gegensatz zur deutschen Rechten, deren einflußreichste Sprecher keineswegs in einer der parlamentsunfähigen nationalistischen Parteien organisiert waren und es durchaus verstanden, sich in honetten Institutionen und Gesprächskreisen einen Platz zu verschaffen.

Für Kohl galt es nun, das deutsche Beiboot, das zuvor unter dem Namen DDR in einem anderen Flottenverband geschippert war, in Schlepp zu nehmen, bis die Menschen dort aus eigener Kraft in den neugeschaffenen Bundesländern das tun konnten, was die Deutschen in den alten Bundesländern längst taten: mit eigenen Interessen im Auge und mit eigener Präsenz in Brüssel am europäischen Einigungswerk teilzunehmen.

Dazu brauchte es zunächst nur die richtigen Mehrheiten, und von denen mußte man erwarten dürfen, daß sie das Nötige von selbst taten. In den Jahren, da Kohl in Heidelberg bei Dolf Sternberger im Seminar saß, hatte dieser sich mit einem Aspekt der jüngsten deutschen Geschichte beschäftigt, der geeignet war, einen Politikwissenschaftler zu faszinieren. Bis dahin hatte er geglaubt, zuerst sei der Staat da, etwa das englische Königreich, und danach bildeten sich die Parteien, um in diesem Staat und für ihn Interessen zu formulieren und zu bedienen. In Deutschland schien es jetzt aber umgekehrt gelaufen zu sein. Erst waren in den Besatzungszonen nach der Abschaffung des Staates durch Auslöschung der alten Staatsgewalt die Parteien neu entstanden und an die Arbeit gegangen. Und die Parteien schufen sich den Staat. Das mochte im besonderen für die CDU gelten, und Helmut Kohl konnte das, als er es von Sternberger hörte, sofort einleuchten. Es ist die Frage, ob die Männer und Frauen, die damals in den Parteien wirkten, dies mit der Vorstellung taten, daß es einen Staat nicht gebe und der erst noch zu schaffen war. Glaubhafter erscheint, daß sie die Nation oder die Bevölkerung mit ihrem nationalen Charakter als Staat – gleichsam im Wartestand – begriffen und nun daran gingen, dort, wo sie es konnten, neue staatliche Einrichtungen zu schaffen.

Für Kohl blieb das Beherzigenswerte immer das, was er selbst erlebt hatte. Als die alten Autoritäten fort waren und alle notwendige Befehlsgewalt bei der Besatzungsmacht lag, begannen die verantwortungsbewußten Bürger ihre politische Arbeit, indem sie sich in Parteien zusammenschlossen und dort die Grundlagen für alles weitere legten.

So mußte das auch in den neuen Bundesländern möglich sein. Eine SPD hatte sich dort schon wieder gegründet und machte in den westlichen Medien viel Furore. Die CDU, die nach dem Krieg auch in der Sowjetischen Besatzungszone gegründet worden war, hatte die DDR-Geschichte mit einer unrühmlichen Parteigeschichte begleitet: sie war von der Machtausübung ausgeschlossen, fungierte aber als Komplizin der ausgeübten Macht. Worin auch immer sich CDU-Mitglieder in der DDR von den Kommunisten oder ehemaligen Sozialdemokraten in der SED unterschieden haben mögen – mit den CDU-

Leuten in der Bundesrepublik hatten sie gar nichts gemeinsam.

Da war also Zurückhaltung geboten. Andererseits waren der CDU-Mitglieder in den neuen Bundesländern viele, und es gab noch verwendungsfähige organisatorische Strukturen. Damit ließ sich bei Wahlen sofort ein guter Vorsprung erzielen. Kohl zelebrierte also auf dem Hamburger Parteitag der CDU im Herbst 1990 die in den voraufgegangenen Monaten längst praktizierte Vereinigung der Parteien aus Ost und West.

Es gibt dafür ein Beispiel. Als die katholische Kirche im Frühmittelalter Massenchristianisierungen vornahm, tat sie das so, daß sie große Gruppen gefangener oder unterworfener Völkerstämme vor Kirchenhäuser führte und sie durch die eine Tür hinein- und die andere wieder hinausjagte. Innerhalb des heiligen Gemäuers stand ein Priester und segnete sie. Außerdem wurden sie mit Weihwasser besprengt. Wer herauskam, war Christ. Das Ganze war ja ohnehin eine Sache des Heiligen Geistes. Wollte der, war die Prozedur durchaus ausreichend. Wollte der nicht, hatten auch die klügsten Köpfe der Kirche wenig Möglichkeiten, nachzuhelfen. Führte dieser Bekehrungsvorgang nicht zu freudiger Gehorsamsübung gegen Kirche und Staat, oblag es dem weltlichen Arm der göttlichen Macht, für Ordnung zu sorgen.

So mochten auch die Blockflöten genannten Mitglieder der Blockpartei CDU in der DDR rasch in der Bundesrepublik tüchtige Christdemokraten werden. Das nächste konnte dann der Entwicklung in den neuen Bundesländern überlassen bleiben.

Diese hatten nun allerdings mit Schwierigkeiten zu tun, die den alten Bundesländern nach 1945 unbekannt gewesen und ihnen auch jetzt neu waren. Die Wirtschaft der DDR hatte sich seit langem schon in einem katastrophalen Zustand befunden. Im Westen war die Lage der DDR von linken Anhängern der Entspannungspolitik schöngeredet worden, und der CDU Kohls war es egal gewesen, wie über die DDR geredet wurde. Im Gegensatz dazu war die Wirtschaft nach dem Zweiten Weltkrieg in Deutschland hocheffizient gewesen. Zwar waren viele Anlagen zerstört, und was erhalten war, wurde demontiert. Aber in den Nachbarländern war es nicht besser, und mit der Aufstellung der alten und rasch veraltenden demontierten Fabriken aus dem besiegten Reich tat man sich dort keinen Gefallen. Überall in Europa bestand Bedarf an Gütern aller Art. Die junge Bundesrepublik erwies sich als bestens vorbereitet, alle Anstrengungen zu unternehmen, den Bedarf zu decken.

Jetzt – vierzig Jahre später – bestanden in Westeuropa Überkapazitäten bei industrieller Fertigung, und in Osteuropa gingen die Märkte verloren, auf denen sich die DDR-Industrie bis dahin hatte behaupten können. Die Räume, in die hinein eine neue Wirtschaft auf dem Boden des Beitrittsgebiets sich sogleich hätte entwickeln können, gab es nicht.

Die Kosten, die Bonn mit der Wiederherstellung der deutschen Einheit auf sich nehmen mußte, waren gigantisch und wuchsen in immer neue Dimensionen. Doch Kohl hatte, als er nach der Wiedervereinigung im Osten das Entstehen »blühender Landschaften« prophezeit hatte, Steuererhöhungen zur Finanzierung einheitsbedingter Ausgaben strikt ausgeschlossen. Er hatte den Eindruck erweckt, als könne das notwendige Geld dafür aus dem laufenden abgezweigt werden. Das glaubten ihm zwar auch treue CDU-Politiker im Westen nicht, aber den meisten schien es besser, so zu tun, als habe der Kanzler recht, denn Kohl wollte keine Mißstimmung gegen die Politik der Wiedervereinigung aufkommen lassen.

Doch davon gab es bald mehr als genug. Das fing an bei unzähligen Kleinigkeiten, an denen sich erwies, daß die gesellschaftsbildenden Faktoren in Ost und West nach vierzig Jahren nicht mehr kompatibel waren – und den Nachteil davon hatten natürlich die schwächeren, mit den neuen Usancen nicht vertrauten Menschen in den neuen Ländern. Auch hatte es schwere Fehler gegeben bei wichtigen Fragen, die Geld und Eigentum betrafen. In der DDR war viel Grund- und Immobilienbesitz enteignet worden und in andere Hände übergegangen. Die Bundesrepublik mit ihrem Übergewicht und ihren alten Mehrheiten setzte durch, daß dergleichen, wo eben möglich, zurückgegeben werden müsse; erst als nachgeordnete Möglichkeit solle eine Entschädigung gezahlt werden. Das waren Schwierigkeiten, wie sie die alte Bundesrepublik in den fünfziger Jahren nicht gekannt hatte.

Die Währungsunion war nach dem Urteil vieler kompetenter Beobachter zu früh und zu hektisch gekommen. Richtig ist, daß man sich Szenarien für den Einigungsprozeß vorstellen kann, in denen ein behutsameres Vorgehen über einen größeren Zeitraum hinweg wahrscheinlich schonender und auf Dauer segensreicher gewirkt hätte. Es ist allerdings die Frage, ob das mit der Bevölkerung in der untergehenden DDR damals zu machen gewesen wäre.

Im Frühjahr und Sommer 1990 trauten die Menschen

in den neuen Bundesländern ihren alten Autoritäten nichts mehr zu. Die frei gewählte Volkskammer der DDR und ihre Regierung standen unter dem Erwartungsdruck der Bevölkerung, wann denn endlich die Einheit komme. Es gab weder den Leistungswillen noch die Strukturen, Leistungswillen in Taten umzusetzen, um einer anderen DDR Spielraum für eine Anpassungsphase der unterschiedlichen Wirtschaftsräume zu schaffen. Die leistungsstarken Leute gingen lieber weg, in den Westen. Die D-Mark als Währung in Leipzig und Schwerin war die Garantie für die staatliche Einheit, und diese war die Garantie für das Ensemble jener bürgerlichen Freiheiten, um die die Bewohner der DDR die Deutschen im Westen seit Jahrzehnten beneideten. Erst als sie das hatten, besannen sie sich darauf, was sie auf dem Weg dorthin hätten besser machen können.

In der alten Bundesrepublik indes gab es nur begrenzte Möglichkeiten, darauf einzuwirken. Die Entscheidungen wurden zunächst noch in Ostberlin getroffen, aber die Zeche mußte auf jeden Fall Bonn bezahlen. Ostberlin hatte es mit einer Bevölkerung zu tun, die sofort Ergebnisse sehen wollte. Jeder Konflikt, der in der noch bestehenden DDR darüber ausbrach, konnte die Dinge für Bonn nur noch teurer und unberechenbarer machen. Also konnte es für die Politik nur darum gehen, die Entwicklung so schnell wie möglich in geordnete Bahnen zu bekommen: Ordnung überhaupt, lautete die dringliche Forderung. Ob es die richtige Ordnung war oder der richtige Weg zu geordneten Verhältnissen, war eine Frage, zu deren Erörterung die Zeit fehlte.

Auch war Kohl nicht der Mann, diese Dinge an sich zu ziehen. Politik heißt für ihn, Wahlkämpfe zu bestreiten, Macht zu gewinnen und im Land eine gute Stimmung zu verbreiten. In den Akten der Ministerien steht nichts darüber, wie man das anfängt. Also liest er sie oft gar nicht. Um die Stimmung der Leute zu treffen, reicht es, wenn man mit ihnen redet. Kohl wird nicht müde, in die neuen Bundesländer zu reisen. Auch wenn dort die Kritik an seiner Regierung immer größer wird – er bleibt der Mann, der getan hat, was zu tun war. Das Werk der Einheit ist nicht nur mit seinem Namen verbunden, es scheint auch in seiner körperlichen Erscheinung gegenwärtig zu sein. Auch wer nur noch verdrossen über die Wiedervereinigung spricht, vermag doch Respekt vor dem vollbrachten Werk in sich nicht zu unterdrücken.

Eines der Geheimnisse der Politik, die man kennen muß, will man das Rätsel von Kohls Erfolg lösen, besteht darin, daß die Tat, die Sache geworden ist, alle anderen Zeugnisse von Politik schlägt. Nicht das, worüber man sich die Köpfe heiß reden kann, imponiert den Leuten – auch wenn sie über nichts anderes reden –, sondern das imponiert ihnen, woran man sich den Kopf einstoßen kann, weil es hart und wirklich ist. Das *opus operatum*, das getane Werk, ist intellektuell uneinholbar.

Am 20. Juni 1991 sprach Kohl im Deutschen Bundestag in der Debatte über die künftige Hauptstadt. In den Wochen zuvor hatte es oft so ausgesehen, als werde Bonn Regierungssitz bleiben und Berlin nur symbolisch Hauptstadt sein dürfen. Auch Kohl, dem Pfälzer, wurde die Neigung nachgesagt, mit dem Bundeskanzleramt lieber am Rhein zu bleiben. In der Debatte nahm Kohl einen langen Anlauf. Er sprach nicht sogleich. Als er es tat, betonte er zunächst die Berechtigung mancher der vorgetragenen Sorgen. Er lobte das Bemühen um einen

Kompromiß, auch wenn er, wie er sagte, nicht glaubte, daß der Kompromiß gelingen könnte. Dann sagte er:

»So hat die Öffentlichkeit Anspruch darauf, daß ich, der ich aus dem deutschen Südwesten stamme und seit über vierzig Jahren in meiner Partei politisch tätig bin und unserem Land in vielen Funktionen dienen durfte, heute ganz klar sage: Ich stimme für Berlin. Es gibt viele Gründe; viele davon sind genannt worden; für mich persönlich will ich einige davon noch einmal nennen. 1947 bin ich mit siebzehn Jahren zum ersten Mal in Berlin gewesen. Es war eine zerstörte Stadt. Wenn mich damals jemand gefragt hätte: Was ist die deutsche Hauptstadt? wäre die Antwort keine Überlegung wert gewesen; ich hätte gesagt: Das ist selbstverständlich Berlin! Mein Lebensweg hat mich oft nach Berlin geführt. Ich war wenige Tage nach dem 17. Juni 1953 dort. Wenn mich am 20. Juni 1953 jemand gefragt hätte: Was ist die deutsche Hauptstadt?, und zwar im vollen Sinne des Wortes, hätte ich gesagt: Berlin. Im Juni 1987 stand ich mit Ronald Reagan vor dem Brandenburger Tor, als er rief: Herr Gorbatschow, öffnen Sie dieses Tor! Wenn mich damals jemand gefragt hätte – es hat mich aber keiner gefragt –, was die deutsche Hauptstadt sei, hätte ich gesagt: Berlin.«

Das war Kohls Art, daran zu erinnern, daß die alte Bundesrepublik und die CDU das Gebot der Wiedervereinigung immer verbunden gesehen hatte mit der Erwartung, daß Deutschland dann auch wieder von Berlin aus regiert werde. Dieses Versprechen war in der Hauptstadtdebatte der einzige Grund, gegen den nicht ein achtbarer Gegengrund vorgetragen werden konnte. Und er entsprach der Rolle, in der Kohl zu glänzen wünschte:

ein Staatsmann wird daran gemessen, daß an seinen Worten nichts zu drehen oder zu deuteln ist.

Hier galt es, ein Berlin – in welcher Form auch immer – gegebenes Versprechen zu halten. Und hier konnte in Stein und Stahl, wenn die alte Hauptstadt neu hergerichtet wurde, sichtbar werden, daß sich ein Kreis schloß, den er mit seinem Politikerleben ausgemessen hatte. Auf eine solche Gelegenheit verzichtet Kohl nicht. Und es war die CDU, deren Vorsitzender er damals seit achtzehn Jahren war, die mit der Überzeugungskraft in den eigenen Reihen ein Übergewicht der Stimmenzahl zugunsten Berlins erreichte und die im Bundestag den Ausschlag dafür gab, daß die Regierung und das Parlament Bonn – die Universitätsstadt der Hohenzollernprinzen von einst – nach fünfzig Jahren wieder verlassen würden, um nach Berlin zu gehen.

20. Kohl tritt noch einmal an

Jeder Autor, der vor der Bundestagswahl 1998 daran geht, Überlegungen zur politischen Biographie des Bundeskanzlers zu Papier zu bringen, muß versuchen, die Frage zu beantworten, ob Helmut Kohl die Wahl gewinnen kann. Auf dem Papier hat man gut klug sein – der Blick auf die Wahlentscheidung in der Zukunft setzt den Autor einem Risiko aus, wie es der Politiker auf sich nimmt, der sich zur Wahl stellt. Irrt sich der Autor gewaltig bei der Beantwortung dieser Frage, darf auch seine Fähigkeit, eine politische Analyse von Vergangenem kompetent zu schreiben, in Zweifel gezogen werden.

Die einfachste Antwort erhält man, wenn man das Gesetz der Kontinuität befragt, also das Gesetz, das Kohl selbst in seiner Laufbahn am genauesten beachtet hat, vielleicht das einzige, das er stets respektiert. Nach diesem Gesetz kann Kohl die Wahl nicht gewinnen. Seit der 10. Bundestagswahl im Frühjahr 1983 ist der Stimmenanteil der Unionsparteien kontinuierlich zurückgegangen. Selbst die Wahl im Jahr der Wiedervereinigung ließ, auch wenn die CDU allein wegen der Wähler in den neuen Ländern stärker wurde, die Unionsfraktion anteilig im 12. Bundestag kleiner werden. Damals aber konnte wenigstens der Koalitionspartner, die FDP, mit stolzen elf Prozent zum Erfolg des Regierungsbündnisses beitragen. Da waren viele Genscher-Wähler darunter gewesen. Doch Hans-Dietrich Genscher, der populäre

Außenminister sowohl sozialliberaler als auch konservativ-liberaler Regierungen, trat 1992 zurück. Nicht nur deshalb freilich ging es mit den Liberalen fortan bergab. Seit Mitte der neunziger Jahre sind sie in vielen Landtagen nicht mehr vertreten. Die Rückkehr der FDP in den Bundestag 1998 ist höchst ungewiß.

Aber selbst wenn die FDP noch einmal die Fünf-Prozent-Hürde für den 14. Bundestag überwinden sollte, bedeutete das noch nicht, daß die Koalitionsparteien mit ihren Fraktionen stark genug wären, um Kohl wieder zum Bundeskanzler wählen zu können. Das Gesetz der Kontinuität in den Jahren der Kanzlerschaft Kohls weist eine fortschreitende Abnahme der Wählerzustimmung für die Union aus.

Und das gilt nicht etwa für Kanzlerparteien generell. Zwar verlor auch die SPD von 1972 auf 1976 erheblich, aber 1980 legte sie – wenn auch nur hauchdünn – zu: damals war Kanzlerkandidat der Union Franz Josef Strauß. Und Adenauer, der im 1. Bundestag mit nur einer einzigen Stimme Mehrheit zum Bundeskanzler gewählt worden war (ein guter Spieler nimmt nicht mehr, als er braucht), konnte 1953 und 1957 kräftig dazugewinnen. Das änderte sich erst 1961, als der Bau der Berliner Mauer und die Hilflosigkeit des Westens in dieser Situation seine Politik als falsch zu erweisen schienen und man dem 85 Jahre alten Greis eine neue Politik nicht mehr zutraute. Dennoch wählte ihn der 4. Bundestag zum vierten Mal zum Bundeskanzler.

Das Ergebnis, das Adenauer bei seiner letzten Bundestagswahl erzielte, erreichte (und übertraf) Kohl nur bei seiner ersten als Bundeskanzler, 1983.

Das Gesetz der Serie, das Kohls Niederlage im Herbst

1998 wahrscheinlich macht, ist mithin ein Gesetz, das sich aus dieses Bundeskanzlers eigener Serie ergibt. Kohl bewegt sich damit in der Kontinuität seiner eigenen Geschichte. Und die Tatsache, daß die Geschichte seiner Kanzlerschaft länger ist als die eines jeden anderen Kanzlers der Bundesrepublik, ist geeignet, das Vertrauen in dieses Gesetz der Serie zu verstärken. Die Kontinuität in der Entwicklung der CDU läßt erwarten, daß die Partei Kohls bei der nächsten Bundestagswahl die Grenze nach unten überschreitet, jenseits derer es ihr nicht mehr möglich ist, einen Kanzler nach eigener Vorstellung zu wählen.

Es ist nicht zu sehen, was das Fortschreiten der Entwicklung aufhalten oder gar den Trend umkehren könnte. Alles spricht dafür, daß Kohl, der das natürlich weiß, auf eine Niederlage zugeht.

Und eben das spricht dagegen. Das paßt nicht zu Kohl. Er kann zwar – wie jeder Spieler – verlieren, aber er ist kein Verlierer. Als er 1971 bei seinem ersten Versuch, CDU-Vorsitzender zu werden, gegen Barzel unterlag, stand er am Anfang seiner bundespolitischen Karriere, und er hatte dadurch, daß er überhaupt als Herausforderer aufgetreten war, in einer Partei, in der damals noch die Herren des *Ancien régime* auf den vorderen Plätzen saßen, seine Ausgangslage entscheidend verbessert. Als er 1976 die Bundestagswahl verlor, hatte er doch ein so gutes Ergebnis erzielt, daß ihm die Position des Oppositionsführers im Bundestag nicht verweigert werden konnte. Und die SPD mit Bundeskanzler Helmut Schmidt hatte so deutlich verloren, daß er glauben durfte, ihr Ende als Regierungspartei abwarten zu können. Als dann die CDU/CSU-Bundestagsfraktion

Strauß als Kanzlerkandidaten für 1980 bestimmte, verkündete der unterlegene Fraktionsvorsitzende die Entscheidung mit dem kommentierenden Zusatz: »Man kann nicht immer gewinnen.« Jedem denkenden Menschen war damals schon klar, daß das auch als vorauseilender Kommentar zum Ausgang der Bundestagswahl 1980 verstanden werden konnte.

Der CSU-Vorsitzende war als politischer Konkurrent aus dem Weg geräumt. Man muß ein Spiel auch lang genug spielen können. Beim Sturz Helmut Schmidts 1982 war Kohl der alleinige Gewinner. Und daß er es war, bekam er ein halbes Jahr später von den Wählern eindrucksvoll bestätigt. Es war kein strahlender Weg zum Erfolg gewesen, aber er war dahin gekommen, wo er hatte hinkommen wollen. Nur das zählt für ihn.

Kohl ist kein Verlierertyp. Das läßt sich auch an dem Glück ablesen, das er immer wieder gehabt hat. Aber das Glück, das ein Spieler hat, liegt nicht nur in seinen Karten, sondern auch in den Fehlern, die seine Gegner nicht vermeiden können. Oder um ein Wort aus der von Kohl so geliebten Welt des Fußballs zu gebrauchen: Jede Mannschaft ist nur so stark, wie der Gegner es zuläßt. Die Sozialdemokraten haben viel zugelassen.

Der SPD fehlte in allen Wahlkämpfen, die sie gegen Kohl als Kanzler führte, eine eigene Kanzlerperspektive. 1983 mußte Vogel mit einer Partei in die Kampagne gehen, von der spätestens zu dem Zeitpunkt die meisten wußten, daß sie den über die Parteigrenzen hinaus angesehenen Helmut Schmidt um die Kanzlerschaft gebracht hatte und vieles von dem bekämpfte, was er für richtig gehalten hatte. Johannes Rau wollte und konnte nicht sagen, mit welchem Partner in Bonn er zu regieren gedachte. Eine absolute Mehrheit für die SPD war illusorisch, die FDP war eng mit Kohl verbunden – mit den Grünen wollte Rau 1987 nicht regieren, oder er wollte nicht sagen, daß er das tun müßte, wenn darin die einzige Möglichkeit bestanden hätte, zum Bundeskanzler gewählt zu werden. Eine Perspektive wurde vom SPD-Kanzlerkandidaten also geradezu ausgeschlossen oder verschleiert.

1990 wurde Kohl nach dem Kraftakt des Bremer Parteitags und dem innenpolitischen Stillstand, der auch in der Union als bedrückend empfunden wurde, von der Wiedervereinigung gerettet. Da konnte er selber glänzen – und die SPD hatte mit Oskar Lafontaine den denkbar ungeeignetsten Kandidaten, denn der saarländische Ministerpräsident wollte nicht einmal verbergen, daß ihm ein vereintes Deutschland wenig gefiel. 1994 war wiederum wegen innenpolitischer Handlungsschwäche Kohls Kanzlerschaft ihrem Ende bedenklich nahe.

Als der immer öfter zu Abstimmungsgesprächen ins Kanzleramt gebetene SPD-Vorsitzende Rudolf Scharping, seit 1990 an der Spitze einer Koalition von Sozialdemokraten und Liberalen Ministerpräsident von Rheinland-Pfalz, Anfang des Jahres sagte, er fühle sich dort schon wie zu Hause, war das nicht nur ein Scherz. Aber Scharping beging dann im Wahljahr eine Reihe verhängnisvoller Fehler. Daß die SPD von Sachsen-Anhalt im Sommer mit den Grünen eine Minderheitsregierung bildete, die von der Duldung der PDS, der Nachfolgepartei der SED, abhängig war, mochte er noch am wenigsten zu verantworten haben. Es waren Strukturfehler seiner Kampagne, die bald verhängnisvolle Wirkungen zeitigten und für die er allein verantwortlich war. Scharping verdankte seinen Aufstieg zu bundespolitischer Bedeutung Johannes Rau. Diesem gegenüber fühlte er sich zu Dankbarkeit verpflichtet, auch wenn das zu einem Verhalten von großer Unvernunft führte.

Bei der Wahl des Bundespräsidenten 1994 hatte sich die von Außenminister Klaus Kinkel geführte FDP in eine Lage manövriert, die für sie höchst peinlich hätte werden können. Auf die Nominierung des sächsischen Justizministers Heitmann durch Kohl hatte die FDP, die diesen Kandidaten als zu konservativ ablehnte, mit der Nominierung der einstigen Staatsministerin in Genschers Auswärtigem Amt, Hildegard Hamm-Brücher, reagiert, die 1982 im Bundestag als FDP-Abgeordnete erbittert gegen den Bruch der sozialliberalen Koalition und die Abwahl Schmidts gewettert hatte, aber in der FDP geblieben war. Die SPD hatte Scharpings Gönner Rau nominiert. Dann ersetzte die Union Heitmann durch den im Ruf der Liberalität stehenden Präsidenten des Bundesverfassungsgerichts Roman Herzog, vormals einer von Kohls begabten Leuten in Mainz, später auch für einige Zeit Kultusminister in Baden-Württemberg. Der war für die FDP wählbar, und ob sie ihn jetzt wählen würde, konnte zu einer Frage des Koalitionsfriedens werden in einer Zeit, in der Kinkel sein Geschick eng an das Kohls gebunden hatte. Damit aber die Liberalen nicht ihr Gesicht verlören, einigte man sich darauf, zunächst jede Partei ihre eigenen Kandidaten wählen zu lassen, und wenn dann erwartungsgemäß keiner von ihnen die notwendige Mehrheit erreichte, mit den Stimmen der Koalitionsparteien Herzog zu wählen.

Das hätte scheitern können, wenn die Sozialdemokraten vor dem entscheidenden Wahlgang Johannes Rau hätten überreden können, auf seine Kandidatur zu verzichten, und von Scharping daraufhin die Parole ausgegeben worden wäre, die Wahl der sozialliberalen Heroine Hildegard Hamm-Brücher zu unterstützen. Die FDP hätte sich einer solchen Umarmung wohl kaum entziehen können, und die Bundespräsidentenwahl hätte – nicht nur unbeabsichtigt, sondern bei heftigem Sträuben der Liberalen – eine ähnliche Bedeutung haben können wie die von 1969, als SPD und FDP sich auf die Wahl Gustav Heinemanns einigten und damit die Weichen stellten für die sozialliberale Koalition im Bundestag. Diese Chance wurde vertan.

Noch schädlicher für das Projekt einer sozialdemokratischen Kanzlerperspektive war allerdings, daß Scharping Rau auch darin folgte, daß er sich nicht zu einer künftigen Koalition mit den Grünen in Bonn bekennen wollte. Ein Jahr später ging der Ministerpräsident von Nordrhein-Westfalen, der seine Ambitionen für das höchste Staatsamt immer noch nicht aufgegeben hat, eine Koalition mit den Grünen in Düsseldorf ein. Sie wird seither – vor allem von ihm – mühsam am Leben erhalten als Unterpfand für die Ernsthaftigkeit der Absicht der SPD, bei den Bundestagswahlen 1998 ein Regierungsbündnis mit den Grünen anzusteuern. 1994 war diese Chance für eine Kanzlerperspektive der Sozialdemokraten vertan worden, und Scharping wurde auf einem Parteitag in Mannheim spektakulär aus seinem Amt als SPD-Vorsitzender geworfen.

Nachfolger wurde Lafontaine, Scharping blieb Oppositionsführer in Bonn – er hatte 1994 wie Kohl 1976 sein Mainzer Regierungsamt aufgegeben und war Bundestagsabgeordneter geworden –, aber als potentieller Kanzlerkandidat hatte sich auch früh der niedersächsische Ministerpräsident Gerhard Schröder ins Gespräch gebracht. Alle drei sind Sozialdemokraten, die in den Jahren der Studentenbewegung politische Prägungen unterschiedlicher Art erhalten haben. Diese sind bei allen dreien auch unterschiedlich ausgefallen, aber gemeinsam ist ihnen – wie den meisten Sozialdemokraten ihrer Generation – die Überzeugung, daß, wenn das Gute siegt, die SPD automatisch mitsiegt, wenn aber finstere Mächte die Stunde beherrschen, unvermeidlicherweise die Union vorn liegt. Die mit solchem Selbstgefühl oft einhergehende Lässigkeit bei der politischen Kleinarbeit gehört sicherlich mit zu dem, was Kohl und den Unionsparteien seit den achtziger Jahren geholfen hat. Die Unionspolitiker verdankten dem nach der kurzen Ära des Charismatikers Willy Brandt eine politische Härte, die man auf sozialdemokratischer Seite seit dem Abschied Herbert Wehners aus der Politik vergeblich sucht.

Es scheint also dafür gesorgt zu sein, daß auch für 1998 die Kanzlerperspektive der SPD nicht sonderlich überzeugend ausfällt. Stellt schon die bisherige Reihe sozialdemokratischer Kanzlerkandidaten einen verwirrenden Zug immer neuer Gesichter durch die Geschichte der Kanzlerschaft Helmut Kohls dar, so läßt die Sprunghaftigkeit der gegenwärtigen Aspiranten eher noch eine Steigerung des für die SPD alles andere als vorteilhaften Eindrucks erwarten. Schon die unverhohlen geäußerte Angst, einen Kandidaten zu früh zu küren, weil er sonst in der parteipolitischen Auseinandersetzung allzu leicht verschlissen werde, zeigt, daß man in der öffentlichen Auseinandersetzung dem politischen Gegner – also Kohl und der Union – mehr zutraut als sich selbst. Schlimmer noch, man traut sich selbst zu (und erinnert sich dabei unguter Erlebnisse), den eigenen Mann in der laufenden Kampagne zu demontieren. Darum soll er sich versteckt halten, so lang wie möglich, tritt er aber hervor, soll alles ganz schnell gehen und nur noch wenig Zeit sein, bis er Kanzler ist.

Bei soviel Furchtsamkeit kann Kohl gut eine Gelassenheit zeigen, die er gegenüber wirklichen oder vermeintlichen Widersachern innerhalb der CDU nie aufbringt. Ob er sie sich leisten kann, was die Entscheidung der Wähler angeht, ist damit freilich noch nicht gesagt.

Wenigstens bei zwei Wahlkämpfen und gerade bei denen, die unter normalen Umständen stattfanden, gab es eine bemerkenswerte Phasenfolge. Sowohl Rau 1987 und Scharping 1994 sahen einige Wochen vor der Wahl wie sichere Verlierer aus, und am Wahltag war es dann plötzlich eher knapp für Kohl geworden. Das kann daran gelegen haben, daß im Gefühl eines Vorsprungs der Mobilisierungseifer in den Unionsparteien und bei vielen Wählern das Interesse nachließ. Es kann aber auch ein Fehler Kohls in der zeitlichen Feinabstimmung beim Einsatz der Wahlkampfmittel – zu denen auch auf- und wohlgefällige Züge der Regierungspolitik gehören – die Ursache für das Nachlassen der Schubkraft sein. Gerade das Jahr 1994 zeigt, daß Kohl hier etwas nicht im Griff hatte. Die Fehler Scharpings und der Sozialdemokraten waren Geschenke, mit denen er nur zum Teil hatte rechnen können. Aber mit ihnen und aufgrund eigener Anstrengungen war im Spätsommer Kohls Erfolg fast schon entschieden. Am Wahltag freilich empfand jeder, daß der Kanzler nur noch einmal davongekommen war. Es war ein dramatischer Meinungsumschwung im Osten zugunsten der CDU gewesen, der ihn noch einmal gerettet hatte. Dergleichen ist noch nicht einmal unter dem Faktor Glück, der dazu gehört, einplanbar. Es war Dusel gewesen.

Doch warum versucht er es jetzt wieder? Er tut es sicherlich nicht deshalb, weil er abgewählt werden will, statt zurückzutreten. Zwar waren die Rücktritte in der Geschichte der Bundesrepublik alle nicht rühmlich: Adenauer, Erhard, Brandt wollten nicht zurücktreten, sie wurden dazu genötigt. Auch ein Rücktritt Kohls könnte leicht als Eingeständnis interpretiert werden, daß innenpolitische Fehler, die in der Folge der Wiedervereinigung gemacht wurden, schließlich zu einer Lage geführt hätten, die Kohl nicht mehr habe beherrschen können, weshalb sein Rücktritt unvermeidlich gewesen sei. Aber der bisher einzige Fall von Amtsverlust aufgrund einer verlorenen Bundestagswahl ist dem davon betroffenen Kanzler, Kurt Georg Kiesinger, nicht besser bekommen. Daß Kohl Niederlagen wegstecken kann, hat er oft genug bewiesen. Aber es war noch nie eine endgültige darunter. Eine Niederlage bei der Bundestagswahl 1998 wäre das Ende seiner politischen Laufbahn. Eine von beruflichem Erfolg bestimmte Zeit danach, wie bei Helmut Schmidt, dem Mitherausgeber der Wochenzeitung *Die Zeit*, würde es für ihn kaum geben. Allerdings gäbe es die für ihn wohl auch nicht, wenn er zurückträte.

Der Grund, warum er es nicht getan hat, liegt wahrscheinlich darin, daß er als Kanzler das Ziel erreichen will, das ihm von Anfang an das wichtigste war: einen bedeutsamen Punkt auf dem Weg zur europäischen Einigung zu markieren und diesen Einigungsprozeß, den er nicht, den keiner der jetzt lebenden Politiker abschließen kann, unumkehrbar zu machen. Ein solcher Punkt ist mit der Einführung einer gemeinsamen europäischen Währung, des Euro, 1998 erreicht. Dann könnte Kohl zurücktreten. Aber dann wäre die Zeit bis zur Bundestagswahl zu kurz gewesen, als daß ein Nachfolger es noch vermocht hätte, aus dem Amt heraus einen überzeugenden Wahlkampf zu führen. Auch, und das dürfte das Entscheidende sein, rechnet Kohl damit, daß nach Einführung alle Querelen um den Euro erledigt sein werden, alle Kritik daran verstummen wird und sein Name wiederum mit einer getanen Arbeit verbunden ist, daß noch einmal das *opus operatum* eine stärkere Wirkung auf die Wähler hat als alles, was diskutierfreudige Zeitgenossen diskutieren, ohne etwas zu ändern oder auf den Weg zu bringen. Eine von ihm geschaffene Tatsache könnte wieder den Vorhang schließen vor allem, was war, und ihn im selbigen Moment öffnen vor dem, was fortan gilt.

Gegen das Gesetz der Serie im kontinuierlichen Stimmenverlust für Kohl und die Union seit Beginn seiner Kanzlerschaft steht also die Serie seiner Spielerfolge selbst in hoffnungslos erscheinenden Situationen. Auch diese Serie beruht nicht auf Glück und Zufällen, sondern auf der Durchsetzungskraft von bewährten Konzepten. Die Leute schenken, vor die Wahl gestellt, ihr Vertrauen lieber dem, der etwas getan hat, auch wenn ihnen nicht ganz und gar gefällt, was er getan hat, als dem, der nur geredet hat, auch wenn ihnen gefiel, was da geredet wurde. So kann es sein, daß Kohl ernstlich damit rechnet, an dem ihm vertrauten Tisch das Spiel wieder zu gewinnen.

Aber an dem Tisch hat sich etwas verändert. Und was sich da verändert hat, schafft man nicht aus der Welt, indem man den Tisch umschmeißt. Die Grundkonstanten für CDU-Politik seit Konrad Adenauer sind nicht mehr dieselben wie zu der Zeit, als Helmut Kohl sie in sein politisches Glaubensbekenntnis aufnahm. Die für Kohls Begriff von Politik wichtigste Grundkonstante in dem Spiel um die Macht hieß: Union plus FDP gleich Mehrheit. Darum hat er stets die Liberalen gepflegt, obgleich ihm das, was er bei ihnen erleben muß, ein Graus wäre, träfe er es bei der CDU an. Darum unterdrückt er in seiner Partei alles, was den Koalitionspartner irritieren könnte. Darum bekämpft er CDU-Politiker, die es wagten, sich optimistisch über eine Zusammenarbeit mit den Grünen in ferner Zukunft zu äußern, mit dem Eifer eines Inquisitors. Darum gab er, als es der FDP im Urteil der Öffentlichkeit immer schlechter ging, die Sorge um das Ansehen der CDU fast preis, um den Liberalen Profilierungsmöglichkeiten zu verschaffen. Kohl kann den Gedanken nicht zulassen, daß die FDP ihre lange Zeit so komfortable Rolle als Mehrheitsbeschaffungspartei ausgespielt hat.

Statt dessen scheint er fasziniert und begeistert zu sein von dem, was er als mehrheitspolitisches Nullsummenspiel auf der anderen Seite des parlamentarischen Spektrums einzig und allein wahrnehmen will. Von dem Rückgang der CDU-Stimmen in den Jahren seiner Kanzlerschaft haben die Sozialdemokraten nie entscheidend profitieren können. Die Union verlor. Aber die SPD verlor auch. Daß es für sie mit den Grünen in den Bundesländern zu Mehrheiten reichte, glaubte er, brauche ihn für Bonn nicht zu beunruhigen, bei Bundestagswahlen werde anders gewählt. Das ist richtig. Es muß aber auch etwas zu wählen da sein. Und Kohl scheint entgangen zu sein, daß die FDP das außerhalb der Bundespolitik schon vielerorts nicht mehr ist.

Es kann sein, daß Kohl recht hat mit der Annahme, daß die CDU der FDP helfen kann, wohingegen Grüne und Sozialdemokraten einander nicht helfen können, selbst wenn sie es wollten. Auch ist mit der PDS ein neuer Partner ins Spiel gekommen, der Mehrheitsverschiebungen komplizierter werden läßt und Stimmen im Osten bindet, die mit hoher Wahrscheinlichkeit nicht der CDU zugute kommen würden, wenn es die PDS nicht gäbe. Aber das sind alles Oberflächenphänomene.

An der von Kohl seit Adenauer für unveränderlich gehaltenen Konstellation der deutschen Parteien stimmt nicht mehr, daß die Liberalen die prinzipiell dem bürgerlichen Lager entstammende dritte Kraft sind, deren intellektuelle Beweglichkeit ihnen freilich erlaubt, zum bürgerlichen Lager, wenn es zu sehr konservativ dominiert zu sein scheint, und zur CDU, wenn sie zu sehr als Volkspartei agiert, auf Distanz zu gehen. Daran muß man sie durch Beteiligungsangebote hindern, zugleich muß man die Distanz nutzen, um die eigene und die gemeinsame Mehrheit zu erweitern. In die Rolle, die einst die Liberalen für sich allein hatten, sind längst die Grünen geschlüpft. Sie entstammen bürgerlichem Leben, gewinnen aus dem bürgerlichen Lager Zulauf, und wenn sie auch nicht so beweglich sind, Koalitionen mit der CDU anzustreben, so vermögen sie doch die Frage, ob es zu Regierungsbündnissen mit der SPD kommen kann, immer wieder offenzuhalten.

Die Grünen sind enger an die SPD gefesselt als die FDP an die Union. Dennoch erscheinen sie unabhängiger als die Liberalen. Das bedeutet: die FDP ist kein

Mehrheitsbeschaffer mehr, sondern, wenn sie es schafft, ins Parlament zu kommen, ein Platzhalter, der es günstigstenfalls verhindert, daß eine Mehrheit gegen Union und Liberale gebildet werden kann ohne Einschluß der PDS. Wenn aber die FDP nicht ins Parlament kommt, ist Kohls Kanzlerschaft sofort zu Ende. Daß die FDP gegebenenfalls eine rot-grüne Regierung ermöglichen oder sich an ihr beteiligen könnte, ist höchst unwahrscheinlich, aber nicht ganz auszuschließen. Kohls Rechnung mit der FDP beruht auf einer Verkennung der Kräfteverhältnisse, wie sie sich historisch herausgebildet haben.

Eine Prognose des Wahlausgangs 1998 hängt daran, ob die SPD, so schwach, wie sie ist, stark genug bleibt, um mit den starken Grünen zusammen mehr Abgeordnete in den Bundestag zu schicken, als die bisherigen Koalitionsparteien. Oder ob CDU und CSU, so stark sie bleiben mögen – was für sich schon fraglich ist –, die schwache FDP als Partner behalten, mit dem sie eine Mehrheit bilden können. Kanzlerschaft Kohl bedeutet, daß die Union nur auf diese Konstellation im Bundestag bauen kann. Das aber heißt, daß das Risiko einzubrechen für Kohl ungleich größer ist als für den Kanzlerkandidaten der SPD, ganz gleich, wie unattraktiv der ist und wie viele Fehler er und seine Partei noch machen. Die SPD kann gar nicht so viel verlieren, als daß sie nicht für die Grünen, wenn die sich gut behaupten, ein stabiler Partner wäre. Und die Union kann überhaupt nicht so viel gewinnen – wenn sie denn gewinnen sollte –, um das auszugleichen, was bei einer weiteren Schwächung der schwachen FDP verloren wäre, ihr Platz im Bundestag.

Es ist also das von Kohl stets beachtete Konzept zur

Erlangung von Mehrheiten im Bundestag, nach dem es unwahrscheinlich ist, daß er nach den nächsten Wahlen noch einmal zum Kanzler gewählt wird.

Nachwort

Es ist nicht Sache eines essayistischen Biographen, einen rechten Schluß zu finden. Aber natürlich kann auch ein Biograph aufhören, wann er will. Er kann die Jugendgeschichte seines Helden weglassen, weil er – zu sehr Historiker – sich scheut, eine individuelle Entwicklung aus psychologischen Bedingtheiten nachzuzeichnen. Er kann das Alter zu schildern sich ersparen, weil der Genuß des Ruhmes oder die Pflege des Grolls allzu eintönige Themen sind, als daß man damit eine fesselnde Erzählung fortsetzen möchte, und sei es auch nur, um sie zum Abschluß zu bringen.

Eine politische Biographie, die eine Studie von Entscheidungssituationen, aber kein Lebensbericht sein will, kann ihren Schluß dergestalt bestimmen, daß sie aufhört zu erzählen, wenn ihr Held an keiner politisch bedeutsamen Entscheidung mehr beteiligt oder von ihr betroffen ist. So weit ist es mit Helmut Kohl noch lange nicht. Und auch wenn er nicht zu jenen gehört, die im politischen Leben an Wunder glauben – annehmen und ausbeuten tut er sie gern –, heißt das nicht, daß er sein Schicksal schon für besiegelt hält. Wahrscheinlich glaubt er nach wie vor zuversichtlich, auf Wunder nicht angewiesen zu sein. Solange er das glaubt, könnte er recht haben damit. Aber es ist unmöglich, diese Frage in einer wirklichen oder imaginären Auseinandersetzung mit Kohl zu klären.

Die politische Biographie, der es darum geht, zu verstehen, wie Geschichte gemacht wurde, als und soweit sie gemacht werden konnte, darf sich auf den Zeitpunkt konzentrieren, zu dem dies geschah, und von dem her, was da geschah, darf sie Anfang und Ende ihrer Erzählung bestimmen. Näherhin darf man von der Blütezeit eines Staatsmannes sprechen, jene Zeit, in der sein Wille und sein Geschick das Geschehen antrieben und steuerten. Solche Blütezeit ist von so vielen äußeren Faktoren abhängig – ohne daß dadurch die Leistung des einzelnen geschmälert wäre –, daß sie allenfalls zufällig mit der Blüte der Jahre in einem Menschenleben zusammenfällt.

Bismarcks Zeit als Politiker reicht von 1847, als er, 32 Jahre alt, Mitglied des Vereinigten Landtags wurde, oder von 1851, als er Preußischer Gesandter am Frankfurter Bundestag wurde, bis 1890, als Wilhelm II. ihn als Reichskanzler entließ, oder bis 1896, als die Aktivitäten, die er von seinem Ruhesitz Friedrichsruh aus zu entfalten wußte, aus Gesundheitsgründen stark eingeschränkt werden mußten. Zwei Jahre später, am 30. Juli 1898, starb er. Die Blütezeit Bismarcks reicht von dem Jahr 1862, als er mit dem Vertrauen seines Monarchen preußischer Ministerpräsident wurde, bis zum Jahr 1878, als er auf dem Berliner Kongreß mit den europäischen Mächten die Art von Politik spielen konnte, an die er glaubte. Alles, was Bismarck erreichen konnte, hat er in diesen sechzehn Jahren erreicht. Oder er hat es nicht erreicht. Für Deutschland war das, auch wenn er als Reichsgründer und erster Kanzler eines vereinten Deutschlands seinen Platz in der Geschichte hat, innenpolitisch und außenpolitisch zu wenig. Es ist die Frage, welcher Mangel unheilvoller für das Reich war, dessen Bürger ihn mehr als jeden anderen ehrten.

Adenauers Zeit als Politiker begann 1917, als er, 41 Jahre alt, zum Kölner Oberbürgermeister gewählt wurde. Vier Jahre später schon war er zum Präsidenten des Preußischen Staatsrats aufgestiegen. Als er fünfzig Jahre alt war, hatte er die Gelegenheit, Reichskanzler zu werden; er schlug die Chance aus. Seinen sechzigsten Geburtstag konnte der von den Nationalsozialisten 1933 Entlassene in seinem neuen Haus in Rhöndorf feiern. Siebzig Jahre alt, wurde Adenauer 1946 CDU-Vorsitzender in der Britischen Besatzungszone. Aber seine Blütezeit als Staatsmann begann erst drei Jahre später, 1949: da wählten ihn die Abgeordneten der von ihm zusammengebrachten bürgerlichen Koalitionsparteien zum Kanzler der Bundesrepublik Deutschland. Als er Ende der fünfziger Jahre die Achtzig deutlich überschritten hatte, befand er sich auf dem Höhepunkt seines politischen Lebens. Er konnte in Bonn mit einer absoluten Unionsmehrheit regieren. Die größte Oppositionspartei, die SPD, ging vor seinem Konzept für die Bundesrepublik auf die Knie. Die Bürger spürten den Erfolg seiner Politik und begannen, den neuen Staat als den ihren zu akzeptieren.

Kein von demokratischen Verfahren abhängiger Politiker hat je über soviel Macht in Deutschland verfügt wie Adenauer. Seine Blütezeit endete, als der Mauerbau in Berlin die Grenzen seines deutschlandpolitischen Konzepts zu erweisen schien. Er konnte nicht verhindern, daß der ungeheuer populäre Wirtschaftsminister Ludwig Erhard sein Nachfolger wurde, obwohl er ihn für untauglich hielt, Bundeskanzler zu sein, womit er recht behielt. Adenauer war neunzig Jahre alt, als er das Amt des CDU-Vorsitzenden abgab. Er starb ein Jahr später. Er war – bis 1963 – vierzehn Jahre Kanzler gewesen, aber seine Blütezeit umfaßt nur zwölf Jahre. In dieser Zeit allerdings schuf er ein Werk, das sich innenpolitisch wie außenpolitisch als dauerhafter erweisen sollte als das Werk Bismarcks.

Helmut Kohls politische Vita beginnt spätestens mit seiner Wahl in den Landtag von Rheinland-Pfalz 1959. Zehn Jahre später wird er in Mainz Ministerpräsident, 1982 wird er in Bonn Bundeskanzler. Man sieht, er kommt voran. Aber erkennbar ist auch: außer ihm kommt wenig voran. Er ist da, aber man fragt sich: wozu? Da scheint kein Staatsmann heranzureifen, dafür erlebt man einen Politiker, der sich wohlfühlt. Und man fragt sich: warum? Das Bild ändert sich schlagartig, als die Chance heranrückt, die Einheit Deutschlands wiederherzustellen.

Das ist die Blütezeit Kohls: sie umfaßt sechzehn Monate – vom September 1989 bis zu den ersten gesamtdeutschen Bundestagswahlen am 2. Dezember 1990. In dieser Zeit vollzieht sich das meiste so, wie er es will. Er beherrscht die CDU wie nie zuvor. Deutschland behält seinen Platz und sein Ansehen bei seinen westlichen Partnern – die Wiedervereinigung ist vielleicht nur deshalb jetzt zu erreichen, weil das ganz sicher ist. Innenpolitisch werden Kohl Fehler vorgeworfen, aber noch niemand hat plausibel machen können, was damals anders zu veranstalten gewesen wäre, damit es besser ginge.

Doch schon kurz darauf kann Kohl das politische Geschehen kaum noch beeinflussen. Golfkrieg und die blutigen Balkanwirren im Äußeren, Arbeitslosigkeit und

Innovationsschwäche im Inneren zeigen einen Kanzler, der zwar nicht schwach wirkt, der sich aber keine Handlungsmöglichkeiten schaffen kann, keinen Spielraum für zukunftsorientierte Politik gewinnt. Im Amt scheint er ungefährdet zu sein, doch für das, was geschieht, scheint das Amt zugleich rapide an Bedeutung verloren zu haben.

Nur sein Kampf für das Ziel, den Prozeß der Vereinigung der Staaten Europas unumkehrbar zu machen, wirkt noch überzeugend. Und hier ist mit der Einführung der gemeinsamen europäischen Währung ein Datum gesetzt, an dem der Erfolg von Politik gemessen werden kann. Wer immer die politische Vita Kohls beurteilen will, muß wissen, daß Europa das ist, worum es ihm geht. Die Wiedervereinigung war etwas, das er auf dem Wege dahin mitnahm – und einfacher als Bismarck mitnehmen konnte, weil Adenauers Werk so gut gelungen war.

Mit der Wiedervereinigung konnte er auch über eine gefährliche innenpolitische Klippe kommen, das war willkommen, auch wenn die Lasten für die Bundesrepublik gewaltig wurden. Doch Zufallsgewinne – geschickt eingesteckt – und Wegekosten – etwas unredlich verbucht – mochten sich die Waage halten. Das wichtige Ziel seiner Politik, wie er es von Peter Altmeier und Konrad Adenauer eingeschärft bekommen hatte, blieb Europa. Wenn er auf dem Weg dahin einen Pflock einschlagen kann, den niemand mehr herauszuziehen vermag, wenigstens nicht in historisch denkbaren Zeiträumen, ist ein Lebensziel erreicht, das sich nun allerdings weniger als punktuell innerhalb einer Blütezeit versteht, sondern als Teil einer kontinuierlichen Entwicklung gewürdigt sein will.

Nicht die phänomenale Einzelleistung des politischen Genies zählt, nicht die einsame Persönlichkeit des Staatsmannes ist das Ideal, sondern die Anschlußlogik für das, was vorher war, und die Anschlußfähigkeit für das, was nachher kommen mag (lieber: soll), zeichnet Politik als gelungen aus.

Hier mag Kohl Sorgen haben ähnlich denen, die Adenauer am Ende seines Lebens quälten. Adenauer traute den Deutschen nicht und hielt wenig von ihrer politischen Reife. Also sorgte er sich um die Zukunft seiner Republik. Das war am Ende denn doch zu kleinmütig gedacht. Als die Deutschen Willy Brandt als Kanzler haben und die Ostpolitik der sozialliberalen Koalition fortgesetzt sehen wollten, handelten sie durchaus im Geiste des Alten von Rhöndorf, auch wenn viele CDU-Politiker das nicht merkten. Kohl merkte es.

Als jedoch die Sozialdemokraten, nachdem sie Helmut Schmidt als Kanzler losgeworden waren, zum zweiten Mal in der Geschichte der Bundesrepublik sich anschickten, einen großen Schwenk zu unternehmen und für Deutschland eine politische Position zwischen Ost und West anzustreben – gleich weit entfernt und gleich nah den feindlichen Blöcken, Äquidistanz hieß das –, da wollten die Deutschen nichts davon wissen.

Was Europa angeht, scheint Kohl der CDU, die sich in fünfzig Jahren als die stärkste Bastion politischer Kontinuität, die es in Deutschland seit der Französischen Revolution gegeben hat, behaupten konnte, heute zu mißtrauen. Diese hatte in der Zeit, in der er ihr angehört, wesentliche Veränderungen durchgemacht. Begonnen hatte sie als Volkspartei, in der Arbeitnehmer, Kaufleute und akademische Honoratioren, Bauern und Fabrikanten zusammenarbeiteten. In der Folge der Studentenbewegung fielen für lange Zeit die Akademiker aus. Das veränderte das Korps der Funktions- und Mandatsträger der Partei, war indes der Wahrung der Kontinuität eher günstig. Die neuen Leute brauchten nur ein Programm. Es mußte nicht diskutiert werden, welches, es war ja eines da. Das war so, wie Kohl es gern hatte.

Längst aber sind junge Akademiker wieder dabei, ihren Weg in der CDU zu suchen. Und ältere sind zurückgekehrt. Plötzlich steht das Ziel der europäischen Vereinigung hier und da zur Disposition, wo früher nur Loyalität zu den traditionellen CDU-Zielen galt. Das spürt natürlich Kohl. Es gibt in der Union und mehr noch bei den üblichen Unterstützern der Partei plötzlich Töne, die von einem nationalen Beharrungswillen zeugen, der früher in der CDU unbekannt, der ihr auch fremd gewesen war. Sind die Gegner des Projekts Europa heute in der erfolgsgewohnten und erfolgversprechenden Union zu finden?

Es spricht vieles dafür, daß das so ist. Man läßt, so ist manchmal – nicht zu oft – der Eindruck, Kohl sein Stekkenpferd, aber der Zug soll nicht nach Europa fahren. Das wäre ein Kontinuitätsbruch in der Partei. Er müßte nicht unheilbar sein. Aber zunächst müßte verhindert werden, daß er manifest wird, bevor entscheidende Stationen auf dem Weg nach Europa erreicht sind, die als irreversibel gelten können. Dann wird man weitersehen.

Für Europa das zu erreichen, wofür er fünfzig Jahre lang politisch gearbeitet hat, ist gewiß für diesen Bundeskanzler das wichtigste Ziel. Darum gewinnt Kohl, wenn 1998 Europa gewinnt, und mit Europa die Bundesrepublik. Dafür muß er auf seinem Platz bleiben, solange es geht. Wenn dabei die Partei verliert, ist das ein Unglück – aber doch vor dem Hintergrund ihrer Geschichte seit 1945 das kleinere Unglück.

Der Schluß für den Politiker, der Kohl immer sein wollte, lautet, daß es weitergehen kann, wie man es immer gewollt hatte.